郑学益 文集

经世济民：与思想同行

北京大学经济学院教授文库

郑学益 著

通过这些著述和文稿，我们不仅可以分享教授们的研究成果，领略他们的学术风格，而且可以把握不同历史时期我国经济学研究的思想脉络，反思特定历史阶段的特殊经济实践以及经济学理论发展和研究方法的进程。

北京大学出版社
PEKING UNIVERSITY PRESS

图书在版编目(CIP)数据

经世济民:与思想同行——郑学益文集/郑学益著.—北京:北京大学出版社,2005.9
(北京大学经济学院教授文库)
ISBN 7-301-09448-5

Ⅰ.经… Ⅱ.郑… Ⅲ.经济思想史-研究-中国 Ⅳ.F092

中国版本图书馆 CIP 数据核字(2005)第 085965 号

书　　　名:	经世济民:与思想同行——郑学益文集
著作责任者:	郑学益　著
责 任 编 辑:	何耀琴　张亚光
标 准 书 号:	ISBN 7-301-09448-5/F·1162
出 版 发 行:	北京大学出版社
地　　　址:	北京市海淀区成府路 205 号　100871
网　　　址:	http://cbs.pku.edu.cn　电子信箱:em@pup.pku.edu.cn
电　　　话:	邮购部 62752015　发行部 62750672　编辑部 62752926
排 　版 　者:	北京高新特打字服务社　82350640
印 　刷 　者:	三河新世纪印务有限公司
经 　销 　者:	新华书店
	650 毫米×980 毫米　16 开本　16.25 印张　286 千字
	2005 年 9 月第 1 版　2005 年 9 月第 1 次印刷
定　　　价:	36.00 元

未经许可,不得以任何方式复制或抄袭本书之部分或全部内容。
版权所有,翻版必究

编委会

主　编：睢国余
副主编：黄桂田
编　委：何小锋　胡　坚　黄桂田　睢国余
　　　　　李庆云　李心愉　刘　伟　刘文忻
　　　　　孙祁祥　王大树　王跃生　王志伟
　　　　　萧　琛　萧国亮　萧灼基　晏智杰
　　　　　叶静怡　郑学益

序　言

北京大学经济学院成立于1985年5月，其前身是北京大学经济学系。经济学系始建于1912年，是中国高等学校建立最早的经济系科，源于1898年戊戌维新运动中创办的京师大学堂商学科。

在近百年的北京大学经济学系、经济学院发展进程中，不同历史阶段的教授们以崇高的敬业精神和执著的经世济民的职业操守为北京大学经济学科的发展作出了自己的卓越贡献。这些教授不仅包括学术泰斗和学界先贤，而且包括活跃于经济学舞台的先贤传人和后起之秀。他们是北京大学经济学系及迄今为止有20年历史的经济学院发展中的开拓者、建设者。在北京大学经济学院成立20周年庆典之际，我们对历代北京大学经济学系、经济学院的教授们表达诚挚的敬意和衷心的感谢！

《北京大学经济学院教授文库》选录了经济学院部分教授公开发表的有代表性的著述。虽然这些著述由于文稿作者的年龄、阅历、所处时代背景不同，学术视野、价值取向各异，甚至文稿所反映的某些学术观点和理论判断值得进一步斟酌和商榷，但是通过这些著述和文稿，我们不仅可以分享教授们的研究成果，领略他们的学术风格，而且可以把握不同历史时期我国经济学研究的思想脉络，反思特定历史阶段的特殊经济实践以及经济学理论和研究方法的发展进程。有些论文的思想和方法按今天的某种"学术规范"或"学术前沿"衡量，可能显得"陈旧"和"过时"，但它们却是属于"当时"的学术前沿和符合"当时"的学术规范的。从动态的、历史的、发展的眼光审视经济类学科的发展，不仅是过去，而且在现在和将来，都不存在一成不变的"学术规范"和永恒性的"学术前沿"，因为经济活动现象和经济发展过程太具有嬗变性、多样性和生动性，以解释和解决现实经济问题为出发点的经济学成果怎么可能保持它的不变性？尊重历史、尊重反映各个阶段历史的学术成果,从历史史实和"历史性"成果中吸取养分,借以站在前人成果的肩膀上"创造"我们所处阶段的"学术前沿",才是学术发展永恒的道理。可以说,这是我们出版《北京大学经济学院教授文库》的宗旨之一。

  我们希望通过这套文集的出版,进一步推进经济学院未来学科的建设,吸引北京大学经济学院未来的教授们以更精彩的篇章进入《北京大学经济学院教授文库》。

  真诚地感谢北京大学出版社的合作及相关工作人员的辛勤劳动!

《北京大学经济学院教授文库》编委会
2005 年 5 月

目 录

中国经济思想史
——古为今用　推陈出新

跨越世纪、面向世界的中国经济思想史研究 …………………（3）
中国古代对外开放思想简论 ………………………………………（6）
《中国价格思想史稿》前言、结束语 ………………………………（17）
战国时期齐法家的经济思想 ………………………………………（26）
西汉时期"以轻重御民"的国民经济管理思想与实践 …………（35）
中国封建地主家庭经济学的产生
　　——论贾思勰的《齐民要术》………………………………（64）
李觏的经济思想 ……………………………………………………（75）
叶适经济思想初探 …………………………………………………（99）
郑观应的商战论 ……………………………………………………（110）
中国发展经济学的滥觞
　　——从林则徐、魏源到孙中山 ………………………………（121）
思想制胜的新世纪营销 ……………………………………………（132）

企业家学
——中西合璧　懒者"智"胜

中华文化和海外华人实业家 ………………………………………（145）
陈嘉庚的企业经营管理思想 ………………………………………（163）
郭鹤年领导的郭氏兄弟集团暨经营管理思想 …………………（179）
谢国民领导的正大集团暨经营管理思想 ………………………（196）

陈永栽领导的企业集团暨经营管理思想……………………（207）
懒者"智"胜
　　——《懒蚂蚁企业家》丛书总论 ………………………（214）
懒蚂蚁企业家首先是一位思想者…………………………（226）
懒蚂蚁企业家的经营哲学
　　——勤与懒的辩证法………………………………………（240）

中国经济思想史

——古为今用　推陈出新

跨越世纪、面向世界的中国经济思想史研究[*]

世纪之交、千年更替的中国与世界，都处在一个十分关键的历史转折点上，中国进入了创变期，世界正走向更新期。中国经济思想史作为经济学领域中的重要分支学科，应顺应时代发展的大趋势，既立足中国，又面向世界，来思考、规划学科跨世纪发展的基本走向和研究重点，在继承的基础上变革、开拓、创新，在弘扬优良传统的同时体现出鲜明的时代特色。

正处在创变时期的中国，需要开创一条具有自己特色的发展道路，需要创建社会主义市场经济。这一切强烈呼唤着经济学的重大突破，迫切需要崭新的具有时代气息和民族精神的经济学理论的创立和发展。伴随时代的脚步，肩负时代的使命，经济学才能推陈出新、走向辉煌，在跨世纪的伟大进军中作出卓越的贡献；不脱离民族的土壤，具有民族风格和气派，经济学才能继往开来、生生不息，在世界上占有重要的地位。时代精神与民族特色在经济学中的有机结合，离不开研究、利用和吸收中华民族特有的历史文化遗产，而中国经济思想的珍贵历史遗产则是最直接、最切近的启迪，参考和借鉴。任何时代经济思想的产生和发展，其基础和根源在于该时代的经济实践，但又总是以前代经济思想遗产作为出发点，在批判、继承、弘扬、变革、开创的矛盾运动中前进。对中国经济思想历史遗产的研究和利用程度，与当代中国经济学所达到的理论高度、发展水平及其影响力、吸引力有着重要的关系。对中国经济思想的历史遗产缺乏适当的了解、没有适当的历史意识，所提出的经济学理论是缺少立体感的，对当代中国经济学的发展是不利的。

有必要特意指出，在这创变的时期，不少国人提出了一个全局性、深层性、现实性的巨大课题：重塑民族精神、重建价值体系。这是一个全方位、多层面的系统工程，需要多学科的综合、交叉研究，其中中国经济思想史研究具有举足轻重的地位。民族精神、价值体系的重建，必然涉及一系列关键性问题：经济生活的价值取向、经济关系的伦理道德、经济活动的行为规范、与

---

[*] 本文原载于《北京大学学报》1995 年第 3 期。

经济改革和发展相适应的精神风貌等。这些根本性问题所包含的经济思想、意识和观念的内涵，所呈现的既植根传统又着眼现实的特征，正是中国经济思想史研究的"强项"。它研究的是古代、近代、当代达数千年的经济思想、观念与理论发展、演变的全过程，涉及经济、哲学、文化、历史等学科，这种具有"纵贯性"、"交叉性"的研究优势，决定了中国经济思想史学科在重建民族精神、价值体系的巨大工程中将发挥特殊的作用。

进入更新期的世界，冷战结束后形成了新格局，出现了新机遇，每个国家都在进行着跨世纪的战略新抉择。亚太地区尤其是东亚地区在这个更新期中将居于核心地位。在 20 世纪，属于汉文化圈的日本的腾飞和"亚洲四小龙"的崛起，已经引起海内外不少学者从中华传统文化中寻求超速发展的动因；而在新世纪里，东亚地区将处在时代潮流的最前沿，其中中国是最有生气、最有前途的，这更使越来越多的人想揭开这个东方之谜，重新认识、研究中国传统文化的价值及其在新世纪中的作用。如何找到较为满意的答案，有着不同的思路和见解。应该看到，仅仅依靠纯经济或纯文化的研究都是不够的，或失于单纯，或流于空泛，而中国经济思想史研究，在相当程度上弥补了这些不足。经济思想是经济关系、经济活动及其发展在人们头脑中的反映，又对经济实践起指导、制约和影响作用。与哲学、文学、宗教等思想相比，不言而喻，经济思想与经济的关系是最为直接和密切的，对经济的影响和作用也是最大、最显著的。因此，解开东方经济腾飞之谜，中国经济思想史研究是一个值得重视、较有希望的切入点。

面对更新、发展的世界，经济分析、文化研究，都是很必要的。但有一个十分重要的角色不能忽视，即企业家。如果没有企业家，经济发展无从谈起，文化对经济也难以起到能动作用。一位经济学家曾经这样说道：理应成为演出主角的企业家却不上舞台，这与《王子复仇记》一剧中没有王子登场一样可笑。环视全球企业家，海外华商的经济成就及其创造的一系列卓有成效的经营管理思想和经验，令世人瞩目。他们身居异国他邦开创事业，需要学习、借鉴西方先进的管理制度和方法，但又不是盲目地全盘照搬，而是紧密结合中华民族的历史文化特点，加以必要的改造、充实和发展，从而在经营实业的活动中取得了巨大的成功，其经营管理思想和经验不同程度地体现出炎黄子孙的智慧、风格和价值追求。迄今为止，运用经济理论对海外华商进行研究的为数不多，以经营管理思想作为分析出发点的则更少了。针对这个薄弱环节，中国经济思想史学科正加强这方面的研究，以开拓出一个新的学术领域。

跨世纪的需要,时代的呼唤,对中国经济思想史学科提出了更高的新要求:增强使命感和时代意识,坚持严谨、求实的科学态度,发扬创新、进取的精神,把学科的建设和发展推向一个更成熟、更繁荣的新阶段。近几年来,老中青三代研究者正团结一致,为此进行着不懈的艰苦努力,积极地向研究的广度和深度进军——高度重视系统的多卷本论著的撰写,以加强学科的基础建设;研究的理论和方法正酝酿着新的建树、新的突破,以提高学科的整体水平;加大理论与实际相结合的力度,对建国前三十年的经济思想、中国社会主义经济思想等展开更全面、更深入的研究;随着时代的演变不断拓宽研究领域并加深、充实其内涵,把中国经济思想史的研究与东亚模式、中华民族的经济伦理思想与民族精神的构建、海外华商文化等新兴交叉边缘学科课题的研究结合起来。随着新世纪的到来,中国经济思想史这门古老的学科必将焕发出新的青春。

中国古代对外开放思想简论*

一

中国古代对外开放的思想存在着两种不同的倾向：一种是以封建国家政权的外交、外贸政策体现出来的，封建统治者以"天朝"自居，在处理对外关系中，主要着眼于政治上扬威和怀柔的思想；另一种是我国与世界各国人民之间长期友好往来的活动反映出来的，广大人民渴望与外部世界的联系，要求对外开放，重视与各国进行经济、文化交流的思想。

中国封建统治阶级着重强调在世界上扬名立威，以争取四夷来朝、万邦宾服的对外开放思想，在兴盛昌隆的朝代，表现得更为明显、突出。西汉武帝时期，张骞作为中国历史上走向世界的第一人，两次出使西域，不畏艰险，以极大的热情和坚忍不拔的毅力，与西域各国建立了外交关系。他不仅联络西域各国以断匈奴右臂，而且主张"以义属之"①，通过实行怀柔、团结政策，与各国之间友好往来，使西汉王朝的"威德遍于四海"②。张骞开辟中西陆路交通后，汉朝使者和商旅不断前往西域各国进行政治和贸易活动，西域各国东来的商旅也跋山涉水，络绎不绝，形成了历史上有名的丝绸之路。它促进了中国对西域各国的开放和交流，对西汉王朝的政治声威的传播，起到了很大的作用。

"安史之乱"前的唐王朝处于封建社会的盛世，较为稳定和巩固的统一政权，较为繁荣的社会经济，较为发达的文化艺术，大大推动了对外开放活动的发展。唐王朝的几代统治者都立足于"布德施惠"、"远人自服"③，与各国进行友好往来。唐太宗认为必须对"自古皆贵中华、贱夷狄"的做法有所

---

* 本文原载《江淮论坛》1989 年第 5 期。
① 《史记·大宛列传》。
② 同上。
③ 《贞观政要》卷五，《诚信》。

改变,做到"朕独爱之如一",才能使"种落皆依朕如父母"①。武则天为了表示恩怀与德惠,亲自设宴招待日本的第八次遣唐使。唐玄宗选派著名儒生到日本使者寓所传授经学,他还为回国的日本遣唐使举行隆重的欢送宴会,并作诗送别,以示"念余怀义远……王化远昭昭"②。通过广泛的中外交流,使强盛的唐王朝在当时国际上获得很高的政治声誉,影响远及海外,至今世界上还有不少地方,仍然常用"唐人"、"唐物"、"唐文化"等名称。

明初尤其是永乐年间也是对外开放活动比较积极、活跃的时期。明太祖登基后,要求各国"尊事中国",但他不主张以大国兵威进行武力征服,而是强调以德化服人、以恩惠感召。他说:"诸蛮夷酋长来朝,涉履山海,动经数万里。彼既慕义来归,则赍予之物宜厚,以示朝廷怀柔之意"③。明成祖即位后,也实行怀柔政策。他说:"帝王居中,抚驭万国,当如天地之大,无不复载,远人来归者,悉抚绥之,俾各遂所欲"④。从而有了当时首屈一指的郑和下西洋之壮举。

郑和下西洋,前后七次,历时二十五年之久,路经三十多个国家。他所率领的使团贯彻执行明成祖政治上扬威和怀柔的政策,每到一个国家,首先向当地政府表示政治通好的希望,晓以中国对海外诸国的怀柔之意,然后再进行经济、文化交流。正如他自己所说:"海外诸蕃,实为遐壤……乘巨舶百余艘,所以宣德化而柔远人也"⑤。

在中国古代的对外开放活动中,经济交流方面主要是对外贸易占有相当大的比重。但是,由于中国封建时代也与任何国家的封建时代一样,自给自足的自然经济占主要地位,并且经济发展水平又长期高于周围国家,容易产生"天朝无物不有"的经济自大思想。因此,中国封建王朝与外部世界的联系和来往,经济居于比较次要的地位,从属于政治上扬威,对外贸易侧重于为外交上怀柔以及进口奢侈品服务。

张骞通西域,针对各国"贵汉财物"、"贪汉财物"⑥的特点,"厚币赂"、"赍遗设利朝也"⑦。汉武帝对"外国客","散财帛以赏赐,厚具以饶给之,以

---

① 《资治通鉴》卷一九八。
② 《全唐诗选》卷上(明皇帝)。
③ 《明太祖实录》卷一五四。
④ 《明成祖实录》卷二三。
⑤ 郑和等:《天妃灵应之记》。
⑥ 《史记·大宛列传》。
⑦ 同上。

览示汉富厚焉"①。这都是着眼于扩大政治声威,抚服四夷之心,而不太计较经济利益。作为宗主国的各封建王朝与外国进行朝贡贸易,中国的"赐"一般总是大于外国的"贡"。如在宋王朝,不少海外国家以朝贡为名来宋,"而往往皆射利于中国也"②。宋政权出于政治上的考虑,对各国"贡物",不仅给予免税优待,而且给予高于原物价值的优厚回赐。

与封建国家以政治上扬威和怀柔为主、经济和文化从属于政治需要的对外开放思想倾向不同,古代中国人民的对外开放思想倾向是:勇于探索外部世界,珍视与各国人民的友好往来和联系,对与外国进行经济、文化交流怀有十分强烈的愿望和要求。

在张骞通西域之前,由于民间商人的努力以及经过其他渠道,我国的丝绸就已开始西传,陆续远销到希腊、罗马和印度等地。张骞出使西域,在大夏看到了我国四川地区生产的物品邛杖、蜀布,当地人说是由商人从身毒国(印度)贩销来的。这都说明民间贸易早就在进行了。宋代以后,民间私人贸易有了更大的发展。当时广州商人出海贸易的情况是:"甲令海舶,大者数百人,小者百余人……船舶深阔各数十丈,商人分占贮货,人得数尺许,下以贮物,夜卧其上"③。在元朝"富民往诸番商贩,率获厚利","商者益众"④。

在民间科学文化交流方面,印度佛教自汉代就传入中国,晋代僧人法显自长安陆路西行,过玉门关,度葱岭,赴印度求经,后由海道返国,前后共15年。到了唐朝,通过佛教而进行的国际文化交流更盛极一时,玄奘战胜了沿途流沙雪山、严寒酷暑等种种险阻,西行印度取经,历时19年,带回佛教经典657部。鉴真在十多年中,经过六次努力,才实现东渡传法的愿望,终老日本。这都是古代文化交流史上的佳话。各国僧侣也陆续大批来华,佛教经典大量传入中国,并被译成汉文,有力地促进了古代翻译事业的发展。还有景教、伊斯兰教、摩尼教等也在这时传到中国。不仅仅宗教,中国各时期的民间老百姓在生产技术、文化艺术等领域,都与各国人民有着广泛的联系和交流。葡萄、胡椒、棉花、烟草、番薯等外国植物,玻璃制造和砂糖制作等先进生产技术先后传入了中国,外国的医学、天文、数学等也大大丰富了我国的科学文化,音乐、舞蹈、绘画、建筑、雕塑等艺术也对我国产生了重大的

---

① 《史记·大宛列传》。
② 曾巩:《陈公神道碑铭》,《元丰类稿》卷四七。
③ 朱彧:《萍洲可谈》卷二。
④ 《元史》卷二〇五,《铁木迭儿传》。

影响。由于古代中国比各国先进,因此相对来讲,对外国的影响也就更大了。我国的四大发明以及井渠法、铸铁术、陶瓷制造法等先进科学技术,在外部世界广泛传播,为各国人民所学习和吸收,作为发展自己的养料。高度发达的华夏文化如典章制度、哲学艺术等也都对外国经济、文化的发展起到了巨大的推动作用。

二

中国封建社会后期尤其是明中叶以后,城市工商业出现了较为繁荣的局面,资本主义生产方式的萌芽在江南某些地区和部门都有了存在。封建社会内部商品经济的逐渐增长,不仅要求扩大国内商品流通,而且要求进一步对外开放、发展对外贸易。但是,封建制度是以自然经济为主的制度,商品经济作为自然经济的对立物,它在封建社会一直受到封建主义维护者的敌视。到了封建社会后期,商品经济越发展,对自然经济的瓦解作用越显著,封建保守势力的压制也就越厉害,他们反对对外贸易的态度也更加强硬。而且,到了封建社会后期,封建主义已日益衰落,各种矛盾更加尖锐,封建君主对自己的统治地位越来越缺乏自信心,他们需要保持分散、隔离、闭塞的状况,以巩固和加强封建专制政权。因此,15、16世纪的明王朝统治者关闭了对外开放的大门,颁布了封关禁海的诏令。

对此,明代中期以后的进步士大夫提出了批评。他们对开放对外贸易进行了论证。其一,经营对外贸易盈利很高,对中国海商来说,"利之所在,民不畏死"[①],"利重之处,人自趋之,岂能禁民之交通乎?故官法愈严,小民宁杀其身,而通番之念愈炽也"[②]。封关禁海是行不通的,应该放宽限制,准其贸易。其二,开放对外贸易,不仅对民间老百姓有利,而且对国家的财政收入也大有裨益,"其利不独在民,而且在官也"[③]。从对外贸易所征收的关税增加了财政收入,既"足供御用",又"节充军饷"[④],是"足国用之一端"[⑤]。并且,"不扰中国之民,而得外邦之助"[⑥],与那些增加国内人民负担、妨害经

---

① 邱濬:《大学衍义补·市籴之令》。
② 见胡宗宪:《筹海图编》卷一二,《开互市》。
③ 陈子贞奏文,见《明万历实录》卷二六二。
④ 林富奏文,见顾炎武:《天下郡国利病书》卷一二〇,《海外诸番》。
⑤ 邱濬:《大学衍义补·市籴之令》。
⑥ 同上。

济发展的苛捐杂税相比,是一种好得多的税收。其三,只有开放对外贸易,才能保持安定的社会秩序。沿海人民"以贩海为生,其来已久……田不足耕,非市舶无以助衣食"①。如果禁止海外贸易,就会使"生路阻塞,商者倾家荡产,佣者束手断飡,阖地呻嗟,坐以待毙"②,从而带来"海禁严绝,人民倡乱","绝商贾之利,启寇盗之端"③的严重政治后果。而取消海禁,则可以"安反"、"杜乱",做到"饷足民安","民生安乐"④。这些思想观点是15、16世纪中国人民要求扩大对外贸易,开拓国外市场的反映,它不是从封建王朝政治上扬威、怀柔的角度来看待对外贸易问题了,这表明中国古代对外开放向近代过渡的思想趋向已露端倪了。

也就在15、16世纪,随着地理大发现,西方的某些国家进入了资本主义时代,它们的手工业和科学技术,已逐渐超过了中国。葡萄牙、荷兰等国家的殖民主义者纷纷向东方扩展。明末,以利玛窦、汤若望和南怀仁为代表的耶稣会传教士随着西方殖民势力的东渐而先后来到中国。他们为了有利于在远东打开传教局面,策略性地采取通融政策。一是极力从中国儒学经典中寻找依据,力求把基督教教义与中国的传统思想和风俗习惯相联系、相协调,尽量使它披上儒家思想的外衣,以一种为中国人所能够理解的或不太反感的形式出现,使之尽可能地适应中国的"土壤"和"气候",让人们易于接受。二是结合传教活动,把一些西方科学技术知识如天文学、数学、地理学、农业技术和制炮技术等介绍给中国,用这些科学技术迎合中国的需要,为中国服务,以便于排除阻力,推动基督教的传播。

这种政策,对于中西相互交往的较为良好气氛的形成是很有帮助的,促进了双方的文化交流。利玛窦等人受到中国人民和政府的欢迎,先后作为朝臣在封建王朝中从事修订历法的工作。当时一些较有名气的上层士大夫如徐光启、李之藻、方以智等都和耶稣会传教士有较多的友好交往,讨论学术,共同从事著译书工作,翻译出版了第一批西方科学著作等。西方的科学技术开始传入中国,而中国的一些思想学术也通过传教士西渐欧洲,在中国与西方的文化交流史上写下了重要的一页。从交流的内容看,中国古代的对外开放向近代转化的思想趋向开始出现了。

利玛窦等传教士梯航东来,带来了有关世界地理的新信息。利玛窦刻

---

① 许孚远:《疏通海禁疏》,见《明经世文编》卷四百。
② 同上。
③ 同上。
④ 同上。

印了在中国出版的第一幅世界地图《山海舆地全图》，后来又刊布《万国舆图》。艾儒略为中国人写了第一部世界地理著作《职方外纪》，还有其他一些传教士也陆续发行了不少关于世界地理的书籍、地图。他们传播了有关地理、五大洲、海陆分布以及各国简况等新知识，从此汉文中才有了一直沿用至今的亚细亚、欧罗巴、大西洋、地中海、加拿大、古巴等词语。

这些新知识，在中国士大夫阶层中，引起了各种各样的反响。正统士大夫表示了强烈的不满，他们指斥说："利玛窦以其邪说惑众，士大夫翕然信之。"坚持认为："中国当居正中，而图置稍西，全属无谓"①。

徐光启等进步士大夫的态度则完全不同。他们纷纷在北京、南京、苏州、肇庆、贵州等地翻刻刊印世界地理著作和地图，并写了不少文章积极地进行介绍和宣传。徐光启特意为利玛窦撰写了《山海舆地图经解》，热情地加以评论和推荐，他还提议制造一架"万国经纬地球仪"。方以智赞扬说："西图前所未有"②，"至泰西入，始为合图，补开辟所未有"③。他们不约而同地承认：直到西方传教士东来，才知道地图之说，才了解到地之大、国之多。他们说："远西名士，……著有象律舆图诸论，探原穷流，实千古来未发之昌，俾我华宗学人终日戴天，今始知所以高；终日履地，今终知所以厚。昔人云，数术穷天地，制作侔造化，惟西士当无愧色耳。"④他们还批驳了那种认为利玛窦是"外夷人"，因此不应接受其地理学说的观点："或曰：'利生外夷人也，其图其说，未必一一与天地券合，而子胡靡魔于兹？'郭子曰：'不然。郯子能言少皋官名，仲尼闻而学之；既而告人曰：天子失官，学在四夷。介葛卢闻牛鸣而知其之牺，左氏纪之于传。孔、左何在？而吾辈便生藩篱，不会利生为今日郯、介耶？"⑤这种要求在对外开放中打破"藩篱"，以向"外夷人"学习的思想观点，可以说是近代对外开放的思想先导。

正统士大夫对西方传教士的各种活动都是深恶痛绝的。他们站在传统儒家思想卫道士的立场上，把基督教看做是邪教，视传教士为邪人，认为其言论都是邪说。他们全面排外，对传教士输入的西方科学技术也主张加以坚决攘除。他们说："（利玛窦）近复举其伎俩一二，如星文律器，称为中土之所未见未闻，……外夷小技，窃淆正言，欲举吾儒性命之权，倒首而听其转

---

① 魏濬：《利说荒唐惑世》，见徐昌治辑《圣朝破邪集》卷二。
② 方以智：《通雅》卷十一，《天文》。
③ 方以智：《考古通说》。
④ 毕拱辰：《泰西人身概说·序》。
⑤ 郭子章：《山海舆地全图·序》。

向,斯不亦妖孽治乱之极,而圣天子斧钺之所必加乎?"①

徐光启等人为了批驳正统士大夫的言论,对学习和介绍西方文化进行了理论阐述。他们初步认识到,中国并不是所有的地方都胜过外国,西方的某些科学技术是中国所没有的,"实中土未曾有","多昔贤未发之旨",是值得学习和借鉴的,要"借远西为郯子"②。他们认为,西方的"象数之学","用之无不尽巧极妙者"③;西方的"事天之学","可以补益王化,左右儒术,救正佛法者也"④。他们指出,学习和介绍西方文化,要做到"会通",方以智说:"悉昆、泰西,两会通之"⑤。徐光启说:"欲求超胜,必须会通"⑥。他们的"会通"有着实在的具体内容。为了驱逐清军的侵犯,要仿造西洋火器,"惟尽用西术,乃能胜之。欲尽其术,必造我器尽如彼器,精我法尽如彼法,练我人尽如彼人而后可"⑦。为了明王朝政权的巩固和稳定,要吸收西方的"事天爱人之说,格物穷理之论,治国平天下之术,下及历算、医药、农田、水利等兴利除害之事"⑧,以"补儒易佛"⑨,使"大小相邱,上下相安,路不拾遗,夜不闭关,其久安长治如此"⑩。针对正统士大夫的攻击,他们强调说在世界"区宇之内"要不以"华夷之辩",不管"山海之隔"⑪,像孔子那样,"学在四夷"。他们还强调:要"不问中西"地介绍和传播西方科学技术,这是符合自然法则的,对国计民生也有好处。"学原不问精粗,总期有济于世人,亦不问中西,总期不违于天。兹所录者,虽属技艺末务,而实有益于民生日用,国家兴作甚急也。"⑫

自古以来,人们总是以为华夏文化在一切方面都居于优势,对外开放的主要流向是输出中国先进文化、四夷来华寻求真知,对外国的先进事物虽然也有所引进,但学习外国的思想却是不可能产生的。徐光启等人的思想主张,在局部上对传统的对外开放有了一定的突破,对近代开放思想具有启蒙的意义。

---

① 李子粲:《劈邪说》,《圣朝破邪集》卷五。
② 方以智:《物理小识·总论》
③ 徐光启:《泰西水法·序》,《徐光启集》上册。
④ 徐光启:《辨学章疏》,《徐光启集》下册。
⑤ 方以智:《通雅》卷首,《音韵通则不紊说》。
⑥ 阮元:《畴人传》卷三二,《徐光启传》
⑦ 徐光启:《西洋神器既见其益宜尽其用疏》,《徐光启集》上册。
⑧ 徐光启:《辨学章疏》,《徐光启集》下册。
⑨ 徐光启:《泰西水法·序》,《徐光启集》上册。
⑩ 徐光启:《辨学章疏》,《徐光启集》下册。
⑪ 参见方以智:《物理小识·总论》。
⑫ 王徵:《远西奇器图说录最·序》。

三

在清代初期,康熙皇帝对中西文化交流的态度是比较积极、宽容的。他本人对西方的科学技术就很感兴趣,南怀仁、安多、白进、徐日升、张诚等西方传教士,成了他的西学教师和亲密顾问,轮流对他讲授天文、数学和音乐等。他任用南怀仁等传教士,主持钦天监以修订历法。当正统士大夫杨光先大肆攻击西方传教士,扬言"宁可使中国无好历法,不可使中国有西洋人"①的时候,康熙的做法是比较公正的,他肯定了西洋历法的先进性,支持了南怀仁等传教士的钦天监工作,把杨光先等人撤职查办。后来,形势发生了逆转,由于罗马教皇两次派使臣来华,狂妄地要求中国教徒只准崇拜耶稣,而不准崇拜祖先,公开、粗暴地干涉中国内部事务,引起中国朝野上下的强烈愤慨,才使康熙皇帝采取了断然措施,下令禁止基督教在中国的传播,中西文化交流被迫中断了。

在对外贸易方面,由于鸦片战争前的中国社会,还基本上保持着历来封建社会的特点。商品经济在东南沿海一带虽已有了相当的发展,并且孕育着资本主义生产方式的萌芽,但资本主义因素的势力还很微弱,而且受着占统治地位的封建经济及其政治上层建筑——封建国家的束缚与压迫,不能得到顺利发展。封建保守势力对危及封建主义经济基础的对外贸易越来越充满了敌意,日益企图实行严格的封闭政策。加上入关之初,清朝廷以少数民族统治者而主宰全国,最害怕的是占国内人口绝大多数的汉族人民的反抗。福建、广东沿海地区,明代即已不断有人出海谋生;明亡后,一些不服从清朝统治的人亡命海外,继续以"反清复明"相号召。清政府深怕开放对外贸易,会便于国内外汉族人民的反清势力的相互联络和配合。这样,封关禁海的主张在清统治集团和朝野舆论中越来越占上风,所施加的压力也越来越大。终于导致康熙五十五年(1716 年)、五十六年(1717 年)颁布了封关禁海的谕旨。康熙作为原先对西方文化持比较开放态度的君主,到头来却在他的倡导和主持下,关闭了中国对外开放的大门,亲自开启了清王朝闭关自守的时代。

慕天颜、蓝鼎元等人对清朝的闭关自守政策进行了批判。他们的理论观点比徐光启等人,更集中、更明确地反映了中国古代开放思想向近代转化

---

① 杨光先:《日食天象验》,见夏燮:《中西纪事》卷二,《猾夏之渐》。

的新趋向。

他们不仅通过列举具体事实,对封关禁海论者的种种荒谬、愚昧的论点,进行了逐条批驳,认为是"株守故局"①、"坐井观天之见","妨民病国之事"②。而且从理论上论证了开放对外贸易问题,虽然内容不多,但却颇有新意。

第一,他们认为,进行对外贸易,增加了中国的财富。一方面,在使用价值上,能够互通有无,换回中国国内所没有的或产量不足的一些物资产品。另一方面,在价值上可以得到利益。慕天颜指出:"惟番舶之往来,以吾岁出之货,而易其岁入之财。岁有所出,则于我毫无所损……岁有所入,则在我日见其赢"③。蓝鼎元也说:"以海外之有余,补内地之不足……内地贱菲无足轻重之物,载至番境,皆同珍贝。是以沿海居民操作小巧技艺以及女工针凿,皆于洋船行销,岁收诸岛银钱货物百十万入我中土,所关为不细矣"。

第二,他们认识到,对外贸易的发展,可以增加国家财政收入。慕天颜说:"致财之源,生财之大,舍此开禁一法,更无良图。"他比较了实行闭关政策前后的不同情况,指出:"未禁之日,岁进若干之银;既禁之后,岁减若干之利。……所坐弃之金钱,不可以亿万计,真重可惜也"④。蓝鼎元更深刻地指出,对外贸易促进了国民经济的发展,广大人民获得了就业机会,有"仰事俯畜之资"。这样在"足民"的基础上,有利于"裕国"即增加国家财政收入。

第三,他们着重强调,开放对外贸易,对沿海地区的经济发展和繁荣是大有好处的。慕天颜认为,"开海禁"有利于工农业生产,有利于商品流通,有利于人民生活的改善。他说:"殖产交易,愈足以鼓艺业之勤……而货贿会通,立可以祛贫寡之患"⑤。蓝鼎元进行了更为具体的分析,他指出:福建、广东等沿海省份,"人稠地狭,田园不足以耕",依靠单一的农业经济难以维持人民的生计,"望海谋生,十居五六",而实行封关禁海后,生产出口商品的手工业严重萎缩,商人不能出海贸易,"居者苦艺能之罔用,行者叹致远之无方",沿海人民的生活"惨目伤心","萧索岑寂穷困无聊之状"。造成了大批失业人员"走险海中",沦为海盗,甚至"群趋台湾,或为叛乱",严重影响了政治、社会秩序的安定,在经济上则是"百货不通,民生日蹙"。因此,他主

---

① 慕天颜:《请开海禁疏》,《皇朝经世文编》卷二六。
② 蓝鼎元:《鹿洲全集》,《论南洋事宜书》,以下引文同此者,不再注明。
③ 慕天颜:《请开海禁疏》,《皇朝经世文编》卷二六。
④ 同上。
⑤ 同上。

张必须对外开放,"大开禁网,听民贸易",利用沿海地区的人力、物力资源,大力发展出口外向的工商业经济。这样,通过发展对外贸易,扩大了这些地区的人民就业,老百姓既可以务农,也可以进行海外经商,还可以从事依赖外贸为生的各种手工业、交通运输业等,从而大大活跃了沿海省份的经济,提高了人民的生活水平,使"闽广家给人足,游手无赖,亦为欲富所驱,尽入番岛,鲜有在家饥寒、窃却为非之患"。

在中国封建时代,政治统治者和思想代表人物主要从政治上扬威和怀柔、增加国家财政收入、满足贵族官僚奢侈品消费需要等角度来提出对外贸易问题,而慕天颜、蓝鼎元则从国民经济发展的角度来论证开放对外贸易的必要性和重要性。这实际上是把开放与发展相结合,中国古代的对外开放思想向近代过渡的标志已经越来越清楚了。

蓝鼎元比慕天颜的思想认识略胜一筹的地方在于,他在极力主张开放对外贸易的同时,还敏感地意识到西方资本主义国家在船舰枪炮方面的先进性。他说:"其舟坚固,不畏飓风。炮火军械,精于中土。"他对英、法、荷兰等西方国家的国力和它们的侵略性也有所觉察,揭露了这些国家对外掠夺殖民地、向东方扩张势力的有关情况,指出:"大西洋、小西洋诸国,皆凶悍异常……性情阴险叵测,到处窥觎图谋人国"。并强调说,西方殖民侵略势力的魔爪已伸展到离中国不远的地方,需要提高警惕,防患于未然。他一再呼吁:"先民有言,防微杜渐,涓涓不息,将成江河。……脱有前此吕宋、噶啰吧之谋,不知何以待之?"①"今圣德方盛,威灵既远讫遐荒,自万万无所容其痴想。然曲突徙薪,亦有心者所宜熟筹也。"②

当时距第一次鸦片战争,还有一百多年,西方各国还处于资本主义的工场手工业阶段,它们的侵略对中国来说还未成为现实性威胁。蓝鼎元能够高瞻远瞩地看到中国有落后于西方的地方,预见到西方资本主义侵略有可能危及中国,并抱有某些警惕,确实不愧为清代前期具有远见卓识的"有心者"。

如何"曲突徙薪"、"防微杜渐"?他反对实行封关禁海政策,通过中外隔绝以防患于未然。而是主张:一方面坚持开放对外贸易;另一方面,收回澳门,以消除西方殖民主义者今后利用澳门作为侵略跳板的隐患,还要对国内天主教堂中以宗教外衣为掩护进行不法活动的传教士加强防范、保持警

---

① 蓝鼎元:《鹿洲全集》,《粤彝论》。
② 同上。

惕。在这里,对外开放与防备外国资本主义侵略开始联系在一起了,可以看出,中国古代的对外开放向近代转化的思想趋向越来越明显了。

蓝鼎元这些具有时代预感的议论,对当时还沉溺在愚昧无知和狂妄自大之中的清王朝朝野人士,没有产生丝毫的影响,只能"旁观窃叹"而已。直到第一次鸦片战争前夕,也仍未被人们所重视,中国的大门还依然关闭。但是,他的远见卓识为近代开放思想的奠基者林则徐、魏源等人所称道,他作为中国对外开放思想历史发展中的一位承前启后的人物,对近代开放思想的产生和形成,起到了重要的先驱作用。

《中国价格思想史稿》前言、结束语[*]

前　言

　　中国价格思想的历史遗产,是中华民族光辉灿烂文化的重要组成部分。

　　中国是世界上著名的文明发源地之一。在神农氏时代,随着社会生产力水平的提高,出现了人类历史上第一次社会大分工——畜牧业与农业相分离。于是,从事畜牧业与从事农业的部落之间,经常进行着畜牧品与农产品的相互交换。《易传》记载:神农之世"日中为市,致天下之民,聚天下之货,交易而退,各得其所。"[①]交换的发展,又引起了手工业从农业中分离出来的第二次社会大分工。在五帝(黄帝、颛顼、帝喾、唐尧、虞舜)时代,交换范围进一步扩大了,并且产生了以交换为目的的商品生产。"尧之治天下也……以所有易所无,以所工易所拙。"[②]舜在担任氏族部落领袖之前,曾"作什器于寿丘,就时于负夏"[③]。商品生产和商品交换的发展,促进了奴隶制的产生,推动人类社会进入了阶级社会。夏王朝的建立,标志着中国社会逐渐进入了奴隶制时代。

　　由于商品交换越来越频繁,参加交换的商品品种越来越多,物物直接交换就越来越显得不方便。人们从交换实践中逐渐认识到,应该先把自己的商品换成大家普遍愿意接受的商品,这样从众多商品中分化出来了充当一般等价物的商品,即货币。于是有了第三次社会大分工,即商业作为一个独立的经济部门同其他行业分离开来了。因为产生了货币,商品交换才真正分裂为卖和买两个对立的经济活动,商人才有可能在生产者和消费者之间或在生产者和生产者之间,作为第三者从事商业活动。

---

[*]　本文摘自《中国价格思想史稿》,中国物价出版社1993年版。
[①]　《易·系辞下》。
[②]　《淮南子·齐俗训》。
[③]　《史记·五帝本纪·索隐》。

夏代时出现了我国最早的货币——天然海贝。由于贝体积较小,便于携带和保存,又坚固和持久,因此商代也普遍采用海贝作为货币,商王和贵族经常用贝赏赐属下。在我国的文字结构中可以看到,凡与财富有关的字,多从贝。在我国历史上,牲畜、粮食、毛皮、布帛、珠玉、金、银、铜等都起过货币的作用。这些一般等价物从贝壳、牲畜等逐渐发展为贵金属,最后又发展为用纯粹是象征的纸币来代替。

自从货币出现以后,各种商品首先同货币相交换,使本身的价值先在货币上反映出来,而表现商品价值的一定量货币,这便是商品的价格。随着价格的问世,这种客观存在必然反映到人们的意识形态中,从而价格问题成为中国历代思想家所探索和讨论的主要经济问题之一。

从微观方面看,人们常常与价格打交道,发现它不是固定不变的,而是不断地变动,这种涨落犹如一只看不见的手,在操纵着人们的命运,安排着人间的吉凶祸福。价格波动的奥秘,引起了人们的关注,促使人们进行不懈的探索,企图找到解开价格涨落之谜的线索。从宏观方面看,价格关系到社会再生产过程的各个方面,是经济、政治生活中最敏感的问题。各个朝代的统治阶级都要制定和推行有利于自己统治的价格方针和政策,对市场上的商品供求、价格变化、货币流通等进行全局性管理,封建王朝的政治家、思想家们从不同角度探讨价格管理问题,提出了各种各样的方案和主张,并且进行了理论说明和宣传。这样,随着实践的积累、认识的深化,形成了较为丰富的价格思想。

中国传统的价格思想,是指从春秋战国直至清代第一次鸦片战争前后这一漫长历史时期中的价格思想。之所以称其为传统的价格思想,是因为这个时期的价格思想基本上是土生土长的,也就是在中国的土壤上、在中华民族的范围内长期积累和形成起来的,打下了本民族的深深烙印。在中国悠久的文明史上,有着对外开放的思想传统,历代中国人民珍视与各国人民的友好往来和联系,对与外国进行经济、文化交流怀着强烈的愿望和要求。但是,由于古代中国的经济、政治、文化发展长期处于世界领先地位,因此,在这种历史条件下产生和发展起来的价格思想,不可能产生学习外国的要求,与外部世界几乎没有什么联系,所受到的外来影响是很少的。只是到了19世纪60年代后,西方的价格思想学说才被介绍到中国来,人们在研究价格问题、制定价格政策时,才越来越多地受到西方价格学说的影响,所提出的理论观点或方案主张,开始不属于中国传统价格思想的范畴了。这也是《中国价格思想史稿》把研究范围限定在先秦至19世纪中叶的缘由了。

中国传统的价格思想可以分为微观价格思想和宏观价格思想两大部分。微观的价格思想主要有"物情"论、"多寡"论、"资币"论等。

"物情"论探讨价格如何决定的问题。战国时代的孟轲对商品的价值有所触及,隐约认识到商品内在的"情"决定价值,他提出:"物之不齐,物之情也"①。后期墨家接触到了商品的使用价值、交换价值和相对价值问题。荀况则谈到了价格的等同性。但是,他们都没有认识到对商品价格起决定作用的这个"情"即价值的实体究竟是什么。到了明代中叶,才产生了中国历史上最早的劳动价值论萌芽。丘浚第一次比较明确地揭开了"物之情"这一谜语的谜底。他说:"其功力有深浅,其价有多少"②。也就是说,生产商品所耗费的人类劳动(功力)的深浅大小,决定一切商品的价值多少。明清之际的王夫之也用劳动的难易程度来说明商品价值的大小。

遗憾的是,在中国传统的微观价格思想中,"物情"论并不占主要地位,颇为流行的是"多寡"论,即用商品的供求多寡来解释价格的高低变化。子贡最早提出了供求决定价格的观点。他认为玉的数量少,所以价格贵;而珉(一种石头)的数量多,所以价格贱。范蠡、白圭在经商中也强调供求行情的变化对商品价格的涨落有决定性的影响。在《管子·轻重篇》中则明确概括为一个公式:"多则贱,寡则贵"。从此,"多寡"论在中国传统的微观价格思想中占据了支配地位。直到明代中叶前,都没有什么人表示异议。

中国传统的微观价格思想中,还探讨了货币价值与商品价格的相互关系,即"资币"论。春秋时期的单旗首先提出"量资币,权轻重"③的主张,这里的"资"指商品,"币"即货币,"量"是衡量之意,也就是说要用商品价格来衡量货币的轻重即货币的相对价值。他还主张,通过发行重币或轻币,来达到调节物价的目的。汉代的贾谊提出,要通过货币的投放或回笼以稳定物价,使"货物必平"。《管子·轻重篇》较为明确地提出了货币数量论,认为货币数量与货币价值成反比,却与商品价格成正比,把货币数量的变动作为商品价格涨落的一个重要原因。东汉的张林、唐朝的刘秩和陆贽也都是用货币数量的增减来解释货币价值的高低,进而说明物价的上下波动。纸币出现后,一些思想家又分析了纸币流通数量与币值、物价相互之间的关系,认为纸币发行数量多,就会贬值,从而造成物价上涨;纸币流通数量少,币值

---

① 《孟子·滕文公上》。
② 《大学衍义补·铜楮之币下》。
③ 《国语·周语下》。

就会上升,物价就下跌。

中国传统的微观价格思想虽然包含有一些值得重视的历史遗产,但从总体上看,是不很发达的,遗留下来的文献资料比较少,对价格问题的微观分析是较为薄弱的。即使出现了像"物情"论这样较为出色的价格思想观点,但也是比较零散、不成系统的。而在中国传统的微观价格思想中占有较大分量的"多寡"论、"资币"论,在很大程度上是服从于宏观价格思想的需要而产生、发展起来的。例如,单旗是从反对国家实行通货膨胀政策的角度提出"量资币,权轻重";《管子·轻重篇》研究并运用"多则贱,寡则贵"的理论原理,以加强封建国家对市场供求和价格波动的控制、干预。

中国传统的宏观价格思想是特别发达的。中央集权的封建国家政权为了巩固和发展自己所赖以建立的封建经济基础,为了社会秩序的长治久安,也为了封建王朝的财政收入,必须从整个国家、整个国民经济的全局出发,对价格进行宏观管理,处理和调节商品供求、价格变化、货币敛散、财政收支等方面相互之间的各种关系,缓和社会各阶级、各阶层在价格问题上的矛盾冲突。同时,中央集权的封建国家在全国范围内居于绝对支配地位,拥有强大的政治权力和经济实力,具备了进行价格管理的条件。因此,中国传统的宏观价格思想是相当丰富的,其中包括了不少价格管理的主张、方案以及对这些主张、方案的理论论证和说明。

中国传统的宏观价格思想可以划分为"法令"论、"平准"论和"因之"论三大类型。"法令"论主要以商鞅、《周礼》为代表,主张运用行政、法律等手段来控制、干预价格活动。"平准"论强调国家政权研究、利用价格的有关规律和原理,通过直接参与市场活动和经营工商业,以取得对价格的操纵权、控制权,从而达到打击商人资本、增加财政收入的目的。它是由先秦的范蠡、李悝开其端,而在《管子·轻重篇》中形成了比较完整的理论体系,桑弘羊则把此理论付诸实践。从此以后,"平准"论的价格管理思想在中国传统的宏观价格思想的发展进程中占据了主导地位。"因之"论的特点是,反对封建国家对价格的过多控制和干预,要求在价格管理中实行放任政策,听任价格的上下波动,顺应私人进行求利,从而使市场供求和价格涨落能够得到自发的调节。它在司马迁的《史记·货殖列传》中形成了明确的形式和理论范畴。后代凡是反对国家过多干预的价格管理思想主张,都是对"因之"论的继承和发展。

中国传统价格思想的发展,大体呈现为以下几个阶段。

春秋战国时期是中国传统价格思想的奠基阶段。在这个阶段,微观方面,产生了单旗的"资币"论、子贡的"多寡"论、孟轲的"物情"论等;宏观方面,商鞅、《周礼》提出了"法令"论,以范蠡的"平粜"、李悝的"平籴"为代表的"平准"论已经出现,公孙侨的"市不豫贾"政策、战国齐法家有关价格问题的思想主张等,则表明"因之"论已露端倪。

西汉前期是中国传统价格思想的成熟阶段。在宏观方面,"法令"论的价格管理思想主张为《管子·轻重篇》和桑弘羊的经济改革所吸收,形成了以经济手段为主、行政法律手段为辅来控制、干预价格的"平准"论的价格管理模式;以司马迁为代表的"因之"论的价格管理模式也在此时出现了。这两种对立模式的形成和确立,为此后两千年中国传统的宏观价格思想的发展提供了出发点和基本依据。而在微观方面,认为供求决定价格的"多寡"论,探讨币值与价格相互关系的"资币"论,则被纳入了"平准"论的价格管理模式之中,成为封建国家政权控制、干预市场和价格的理论指导。上述种种都是中国传统的价格思想已经成熟的标志。

西汉后期至清代前期是中国传统价格思想的渐进阶段。在这近两千年的时间里,价格思想基本上是在前一时期形成的框架下缓慢地发展着,尽管未发生质的变化,但仍然有所前进和提高,出现了不少有新意、有特色的价格思想主张。

在宏观方面,唐代的刘晏、白居易,宋代的李觏、王安石,元代的卢世荣等人的价格思想,都是沿着平准理论所开辟的方向发展前进的,从而构成了各种具有"平准"色彩的价格管理思想新模式。而宋代的苏轼、叶适和明代的丘浚等人则是"因之"论价格管理思想的重要代表人物,对"因之"理论有所继承、发展或修正。并且,针锋相对的"平准"论和"因之"论,也在互相撞击和交融,无论是刘晏理财还是王安石变法,在干预为主的同时,也辅以相当程度的放任。而丘浚等也不是完全排斥干预手段的运用,在放任的大前提下,其价格管理中的干预因素有所增加。

在微观方面,虽然供求决定价格的"多寡"论一直是颇为流行的思想观点,但沉寂已久的"物情"论却有了突破。丘浚、王夫之从不同角度提出了劳动决定价值的观点,为揭开"物之情"的奥秘作出了贡献。"资币"论被一些思想家用于分析、说明纸币与价格的相互关系,从而在理论上增添了一些新内容。

19世纪四五十年代是中国传统价格思想的衰落阶段。随着中国封建社会的彻底腐朽和西方资本主义不断深入的侵略,这个阶段的一些思想家却仍然在用中国传统的价格思想范畴来进行分析和探讨,企图解决由于外国资本主义侵略而引发的白银外流、洋钱溢价、通货膨胀等问题,显然是无济于事的。这是中国传统价格思想已经完成历史使命的反映。

我国历史悠久,有着丰富多彩的文化遗产,流传下来的文献典籍浩如烟海,有关价格问题的观点和主张散见于各个时期的经济、哲学、史学、文学等著述以及政治纲领、经济政策中。将这些资料挖掘、整理出来,并加以科学的分析和研究,是一项艰巨的任务。因此,中国传统价格思想的研究起步较迟、进展不快,已发表的研究论文不多,更没有较为系统、完整的学术著作问世。我不揣浅陋,从事这方面的研究和写作,只能算是初步的尝试和探索。今天将这部不成熟的著作奉献给广大读者,欢迎多多赐教,并希望能起到抛砖引玉的作用,有更多的拓荒者,投身到这块有待进一步开垦的沃土上来。最后,谨向赵靖先生、石世奇老师多年来的悉心指导和热情帮助致以深深的谢意;对大学同窗毕井泉好友的大力支持表示衷心的谢忱。

结 束 语

中华民族拥有属于自己的博大精深的传统文化遗产,这种传统文化具有异于其他民族的个性和特色。吸收外来文化的优秀成果,以充实、提高和发展自己,这是十分必要的。但是,这种学习和移植,不能脱离本民族的土壤、气候,不能与本民族传统文化完全割裂开来。否则,就会丧失前进的立足点,也就没有中华民族在世界上的地位。《中国价格思想史稿》的目的是,认真挖掘和研究中国传统价格思想的遗产,探求和揭示中国传统价格思想发展变化的过程及其规律性,吸收和总结历史的经验教训,为建设具有中国特色的社会主义提供有益的启示和借鉴:

第一,重视价格运动规律的研究,运用价格杠杆管理经济。

欧洲在奴隶制的罗马帝国后期,由于日耳曼等部落的征服,城市和工商业受到了十分严重的摧残,落后的自然经济占据了绝对统治地位,商品经济则被迫缩小到最小限度,一直到了9世纪以后,城市以及商品货币流通才逐渐恢复和发展。中国的封建时代与欧洲中世纪有很大的不同,也是商品货币不起决定性的作用,自然经济处于主导地位。但是,古代中国的城市和工商业状况却比欧洲同样的阶段要繁荣、发达得多,商品货币流通相当活跃。

中国历代思想家们没有仅仅停留在表面现象上,而是从不同角度、不同层次,力图透过现象探索价格运动的内在联系及其变化规律。例如:单旗的"资币"论,孟轲的"物情"论,先秦商家对商品价格与市场决策等问题的研究，贾谊、《管子·轻重篇》以及陆贽等对价格与供求、币值与价格的探讨，刘晏、李珏等对价格与财政相互关系的认识等。尽管由于历史、阶级的局限，他们都不可能作出科学的回答，但是，他们为揭示价格的奥秘所做出的贡献，是不可抹杀的。

中国历代思想家的可贵之处还在于，他们在不同程度上能够按照自己所认识的价格运动规律，来制定物价管理方针和政策，建立相应的价格管理体制，运用价格杠杆管理经济。例如："平准"论、"因之"论等不同价格管理模式的出现，白居易通过价格、货币等工具来调节农、工、商三种行业以及士、农、工、商四者的关系，董煟发挥价格杠杆的作用以推动救灾工作的顺利进行等。

第二，通过价格改革以促进整个社会经济的发展。

在春秋战国以至西汉中叶，是封建制度最终取代奴隶制度、中央集权的封建国家政权建立和巩固的时期，要排除一切阻碍新兴封建经济前进的旧关系、旧事物和旧思想，为新兴封建制度的发展壮大创造条件，就必须进行改革。先秦时期各主要诸侯国的社会政治经济改革，风起云涌，波澜壮阔，如魏国的李悝变法、楚国的吴起变法和著名的商鞅变法等。西汉前期，汉高祖刘邦以及汉文帝、景帝，实行无为而治、与民休息的政策，是对秦王朝坚持的农战做法的变革。汉武帝及桑弘羊根据变化的新形势，又进行了改革，从无为转向有为，从放任转为干预。后来的各个封建朝代，凡是有作为的统治者和进步的政治家、思想家，都进行过范围、层次、程度不同的改革。如唐朝的刘晏、北宋的王安石、元代的卢世荣等，都企图通过改革，为封建政权的长治久安提供可靠的保证，为封建经济的发展创造有利的环境。

在中国封建社会的历次经济改革中，价格改革是重要的内容之一。各个朝代的人们提出了各种各样的价格改革主张或方案，以促进社会生产力的发展，保证商品货币的正常流通，在此基础上增加财政收入，他们还对这些价格改革的主张或方案进行理论论证和说明。例如：桑弘羊的盐铁官营、均输、平准等，大刀阔斧地对当时不利于封建经济发展、不利于新兴封建制度成长和巩固的价格政策和体制进行了改革，不仅降低了物资流通费用，促进了地区间的贸易，使各地的市场供求趋于平衡，平抑了物价，而且有利于国民收入再分配，在没有增加百姓赋税负担的情况下，却使封建国库收入大大增加。正如《汉书·食货志》中所说："孝武时国用饶给而民不益赋。"又如丘浚所提出的"民自为市"的价格改革思想，主张对一些过时的、不合理的价格政策和措施实行调整和改革，反对封建国家借平抑物价为名而直接经营工商业以牟利,强调要放手让私人工商业者进行经营活动,通过市场自由竞争,以自发地、合理地调节商品供求和价格,并且使商品的数量和质量都能得到保证。还有司马迁、王安石等人的价格改革思想主张也是很有特色的。

第三,强调稳定物价的重要性,反对通货膨胀。

古代中国的思想家们不同程度地认识到,物价问题对国计民生有着举足轻重的影响,关系到社会经济发展的全局,牵涉到各部门、各地区和各阶层的切身利益。因此,在他们的价格思想主张中,把稳定物价摆在重要的位置上,强调国家政权的价格管理工作要着眼于物价的稳定,以维护正常的市场秩序,保证农、工、商各业的顺利发展,从而达到安定民心、巩固封建统治的目的。例如:桑弘羊所制定和推行的平准政策,"抑天下物",使"万物不得腾踊",即使对盐、铁这样为百姓所必需而又不易找到替代品的东西,也不随便涨价,而是做到了"平其贾"。张方平主张运用轻重敛散之术,"使关市不乏,货物平准"。丘浚把"平物价"作为封建皇帝治理天下的最重要的一项任务提了出来。

在中国封建社会,农业是国民经济中最主要的部门,是整个社会发展的基础和老百姓生活的衣食之源,人们所必需的各种生活资料,绝大部分来自农业。而在农业生产中,粮食生产又具有决定性的意义,"民以食为天",人是一天也离不开粮食的。合理的粮食价格有利于保护农民的利益和种粮积极性,促进粮食生产的稳步增长,也有利于兼顾士、工、商等其他各方面的利益,促进社会经济生活的良性循环。因此,在历代稳定物价的思想主张中,稳定粮价居于核心、枢纽的地位,它不仅关系到每个人的日常生活,而且关系到国家的治乱存亡。从先秦范蠡的"平粜"、李悝的"平籴",到由西汉耿寿昌创立又为后代各封建王朝所仿效的"常平仓"制度;从北宋李觏提出"谷贱伤农,贵亦伤农"的论点,到明代丘浚主张"因时以散敛,使米价常平以便人";这些都反映了中国传统价格思想主张中对稳定粮价问题的高度重视。

与稳定物价紧密联系的,是历代进步人士反对通货膨胀的思想主张。在中国历史上,每当一个封建朝代的统治者走下坡路、面临着日益严重的财政经济危机的时候,往往就玩弄物价政策,采取各种通货膨胀措施,如铸造大钱、滥发纸币等,来加紧搜刮,鱼肉百姓,给人民群众带来了极大灾难,最终玩火自焚,导致封建政权的垮台。一些反动的封建士大夫竭力为通货膨胀政策辩护,鼓吹运用通货膨胀加强掠夺人民,以转嫁财政经济危机。而许多进步的思想家则强烈反对通货膨胀,要求稳定币值,遏制物价暴涨,以缓和社会矛盾。例如：单旗、刘陶等人谏铸大钱的议论，南宋时期辛弃疾、袁燮等人关于纸币贬值原因的分析以及回收纸币的措施，19世纪四五十年代的许楣、许梿、王茂荫等反对滥发纸币的理论观点等，都是值得称述的反对通货膨胀的价格思想遗产。

　　对中国传统价格思想中的精华部分，我们应当进行发掘和研究，并加以继承和发扬。而中国传统价格思想中的糟粕部分，我们也决不能忽视。例如：王莽实行"六管"、"五均"和货币改制，通过物价上涨、货币贬值，对全国人民进行最普遍的洗劫；王鎏宣扬无限制地发行不兑现纸币，为清王朝推行恶性通货膨胀政策大造舆论等，都是必须加以批判和剔除的。因此，研究中国传统的价格思想，取其精华，弃其糟粕，能够给我们提供一些有用的参考材料，对于当前的经济工作是有重要帮助的。

战国时期齐法家的经济思想*

战国时期的法家,除了商鞅、韩非为代表的秦晋法家外,还有齐法家。齐法家的经济思想是很有特色的,其著作被汇集在《管子》[①]一书中。

一

在先秦各学派的经济思想中,秦晋法家强调富国而不重视富民问题,富民只是作为富国的一个从属性问题,才得以纳入他们的研究视野。而儒家孟轲宣扬富民,反对商鞅所提出的打击"私门"即地主阶级上层的特权和既得到益的富国主张。商鞅和孟轲的对立主张,各走向了一个极端,都把富国和富民看成是相互排斥的。

齐法家则既提倡富国,又重视富民。一方面,他们指出,治理天下必须首先发展经济,富裕国家,才能统治好百姓。"国多财则远者来,地辟举则民留处。"[②]另一方面,他们强调富民的重要性,认为"明王之务",就在于"民可使富"[③],让百姓富起来,使其愿意为统治者出力效劳,"能富贵之,则民为之贫贱"[④]。齐法家初步分析了富国和富民的相互关系,对于富民是富国基础的问题已经有所认识:"足民有产,则国家丰矣"[⑤]。力求把两者统一,"富上而足下,此圣王之至事也"[⑥]。

利欲论是齐法家富国富民论的理论基础。他们认为,人有欲望是自然的,是一种客观存在,"得所欲则乐,逢所恶则忧,此贵贱之所同有也"[⑦]。在

---

* 本文原载于《经济科学》1988 年第 4 期。
① 《管子》非一人一时之作,也非一家之言。其著作年代,早者成于战国中期,晚者成于西汉武帝时期。战国作品部分包括有法家、儒家、道家等学派的著作,占较大比重的是法家著作。
② 《管子·牧民》。(以下引文凡出自《管子》,只注篇名)。
③ 《五辅》。
④ 《牧民》。
⑤ 《君臣上》。
⑥ 《小问》。
⑦ 《禁藏》。

欲望的驱使下,追求财利是人的天性。"凡人之情,见利莫能勿就,见害莫能勿避……故利之所在,虽千仞之山,无所不上,深渊之下,无所不入。"①

齐法家认为,人们由于利己心的驱使,会自己选择适当的方式,主动地进行生产、流通等活动,取得和积累私人财富。"不推而往,不引而来,不烦不忧,而民自富。"②因此,他们主张,国家政权要承认私人的求利欲望,允许和鼓励私人追求财利。如果国家干涉过多,会束缚和妨碍私人经济活动的正常进行,不利于富国富民。"政之所兴,在顺民心,政之所废,在逆民心。"③他们还提出要实行轻徭薄赋政策,把剩余产品尽量多地留在私人手中,以加快封建经济的发展。"府不积货,藏于民也。"④

此外,齐法家还提出了"仓廪实而知礼节,衣食足而知荣辱"⑤的著名论点,进一步从理论上对富国富民论加以论证和说明。

齐法家很重视礼义的作用,把礼、义、廉、耻称之为"国之四维",强调说:"四维不张国乃灭亡"⑥。然而,他们又不像儒家那样,把礼义看做是对经济的发展起主要的决定作用的东西。恰恰相反,他们认识到,关键是富国富民,只有在经济发展、国家富裕、人民生活提高的基础上,礼义才能发挥作用。如果脱离了一定的经济条件,礼义也就不可能存在。同样的,刑法也只有和一定的经济条件相联系,才能更加有效。如果不顾经济条件而滥用刑法,反而不利于治国,"刑罚繁而意不恐,则令不行矣;杀戮众而心不服,则上位危矣"⑦。

齐法家还指出,礼义等伦理范畴无不包含着具体的经济内容,发展经济以富国富民,这正是礼义的本意。他们认为,德的六个方面是"厚其生"、"输之以财"、"遗之以利"、"宽其政"、"匡其急"、"赈其穷"⑧。还说:"义有七体","礼有八经","七体者何? 曰:孝悌慈惠,以养亲戚。……纤啬省用,以备饥馑……""八经者何? 曰:上下有义,贵贱有分,长幼有等,贫富有度,凡此八者礼之经也"⑨。通过对这些伦理规范所做的具有经济含义的解释,齐法家充实和加强了富国富民论的思想基础。

---

① 《禁藏》。
② 同上。
③ 《牧民》。
④ 《权修》。
⑤ 《牧民》。
⑥ 同上。
⑦ 同上。
⑧ 《五辅》。
⑨ 同上。

齐法家"仓廪实而知礼节,衣食足而知荣辱"的论点,表明他们在经济与道德、政治、法律的相互关系中,是把发展经济、富国富民看做是首要的第一位的因素。他们关于经济内容应该纳入礼义内涵的看法,反映了他们在一定程度上认识到上层建筑对经济发展的巨大能动作用。

二

齐法家富国富民思想的突出特点是始终把发展生产放在首位。他们认为,不能把富国富民只看成是一个国家财政和人民生活的问题,如果局限在财政的狭小圈子里,不可能真正解决富国富民问题,"轻税租、薄赋敛不足恃也"①。他们初步认识到,生产是财政的本源。富国富民必须建立在发展生产的基础上,生产发展了,产品丰富了,百姓的生活才能提高,"务五谷则食足,养桑麻、育六畜则民富"②。因此,齐法家强调要把发展生产作为富国富民的主要的决定的手段。

齐法家积极主张从生产力本身的各个因素着手,去促进生产的发展。他们认为,土地和人力是财富生产过程中的两个主要的因素,这两者必须相互结合,缺一不可。"民非谷不食,谷非地不生,地非民不动,民非作力毋以致财"。并且,生产发展的决定因素是人力,"天下(财)之所生,生于用力。用力之所生,生于劳身"③。

在农业中,齐法家最重视粮食作物的生产。他们论述了粮食的重要作用。一则,粮食是人们赖以生存的最基本的生活资料,"民非谷不食"。二则,粮食是国家财政收入的源泉,"积于不涸之仓者,务五谷也"④。三则,粮食为战争提供了物质基础,"地之守在城,城之守在兵,兵之守在人,人之守在粟"⑤。他们还指出,粮食生产是决定饥饱的重大问题。考察一个国家的政治、经济状况,首先要从粮食生产方面进行调查,"行其田野,视其耕耘,计其农事,而饥饱之国可知也"。一个国家先解决饥饱问题,才谈得上再解决贫富问题。因此,齐法家主张发展农业,首先要发展粮食作物,"博民于生谷"⑥。

---

① 《立政》。
② 《牧民》。
③ 《八观》。
④ 《牧民》。
⑤ 《权修》。
⑥ 《八观》。

不过,齐法家对农业的概念却不限于粮食生产,而是以粮食为主,统筹兼顾,全面安排各种经济作物和林、牧、副、渔各业的生产。他们认为,富国富民不仅要"务五谷",也需要"桑麻殖于野","六畜育于家,瓜瓠荤菜百果备具"①。而且还要注意"草木"的砍伐和"鱼鳖"的捕捞。

发展农业的措施,齐法家提出两条:"务天时"和"务地利"。"务天时"包括两点:其一,"顺天之时"②,农业生产要适应不同季节的变化要求,进行合理安排,"四时事备,而民功百倍矣"③。其二,"以时禁发"④,规定人们采伐捕捞的时间,以保护野生动植物的自然生长繁殖。"毋杀畜生,毋拊卵,毋伐木,毋夭英,毋折竿,所以息百长也"⑤。这是一种十分可贵的保护生态环境的思想。

"务地利"的具体内容是:第一,精耕细作,以提高耕地的单位面积产量。齐法家认为,如果"耕之不深,耘之不谨"⑥,田野杂草丛生,土壤缺肥,就会"国贫民饥"⑦。第二,因地制宜充分利用土地资源,发展多种经营。"山泽广大则草木易多也;壤地肥饶,则桑麻易植也;荐草多衍,则六畜易繁也"⑧。第三,开垦荒地,扩大耕地面积。"田畴垦而国邑实"⑨,"地辟举则民留处"⑩。齐法家鼓励百姓开荒生产,不仅表明他们把扩大耕地面积作为发展农业的有力手段,还表明他们是力图扶持土地私有制,是要在封建主义的经济形式下发展农业生产。

三

齐法家很重视封建土地占有关系对生产发展的巨大促进作用,对建立和发展封建土地制度进行了理论阐述。

他们认识到,封建土地所有制是封建主义的基础,"地者政之本也"⑪。

---

① 《立政》。
② 《禁藏》。
③ 同上。
④ 《立政》。
⑤ 《禁藏》。
⑥ 《八观》。
⑦ 同上。
⑧ 同上。
⑨ 《五辅》。
⑩ 《牧民》。
⑪ 《乘马》。

如果土地的占有和使用不合理,就会影响国家的治理和经济的发展,"地不均平和调,则政不可正也——政不正则事不可理也"。"事不治则货不多"①。所以,齐法家要求改革生产关系,解决好土地制度问题,"正政者,地也,故不可不正"②。从而为达到"事治"、"货多"提供保证。

齐法家主要分析了国有土地的生产关系问题。正如他们所说:"正月令农始作,服于公田农耕"③,他们认为,公田的生产关系包括两方面的内容。

第一,"均地分力"④,在土地经营使用权方面实行平均。封建国家为了便于计算劳动效率、估计产量和确定租税。根据土地质量的差别,把国有土地按一定的标准互相折合,把折算成标准耕地面积的公田,比较平均地出租给农民耕种,从事分散经营。很明显,"均地分力"所体现的生产关系,已不是"千耦其耘"的奴隶制,而是属于封建性质的。

第二,"与之分货"⑤,劳动产品的主要分配形式是实物地租。在封建社会初期的劳役地租条件下,农奴必须在规定的时间里,使用自己的生产工具到公田上进行无偿劳动,其余时间才可以在自己的份地上为自己劳动。在这里,农奴的必要劳动和剩余劳动在时间上和空间上都是截然分开的。而齐法家提出的"与之分货",则是农民可以较为自由地支配自己的劳动时间,向封建国家缴纳一定比例的生产品之后,自己也能分得一部分生产品,这已经是比劳役地租形式较为先进的实物地租形式。

四

农业是封建国民经济的主要部门,但并不是惟一的部门。在战国时期商品货币经济已经有了一定程度的发展情况下,要富国富民绝不能无视工商业问题。工商业在社会经济生活中的地位和作用,它对封建农业生产的影响以及封建国家的工商业政策等,是齐法家所要研究和探讨的问题。

齐法家重视社会分工,认为这样可以"使民各为其长则用备"⑥。他们认识到工商业的存在和发展是社会分工的需要,国民经济的发展离不开工

---

① 《乘马》。
② 同上。
③ 同上。
④ 同上。
⑤ 同上。
⑥ 《牧民》。

商业,工商业者与士、农一样,对富国富民都有贡献,都是发展经济的重要力量。"士、农、工、商四民者,国之石民也。"①

齐法家对手工业的作用给予了肯定。他们认为,手工业者生产的劳动工具和生活用品有利于农业生产,能够使人们"毋乏耕之器"②。因而强调要重视手工业生产,"聚天下之精财(材),论百工之锐器"③。

齐法家对商业的发展也持比较积极的态度。他们指出,商人和商业推动了各地区之间物资产品的互通有无、广泛交流,"负任担荷,服牛辂马以周四方,料多少,求贵贱,以其所有易其所无,买贱鬻贵"④。

他们还认为,商业活动对生产发展是有利的。如果没有市场流通,商品物资就会缺乏,人们的需求也就难以满足。而生产出来的商品却又无法销售,物质材料、生产劳动的消耗,得不到及时补偿,生产者就会感到困乏,失去劳动积极性。上述情况,齐法家称之为:"无市则民乏"⑤。

齐法家又进一步分析,商业虽然不是生产部门,"不能为多寡"。但人们却可以通过商业活动,了解各种商品的供求状况,在"知多寡"⑥的基础上,来指导生产。这样,就会避免"货尽而后知不足","事已而后知货之有余"⑦的情况发生。生产者能够"生于虑,成于务"⑧,使产品的品种、数量和价格都得到合理调节,以适应市场需要。因此,齐法家说:"市者,货之准也"⑨。

基于上述认识,齐法家主张封建国家的经济政策要为工商业的活动创造便利条件:"发伏利,输市积,修道途,便关市,慎将宿,此谓输之以财"。"关,几而不征,市,廛而不税"⑩。

齐法家肯定了工商业在整个社会经济中的不可缺少的作用。但是,另一方面,他们也看到了工商业同封建自然经济的农业之间的矛盾。战国时期的农业劳动生产率是比较低的,需要有足够数量的劳动力,才能提供为数不多的剩余产品。然而,由于经营工商业远比农业劳动轻松得多,并且获利快,盈利率高。这就使大量的农业劳动力流向工商领域,越来越多的农业剩

---

① 《小匡》。
② 《幼官》。
③ 《七法》。
④ 《小匡》。
⑤ 《乘马》。
⑥ 同上。
⑦ 同上。
⑧ 同上。
⑨ 同上。
⑩ 《五辅》。

余劳动为工商业所占有,给富国富民带来不利的影响。齐法家认识到了这个问题的严重性:"野与市争民……粟与金争贵","求田野之辟、仓廪之实,不可得也。"[①]他们提出,要实行"务本去末"的政策,对工商业的发展加以限制,以保护和鼓励农业生产的正常进行。

他们不但主张从政治上和社会风气上抑商,禁止商人做官,不许其穿羔皮和貂皮做的衣服等。而且提出从经济上使"百货贱",商人不能获得高额利润,弃农经商的人少了,农业就会得到发展,"百利不得则百事治"[②]不过,齐法家"务本去末"的主要打击对象是奴隶主势力所经营的奢侈品工商业。

五

齐法家和秦晋法家的思想理论和政策主张在本质上是一致的。他们都鼓吹霸道而反对王道,都强调富国强兵,都重视以法治国,都宣扬重本抑末等。不过,齐法家在学说内容、思想渊源和表现形式等方面,又同秦晋法家存在着差别,有着自己的特点。

齐法家和秦晋法家都很强调富国、重农。但秦晋法家提倡富国、重农,是为了强兵胜敌以夺取天下,农是与战相结合的。他们把富国和富民看成是互相排斥的,不愿意把农业生产的财富留在百姓手中,而是主张尽量上交给国家,以便直接地、最大限度地用于战争。

齐法家侧重从发展经济的角度来探讨富国问题,开始把农与治联系起来。他们认为,富国富民是统一的,私人手中有了较多的剩余产品,有利于国民经济的发展和封建政权的巩固。富国、重农的着眼点,并不主要是为了加强进行战争的物质基础,而是为了"牧民"、治国,这是齐法家经济思想的突出特点。

齐法家和秦晋法家都把发展农业放在首要位置。其不同特点是:秦晋法家强调国家政权对社会经济生活进行严格干涉和控制,以达到重农的目的。齐法家却主张国家在经济活动方面采取诱导政策,以有利于农业的更快发展。

齐法家和秦晋法家都最重视粮食的生产。秦晋法家基本上是把农等同于粟。而齐法家的特点是,发展农业的视野比较开阔,以粮食为重点,广泛

---

① 《权修》。
② 《乘马》。

发展农、林、牧、副、渔。关于农业的这种广义的观点,显然比秦晋法家单一搞粮食的主张,更有利于农业生产的发展和充分合理地利用自然资源以及满足各方面的生活需要。从农业经济学的角度看,这是较为合理的。

齐法家和秦晋法家都主张"抑末"。但是,与秦晋法家比起来,齐法家较多地肯定社会分工对技术进步和劳动生产率提高的作用,对工商业的态度也比较积极,主张在不影响农业的前提条件下,封建国家要保护、鼓励工商业的发展。并且其"抑末"矛头的重点是指向奴隶主势力所盘踞的奢侈品工商业。这也是与秦晋法家有所不同的重要特点。

齐法家经济思想的上述特点,是由当时齐国的经济、政治、思想条件决定的。

第一,齐国的社会经济比较发达,城市和城市工商业相当兴盛。

早在春秋齐国开国君主姜太公时期,齐国就有重视工商业的传统:"劝其女功,极技巧通鱼盐,则人物归之,繦至而辐凑。故齐冠带衣履天下,海岱之间敛袂而往朝焉"①。到了战国时代,商品经济更加活跃兴旺,城市和城市工商业更加发展。据苏秦描绘,齐国都城临淄有居民七万户,人口六十万以上,"其民无不吹竽、鼓瑟、击筑、弹琴、斗鸡、走犬、六博蹋鞠者。临淄之途,车毂击,人肩摩,连衽成帷,举袂成幕,挥汗成雨,家敦而富,志高而扬"②。因此,扎根在这种经济土壤的齐法家学说,把富国富民看做是治国安民的基础,主张以粮食为主的农、林、牧、副、渔的全面发展,也较多地肯定工商业的作用,只是把奢侈品工商业作为重点打击对象。

第二,田氏齐国在政治上以收买民心起家,所实行的政治体制是宗法制和中央集权制相结合。

田氏原先是姜氏齐国大夫,在夺权斗争中,他们采用借贷用大斗、偿还及征税则用小斗等各种经济手段来争取民众的支持,壮大自己的力量,逐步确立在齐国的统治地位。由于这种政治上的原因,齐法家能够比较深刻地认识到民心的向背对于巩固政权的重要意义,把发展经济以满足人民的物质利益要求作为关系到国家治乱安危的关键问题提了出来,重农与治国相结合,不赞成对私人经济活动的过多控制和干预。

田氏齐国的政治体制把封建宗法制和中央集权制结合起来,实行礼法并重的统治方术,既重视用宗法道德来巩固统治,又强调以法律来加强王

---

① 《史记·货殖列传》。
② 《战国策·齐策》。

权。与这种政治体制相适应,齐法家一方面主张富民,帮助和支持地主阶级贵族集团利用宗法制度及种种特权来维护既得利益;另一方面,又强调富国,大力发展封建农业,以增强中央集权封建国家的经济实力。同时,还把富国和富民相提并论。

第三,齐国的稷下学宫是荟萃各学派,开展百家争鸣,促进学术思想发展的中心。

战国时期,齐国统治者设立稷下学宫,其目的是为巩固政权、称王天下做理论上的准备。他们采取兼容并蓄、各显所长的方针政策,优待不同学派的学者。各学派之间相互批评和争论,也相互影响和吸收。在当时,全国统一的趋向已露端倪,齐法家较早地顺应了这种趋势,熔各家之长于一炉,形成了自己的经济思想体系。他们强调"以法治国",又深受齐、鲁儒家的影响,重视礼义的作用,并且认识到礼义、刑法要在一定的经济条件基础上发挥作用。他们提出了人性好利的观点,又大量吸收道家思想,主张对私人经济活动实行放任政策。秦晋法家宣扬富国,儒家提倡富民,齐法家把两者相统一。还有,齐法家把重农与治国相联系,在农业之外还重视林、牧、副、渔生产以及工商业的发展,这与儒家思想也有相通之处。

由于当时全国统一的趋势还不太明显,各学派的长处和不足尚未充分显露。因此,齐法家的经济思想又具有早期综合的特点:以法家为主进行综合的色彩不太浓厚,没有突出的代表人物而只好借管仲的名义来阐明自己的理论主张,有些思想观点不相一致(如富国与富民未完全统一、发展工商业与"抑末"相矛盾)等,这都体现了早期综合所特有的不成熟性。

西汉时期"以轻重御民"的国民经济管理思想与实践*

中国封建社会的国民经济管理思想是中国具体历史条件下的特殊产物,它的产生、发展和演变是和中央集权的封建专制国家政权的存在分不开的。西汉时代是中央集权专制主义的封建国家政权确立和巩固的时期,这个时期的国民经济管理思想在中国国民经济管理思想的发展史上占有十分重要的地位。

在西汉社会经济的恢复和发展过程中,存在着各种各样的矛盾。封建经济各部门、各地区之间以及封建国家与部门、地区之间,也存在着错综复杂的经济关系。封建地主个人难以对付这些矛盾,也无法处理这些关系。因为行政权、司法权、军事权都已经从土地所有权中游离出来,全部归属于封建国家政权了。中央集权的西汉封建王朝为了巩固和发展自己所赖以建立的封建经济基础,也为了封建国家的财政收入,就必须从封建经济的全局出发,对整个社会的经济活动进行一定程度的指挥、监督和干预,处理和调节各种经济关系,缓和和限制社会各阶级、各阶层在经济利益上的矛盾冲突。同时,中央集权的西汉王朝在全国范围内居于绝对支配的地位,拥有强大的政治权力和经济权力,具备了进行国民经济管理的条件。封建统治阶级和思想家们从各个不同的角度探讨国家管理经济问题,提出了各种各样的方案和主张,并且进行了理论论证和宣传。

汉初统治者面临经济极端凋敝的严峻现实,把"拱已无为"、"与民休息"作为管理国民经济活动的指导方针和基本内容,以尽快地恢复和发展经济。到了文景时期,出现了"民则人给家足,都鄙廪庾皆满,而府库余货财"①的兴盛景象。但是,各种矛盾也就逐渐显露出来了。

地方诸侯的势力日渐强大。他们拥有幅员广阔的封地,掌握了封国内

---

* 本文原载于《平准学刊》第三辑上册。
① 《史记·平准书》。

的行政管理大权,组织发展自己的军事武装。并且,在经济上自征赋役、自铸钱币、自行煮盐。实际上,地方诸侯已经成为与西汉中央政府分庭抗礼的独立王国。

以富商大贾为代表的工商奴隶主残余势力有所抬头和发展。他们操纵市场、牟取暴利,占有了越来越多的农民剩余劳动,使大量劳动力脱离了农业生产,背本趋末之势越来越严重了。并且,商人资本还兼并土地,使农民破产流亡。更为严重的,富商大贾"因其富厚,交通王侯"[①],与地方诸侯相互勾结,图谋不轨。因此,商人资本的不断膨胀,不仅给封建农业生产造成了严重危害,而且给西汉王朝的统一和巩固带来了严重祸患。

新兴西汉政权所面临的尖锐社会矛盾和孕育着的严重统治危机,使人们逐渐感到,在当时仍然占主要地位的"无为而治"的国民经济管理思想和政策,已经无法解决社会经济生活中产生的新矛盾、新问题,已不能适应客观形势的需要了。社会实践向人们提出了新的要求和新的课题,促使文景时期的思想家们认识到,必须审时度势,改弦更张,为寻求解决矛盾的出路而进行新的探索和研究。这样,在特定的社会条件下,就产生和形成了《管子·轻重篇》"以轻重御民"的国民经济管理理论体系[②];接着,桑弘羊在实践中又把它加以发展和提高。

一

在中国古代国民经济管理思想发展史上,《轻重篇》的作者首先创立了中央集权的封建国家研究和运用商品流通规律,在此基础上,直接经营和控制工商业,对社会经济活动实行调节、干预,以抑压商人资本,增加财政收入,巩固封建统治的国民经济管理理论和措施。它主要包括三方面的内容。

第一方面的内容是"轻重之势"——主张经济管理上的中央集权,在经济领域推行封建专制主义。

战国法家为了建立发展新兴封建制度,打击奴隶主势力,加强对劳动人民的统治,最早提出了建立封建君主专制、加强封建中央集权的思想理论。商鞅注重"法",申不害注重"术",慎到注重"势",从不同角度为建立和加强

---

① 《汉书·食货志》。
② 《管子·轻重篇》的成书年代,学术界有不同看法。我个人的看法,它是西汉文景时期的作品。因本文主要探讨它所反映的国民经济管理思想,故成书年代的具体考证从略。

封建专制主义的中央集权制度提供了思想武器。但是,他们的理论各有所偏。集法家思想之大成的韩非指出,商鞅只用"法"而不讲"术",申不害只有"术"而无"法",慎到只重视"势","皆未尽善也"①。韩非主张应该法、术、势三者并重,以加强中央集权。他认为"法"和"术"是统治国家的重要手段,而"法"和"术"之所以能实现,又必须以"势"为基本前提,即以掌握政权为先决条件。韩非论述道,"势重者,人主之渊也"②,"抱法处势则治"③。这里的"势"就是政权,"处势"就是掌握政权。韩非强调封建君主要集权于一身,绝不能权力分散,与臣下"共权"④,更不可以"借人"⑤。封建国家权力一分,失去"势",就无法维持统治了,"背法去势则乱"⑥。因此,必须重"势",加强中央集权,实行封建国家专制主义,"君执柄以处势,故令行禁止。柄者,杀生之制也;势者,胜众之资也"⑦。可以看出,韩非的"势"主要是从政治角度展开理论论述的,也就是说,韩非所强调的是政治上的中央集权。他对国民经济管理的中央集权和地方分权问题还没有给予足够的重视,也很少从理论上进行研究和论述。首先对这些问题进行理论探讨和说明的是《管子·轻重篇》的作者。

《轻重篇》的作者继承、发展了先秦法家关于"势"的思想,提出了"轻重之势"的理论。不仅主张封建国家在政治上要实行专制独裁,而且着重强调了经济管理上的中央集权问题。他们指出:"善为国者,如金、石之相举,重钧则金倾,故治权则势重,治道则势赢"⑧。很明显,"势"就是"权",经济权力集中了,就能在经济领域中造成一种绝对支配的强大之势,封建国家凭借这种"势",对国民经济实行调节,干预和控制。"圣人理之以徐疾,守之以决塞,夺之以轻重,行之以仁义,故与天壤同数,此王者之大辔也。"⑨在作者看来,建立"轻重之势"是实行封建国民经济管理的基本前提。

《轻重篇》作者详细论述了封建国家在国民经济活动中丧失"轻重之势"所带来的一些严重弊病。他们认为不坚持经济上的中央集权,就不能有

---

① 《韩非子·定法》。
② 《韩非子·内储说下》。
③ 《韩非子·难势》。
④ 《韩非子·外储说右下》。
⑤ 《韩非子·内储说下》。
⑥ 《韩非子·难势》。
⑦ 《韩非子·八经》。
⑧ 《管子·揆度》。
⑨ 《管子·山至数》。

效地管理国家经济,"君不守以策,则民且守于下,此国策流已"①。其结果是丧失经济利益,造成国家财源枯竭,"委积则虚","下富而君贫"②。他们还看到封建王朝的经济大权旁落,使国计民生遭到了极大损害,造成广大老百姓饥饿困穷,影响了封建秩序的稳定。"民人所食,人有若干步亩之数矣,计本量委则足矣;然而民有饥饿不食者,何也?谷有所藏也。人君铸钱立币,民庶之通施也,人有若干百千之数矣;然而人(民)事不及、用不足者,何也?利有所并也。"③他们进一步指出地方诸侯和富商大贾是国家经济管理权力分散的最大受益者。地方诸侯依仗手中的经济权力,与国家争夺人力、物力,实行分裂割据,"天子以客行,令以时出,艺谷之人亡,诸侯受而官之,连朋而聚与,高下万物以合民用。内则大夫自还而不尽忠,外则诸侯连朋合与,艺谷之人则去亡,故天子失其权也"④。代表奴隶主残余势力的富商大贾掌握了"轻重之势",利用和控制工商业所进行的种种活动,严重威胁了中央集权政府的统治,"万乘之国必有万金之贾,千乘之国必有千金之贾,百乘之国必有百金之贾,非君主之所赖也,君之所与。故为人君而不审其号令,则中一国而二君二王也"⑤。

事实证明,封建国家掌握"轻重之势",建立经济管理上的中央集权,已经是当务之急了,《国蓄》的作者,对经济管理的权力高度集中于中央的重大意义进行了概括性的论证和说明,"国有十年之蓄,而民不足于食,皆以其技能望君之禄;君有山海之金,而民不足于用,是皆以其事业交接于君上也。故人君挟其食、守其用,据有余而制不足,故民无不系于上也"。这就是说,封建君主要把关系国计民生的粮食和货币牢牢掌握起来,才能在经济管理中对全国人民取得"轻重之势",最大限度地剥削和压榨老百姓,增加国家财政收入,"民力可得而尽"。并且凭借"轻重之势"在经济领域推行封建专制主义,"予之在君,夺之在君,贫之在君,富之在君;故民之戴上如日月,亲君如父母。"

作者比较全面地分析了经济上的集权,对打击地方诸侯和富商大贾所能起到的巨大作用。他们认为封建国家垄断了经济权益,"毋授人以财"⑥,

---

① 《管子·乘马数》。
② 《管子·山权数》。
③ 《管子·国蓄》。
④ 《管子·山至数》。
⑤ 《管子·轻重甲》。
⑥ 《管子·山权数》。

并且尽可能地垄断各种产品就能对地方诸侯取得"轻重之势",否则,"物无主,事无接,远近无以相固,则四夷不得而朝矣"①。他们强调封建国家凭借高度集中的经济权力来抑压商人资本,从富商大贾手中夺取"轻重之势","杀商贾之民"②,从而铲除工商奴隶主残余势力,使封建生产方式占领工商业阵地。

《轻重篇》作者作为封建统治阶级的智囊策士,还十分重视探讨和研究在国民经济管理中,如何取得对广大农民的"轻重之势",通过经济上的集权,运用经济手段,巧妙地剥夺和搜刮农民的剩余劳动,"彼善为国者,使农夫寒耕暑耘,力归于上,女勤于纤微而织归于府者,非怨民心伤民意,高下之荚不得不然之理也"③。

二

《管子·轻重篇》关于国民经济管理的第二方面的内容是:从封建国家管理经济的角度,对商品货币流通的规律进行研究和总结——"轻重之学"。

战国秦汉时期,农业、手工业的不断发展,有力地促进了商品经济的活跃和货币的流通。这必然会促使人们对商品流通的规律进行探索和研究。不过,在《轻重篇》作者之前,还很少有人从国民经济管理的角度出发,分析探讨商品货币问题。例如,春秋末期单旗为反对周景王铸大钱提出了"子母相权"的货币理论,基本上是限于狭隘的财政问题的范围。《史记·货殖列传》中的计然和《汉书·食货志》中的李悝开始着眼于调节、干预社会经济生活,而论述了粮价问题。他们认为,粮价过低或过高都会给社会经济带来损害,粮价"甚贱"则"二十病农",粮价"甚贵"则"九十病末",这样"末病则财不出,农病则草不辟","故甚贵与甚贱,其伤一也"。他们提出"善为国者",应实行平粜政策,调节粮价,"上不过八十,下不减二十",就会使"农末俱利","民毋伤而农益劝"。但是,他们没有把粮食与货币和其他商品联系起来加以考察,更没有涉及封建国家与商人资本的矛盾问题,因此,认识的广度和深度都是远远不够的。至于《史记·货殖列传》所记载的白圭的"治生"之术,如"乐观时变,故人弃我取,人取我与。夫岁熟取谷,予之丝漆;茧

---

① 《管子·轻重甲》。
② 《管子·轻重丁》。
③ 《管子·臣乘马》。

出取帛絮,予之食"等,则完全是从商人的观点观察、研究商品货币流通,而积累和总结出来的经商经验,同国民经济管理问题无关。

《轻重篇》作者与前人不同,他们主张封建国家全面地、大规模地探讨和研究商品货币流通规律,以指导国民经济管理工作。他们对商品货币流通中的下面几个问题进行了分析论述:

(一) 谷物和货币的相互关系

作者指出,谷物和货币在国民经济中具有十分重要的地位和作用,"五谷食米,民之司命也;黄金刀币,民之通施也"[1]。在封建社会,农业是最基本的生产部门,谷物是最主要的产品,它是人们的衣食之源、生存之本。同时,在商品流通中,货币是必不可少的流通手段。因此,充分认识、妥善处理谷物与货币之间的相互关系,是封建国民经济管理的一个极为重要的问题。

作者认为,在谷物和货币的关系中,谷物价格和货币购买力的变化,是由市场上谷物和货币的供求情况变动引起的。如果处于流通中的谷物数量减少而货币相对数量增多,则表现为货币购买力降低而谷物价格上涨,"粟重而黄金轻";如果是处于流通中的货币数量减少而谷物相对数量增多,则表现为货币购买力提高而谷物价格下跌,"黄金重而粟轻"[2]。

在认识谷物与货币的相互关系的基础上,作者主张处理两者关系,应该"执其通施,以御其司命"[3],并把它作为国民经济管理的基本原则。之所以提出这条原则,是因为封建国家垄断了货币铸造权和发行权,而在封建土地私有制条件下,粮食却绝大部分集中在地主和农民手中,封建政权只有首先掌握货币,才能运用"粟重而黄金轻,黄金重而粟轻"的原理,把作为人的命根子的谷物控制起来,达到调节,干预全国经济的目的,"人君操谷币准衡而天下可定也。此守天下之数也"[4]。

(二) 货币、谷物与万物的相互关系

作者主张,封建国家掌握了货币,不仅要控制谷物,而且还要尽可能地控制各种产品。因此,他们分析了货币与万物的相互关系,"币重而万物轻,

---

[1] 《管子·国蓄》。
[2] 《管子·轻重甲》。
[3] 《管子·国蓄》。
[4] 《管子·山至数》。

币轻而万物重"①。随着商品交换的发展，商品世界分裂为对立的两极，货币从商品界中游离出来，充当一般等价物，作为特殊商品与其他商品对立。在《轻重篇》作者看来，对立的双方在市场供求状况的决定性影响下，其轻重变化是此消彼长的相对运动。如果"国之币九在上，一在下"②，封建国家垄断了 9/10 的货币，而在流通过程中只剩下 1/10 的货币，这样货币流通量大大减少而造成万物供过于求，就会出现"币重而万物轻"的现象；如果"币在下，万物皆在上"，即封建国家把货币投入市场以购买万物，万物供不应求，就会出现"币轻而万物重"的现象。

作者认识到，谷物能够成为封建王朝垄断国民经济命脉的重要工具，不仅在于谷物在社会经济生活中，处于"民之司命"即关系到百姓生存的最基本生活资料的地位，而且在于，在当时的商品交换中，"以谷准币"③，谷物经常取代货币，以一般等价物的姿态出现。因此，作者把谷物从其他一般商品中分离出来，看做是和其他一切商品不同的"独贵独贱"④的商品。同时，分析了谷物作为一般等价物与万物之间的相对运动，"谷重而万物轻，谷轻而万物重"⑤随着供求关系的变化，谷物和万物的价格变化是此涨彼落，此落彼涨。

（三）商品价格与市场供求关系的相互关系

在揭示和阐述货币、谷物、万物之间的轻重关系的过程中，作者贯穿着一个基本思想，即市场上货币、谷物、万物的供求状况变动引起了三者之间的相对轻重变化。反映在商品价格问题上，作者认为市场上的供给和需求决定价格，"物多则贱，寡则贵"⑥。商品的价格随着供求关系的变化而变化，当市场上的商品供给超过需求时，物价就会下降；而市场上的商品供应不能满足需求时，物价就会上涨。在供求决定价格的前提下，作者进一步分析了影响商品多寡和价格高低的两类不同因素。一方面是自然的原因，如"岁有凶穰，故谷有贵贱"⑦，遇见丰收年景，农民的收获多，粮价就下跌，"物

---

① 《管子·山至数》。
② 《管子·山国轨》。
③ 《管子·臣乘马》。
④ 《管子·乘马数》。
⑤ 《管子·山至数》。
⑥ 《管子·国蓄》。
⑦ 同上。

适贱,则半分而无予",反之,"岁适凶则市籴釜十镪"①。另一方面是人为的原因,作者对此给予了特别的注意,以便为封建国家操纵市场、贱买贵卖作理论准备。他们指出,政府法令可以左右物价,"令有缓急,故物而有轻重"②,封建国家征调愈急,时间愈急迫,人民就会纷纷抛售财物,以换取货币纳税,物价就会暴跌。还有人为的聚散藏发,也影响市场供求的变化,引起价格的波动,把商品囤积起来,造成商品供不应求,物价就会上涨,而把商品抛售市场,供过于求时,物价就会下降,"藏则重,发则轻,聚则寡,散则多"③。

作者在指出供求决定价格的同时,又认识到价格波动又会反过来影响供求变化。他们概括总结了市场活动和商品流通的一般规律,"重则见射,轻则见泄"④。在商业活动中,当某种商品价格上升,即所谓"重",经营这种商品可以获得较大利润,在物质利益的刺激下,人们必然展开竞争,纷纷抢购这种商品。同样的,当某种商品的价格下跌,即所谓"轻",经营者担心吃亏赔本,这种商品就会成为人们竞相抛售的对象。

基于上述认识,《轻重篇》作者主张封建国家直接进入商品流通领域,当市场上某种商品的价格下跌时,国家就高于市价大量收购,使这种商品减少,价格就会回升。反之,当市场上某种商品的价格上涨时,国家就低于市场大量抛售,使这种商品增多,价格必然下降。这就是封建国家控制、干预商品货币流通的基本原理,作者概括为:"以重射轻,以贱泄平"⑤。

三

轻重之术是《管子·轻重篇》关于国民经济管理的第三方面的内容,也就是封建国家直接进入商品流通领域,对社会经济活动实行全面干预的经济政策和措施。

战国法家管理经济的基本国策是"重本抑末",他们主要是在社会经济过程之外,凭借国家政权的力量,通过严刑峻法,以达到"重本抑末"的目的。为了促进农业生产的发展,法家学派主张加强和改善国家行政管理,杜绝邪

---

① 《管子·国蓄》。
② 同上。
③ 《管子·揆度》。
④ 《管子·山权数》。
⑤ 《管子·国蓄》。

官奸吏对农民的侵扰,提高封建官府的行政效率,做到"官无邪"、"无宿治",以尽量减少对农民生产劳动时间的侵占,使"农不败而有余日,则草必垦矣"①。还制定有关法令制度,限制不利于农业的种种活动,如不许各地滋长声色娱乐,禁止人民擅自迁徙等。使人民专心本业,壹意务农。战国法家不是通过封建国家直接经营商品流通事业的经济手段来"抑末",而是强调"重刑而连其罪",使商贾技巧等"五民者不生于境内,则草必垦矣"②。实行严法酷刑以抑制末业,"使其商工游食之民少,而名卑以寡,趣本务而趋末作"③。另外,他们采取的"不农之征必多","市利尽归于农"④的一系列经济措施,基本上也都是运用国家的政治权力,依靠政府法令来贯彻执行。

《轻重篇》作者与战国法家的不同之处在于,不是主要通过政治、法律措施来管理经济,而是在"轻重之学"的理论基础上,运用轻重之术来进行国民经济管理工作。《轻重篇》作者提出,中央集权的封建王朝要进入商品流通过程,充分利用商品货币流通规律,直接参与市场活动和经营工商业,以控制和干预国民经济。其具体内容是:

(一) 关于物资资源管理的轻重之术

《轻重篇》作者认为封建国家掌握和垄断了物资资源,就有了调节和干预社会经济活动的物质基础,否则,国民经济管理工作就缺乏必要的保证。他们认识到"五谷者,万物之主也"⑤。农业是最主要的物资生产部门,粮食是最重要的物资。因此,他们提出首先要把关系到国计民生的粮食牢牢地掌握起来。例如:在歉收之年,以十倍高价卖出粮食,到丰收之年,用歉年所获的收入,就可以买到十倍的粮食,从而大量粮食集中在国家手中,谷价就将上涨。然后,封建国家利用"谷重而万物轻"的原理,高价出售粮食,低价购买万物。这样又造成了"谷轻而万物重",国家又抛售万物以收购粮食。周而复始,永无穷期,"人君御谷物之秩相胜,而操事于其不平之间,故万民无籍,而国利归于君也"⑥。

作者还提出了"官山海"、"官天财"的主张,就是封建国家占有和控制

---

① 《商君书·垦令》。
② 同上。
③ 《韩非子·五蠹》。
④ 《商君书·外内》。
⑤ 《管子·国蓄》。
⑥ 同上。

矿山、盐场、森林等自然资源。他们认为国家的兴亡成败取决于能否垄断山海，"为人君而不能谨守其山林、菹泽、草莱，不可以立为天下王"①。因此，一再强调封建政权对山海资源要"谨封而为禁"，绝不容许人们染指，"有动封山者，罪死而不赦"，"此天财、地利之所在也"。②

他们对垄断盐铁作了较为细致的分析。食盐是人民生活所必需的物品，"恶食无盐则肿"③。铁器是农业生产、交通运输及女工所不可缺少的工具，"不尔而成事者，天下无有"④。所以，封建国家垄断了盐铁资源，就可以"去其田赋，以租其山"⑤，通过加价的办法寓税于价，以增加国家财政收入。这样，表面上不征税，不会引起人们的嚣号反对。实际上，"人无以避此者"，"无不服籍者"⑥。更重要的，国家直接经营盐铁，富商大贾失去控制市场的重要工具，这是对商人资本的有力打击。

（二）关于财政金融管理的轻重之术

《轻重篇》作者的财政金融管理思想有一个显著特点，即主张封建国家的财经政策应该有利于封建统治的巩固，促进社会经济的发展。他们指出通过实行苛捐杂税、横征暴敛的办法来增加国家财政收入，会产生许多严重的后果。一则，从经济角度看，过量的强制征籍，造成了社会生产力的摧残和破坏，"夫以室虎籍，谓之毁成；以六畜籍，谓之止生；以田亩籍，谓之禁耕；以正人籍，谓之离情；以正户籍，谓之养赢"⑦。最终导致财源枯竭，发生经济危机。二则，从政治角度看，"民予则喜，夺则怒，民情皆然"⑧，额外的征收赋税，在人民看来是公开的掠夺和野蛮的搜刮，必然使全国老百姓怨声载道，引起愤恨和反抗，"此盗暴之所以起，刑罚之所以众也"⑨。因此，作者一再主张封建君主在财政管理上，要"见予之形，不见夺之理"⑩，从表面上看来是给予人们以利益，实质上是通过封建国家直接经营工商业，寓税于价，

---

① 《管子·轻重甲》。
② 《管子·地数》。
③ 同上。
④ 《管子·海王》。
⑤ 《管子·山国轨》。
⑥ 《管子·海王》。
⑦ 《管子·国蓄》。
⑧ 同上。
⑨ 《管子·臣乘马》。
⑩ 《管子·国蓄》。

巧妙地进行无形的财政榨取,"故万民无籍,而国利归于君也"①。

作者不仅认识到过重的赋役对国民经济的破坏作用,而且积极主张把国家财政政策作为扶助经济发展的手段。他们强调指出封建国家的赋税制度,要充分考虑到农业生产收入的数量,在农民拥有剩余产品的前提下,才能征收赋税。这样,农民手中保留一定的剩余产品,对扩大农业生产规模,加快农业发展速度是有利的。否则,农民"事不能其本";而封建国家强行征敛不止,其结果是"轻重不调,无糦之民不可责理,鬻子不可得使,君失其民,父失其子,亡国之数也"②。他们还提出,封建王朝实行财政信贷政策以促进农业生产的发展,在青黄不接的季节,对农民"无食者予之陈,无种者贷之新","无本者贷之镪",保证农业生产的正常进行,"故百事皆举,无留力失时之民"③。并且,还使农民得以免受高利贷者的剥削兼并,"大贾蓄家不得豪夺吾民矣"④,切断了巨商豪富进行高利盘剥的途径。

当然,作者所主张的信贷政策,归根结底是为了封建政权能够榨取到更多的剩余产品,"春赋以敛缯帛,夏贷以收秋实,是故民无废事而国无失利也"⑤。还可以借此收买民心,巩固统治,"使州有一掌,里有积五窌;民无以与正籍者,与之长假;死而不葬者,与之长度。饥者得食,寒者得衣,死者得葬,不资者得赈则天下之归我者若流水,此之谓致天下之民……万民可得而亲"⑥。

为了贯彻执行"执其通施,以御其司命"的国民经济管理基本原则,作者特别重视货币的作用,认为封建国家在财政金融管理中掌握了作为流通手段的货币,就可以"守财物,以御民事而平天下"⑦。他们主张封建政权不仅要垄断货币铸造权,"人君铸钱立币"⑧,而且还要掌握币材的来源即掌握山海,"君有山,山有金以立币"⑨。同时,作者十分重视通过周密精细的调查统计,以计算出管理国民经济所需要的货币数量。他们主张应该掌握了解土地的面积,土壤的肥瘠,人口的数量,粮食的产量,粮食的价格高低,粮食

---

① 《管子·国蓄》。
② 《管子·揆度》。
③ 同上。
④ 《管子·国蓄》。
⑤ 同上。
⑥ 《管子·轻重甲》。
⑦ 《管子·国蓄》。
⑧ 同上。
⑨ 《管子·山至数》。

的消费多少等一系列数字资料。然后,封建国家根据这些具体数据,分析确定需要多少货币,才能控制全国的粮食和调节社会经济活动,"谷贱则以币予食,布帛贱则以币予衣,视物之轻重而御之以准,故贵贱可调而君得其利"①。

(三) 关于市场和物价管理的轻重之术

封建国家控制了货币、粮食及其他自然资源,有了雄厚的物质条件,就可以直接参与商品经营和市场活动,充分利用"以重射轻,以贱泄平"的原理,取得对商品货币流通的支配权"杀巨商之利"②,把富商大贾所获取的暴利截夺到国家手中,增加了封建国家财政收入,使"国用相靡而足,相澡而澹"③。

《轻重篇》作者认为,由于市场的供求关系决定商品的价格,因而,在市场和物价管理中,必须采用各种手段(如物的藏、发,令的徐、疾等),人为地造成物资商品供求的多寡变化,以此引起市场上物价的波动"使物一高一下,不得常固"④。在这一高一下的物价变化中,封建国家"操事于其不平之间",贱买贵卖,获利无穷。

作者指出,在控制市场、操纵物价的过程中,要注意把握有利时机,"物发而应之,闻声而乘之"⑤,随着市场供求状况的发展趋势,灵活采取相应的对策,发觉商品价格变化的苗头即随机应变加以因势利导。如果不"乘时进退"⑥,当物价上涨时,却珍惜财货而不肯及时抛售,"民重而君重"⑦;当物价下跌时,还轻视财货而不愿大量收购,"民轻而君轻"⑧。如此坐失良机,就会丧失市场和物价管理的主动权,"重而不能轻","轻而不能重"⑨,从而对商品流通干预、调节不力,造成国民经济管理工作的失误,"不能调民利者,不可以为大治;不察于终始者,不可以为至美"⑩。因此,作者强调说:"王者

---

① 《管子·国蓄》。
② 《管子·轻重乙》。
③ 《管子·山权数》。
④ 《管子·轻重乙》。
⑤ 《管子·轻重甲》。
⑥ 《管子·山至数》。
⑦ 《管子·揆度》。
⑧ 同上。
⑨ 同上。
⑩ 同上。

乘时,圣人乘易,彼善为国者,乘时徐疾而已矣,谓之国会"①。

在作者看来,操纵市场、贱买贵卖的最好时机和办法是"善者委施于民之所不足,操事于民之所有余"②。具体地说,就是运用敛散之术,在市场物资短缺而商品价格高时,把储存的商品卖出去。"民不足则重之,故人君散之以重";③在市场物资过剩而商品价格低时,把这些商品及时地收购进来,"民有余则轻之,故人君敛之以轻"④。这样,封建国家获得了巨额盈利,也调节了市场物价,"君必有十倍之利,而财之扩可得而平也"⑤。

(四)关于行政管理的轻重之术

封建国家进入商品流通领域,直接经营工商业,这是使自己作为商品交换的一方,同一般商品所有者相对待;但是,封建国家又不可能完全把自己摆在和一般商品所有者平等的地位,必然要凭借政权的力量,运用超经济手段,来达到自己的政治、经济目的。因此,《轻重篇》作者特别重视封建统治者依靠至高无上的权威,运用行政命令、强制性规定和下达指令性任务等行政手段、行政方法来管理经济,"君以令为政"⑥,"法令之不行,万民之不治,贫富之不齐也"⑦。他们主张对事关全局的经济事业、经济活动,必须通过行政管理加以直接控制,"人君操本,民不得操末;人君操始,民不得操卒;其在途者籍之于衢塞,其在谷者守之春秋,其在万物者立赀而行"⑧。

作者认识到为了尽快地解决社会经济生活中所存在的一些尖锐矛盾,采取必要的行政手段进行干预,往往比其他管理方法更为有效。封建国家要打击豪民蓄贾和高利贷者的兼并活动,减轻人民"中一国而五君之征"的沉重负担,"以利吾贫萌,农夫不失其本事",就下达命令,各地所敬献的贡物都必须用一种名叫"镤枝兰鼓"的精致纺织品。这样,市面上这种纺织品供不应求,其价格上涨十倍。然后,"以令召称贷之家",封建国家用涨价的纺织品折钱替老百姓偿还债务,"所出栈台之织未能三千纯也,而决四方子息

---

① 《管子·山至数》。
② 《管子·国蓄》。
③ 同上。
④ 同上。
⑤ 同上。
⑥ 《管子·山权数》。
⑦ 《管子·国蓄》。
⑧ 《管子·揆度》。

之数,使无券契之债"①,富商大贾和高利贷者受到了打击和抑制。

在《轻重篇》中,大量论述了通过行政方法来垄断市场,左右物价。他们认为"令有徐疾,物有轻重"②,政令的缓急可以人为地制造物价的涨落,"今人君籍求于民,令曰:'十日而具'。则财物之价什去一。令曰:'八日而具'。则财物之价什去二。令曰:'五日而具'。则财物之价什去半。朝令而夕具,则财物之价什去九"③。封建国家在物价波动中,趁机以隐蔽的形式掠夺民间财富。还有,为了抑压商人资本,推动农业生产,发布命令,卿、诸侯、大夫、富商大贾都要储存粮食,"使卿、诸侯藏千钟,令大夫藏五百钟,列大夫藏百钟,富商蓄贾藏五十钟"④,这些人为了执行命令,争先恐后地购买粮食,使粮价上涨,"农夫辟其五谷三倍其价,则巨商失其事,而农夫有百倍之利矣"⑤。

行政方法在任何社会的经济管理中,都是必不可少的,它是执行管理职能的一个根本手段。作者一定程度上认识到了这一点,进行了一些有益的探索。但是,他们在行政管理中,过分迷信权力,片面夸大了国家政权的作用,极力鼓吹凭借君主专制的权威,可以违反客观经济规律的要求,随心所欲地对国民经济进行调节和干预,提出了不少荒诞可笑的主张。例如:在《轻重丁》篇中,主张运用"决瓖洛之水"的方法,"杀商贾之民,以益四郊之民"。下令疏通淤塞的河水,使其流进大道和村庄,招致大小飞鸟齐集于水上寻食和嬉戏,引诱商贾为了捕捉飞鸟而急于离开市场,"贱卖而贵买,四郊之民卖贵而买贱,何不为富哉?商贾之人何不为贫乎"?这样的例子很多,就不一一缕述了。

(五)关于外贸管理的轻重之术

《轻重篇》作者认为"斗国相泄"⑥是各国之间经济往来中的一种带有规律性的现象。各国的对外贸易,不是为了争夺国际市场,展开经济竞争,而是为了千方百计地破坏别国经济,促使别国的财富外流,增加本国的财富,加强本国的经济实力,"天下之宝,壹为我用"⑦。

---

① 本段引文均为《管子·轻重丁》。
② 《管子·地数》。
③ 《管子·国蓄》。
④ 《管子·轻重乙》。
⑤ 同上。
⑥ 《管子·乘马数》。
⑦ 《管子·地数》。

他们提出了对外贸易的基本方针,"可因者因之,乘者乘之,此因天下以制天下"①。也就是说,一方面充分发挥自己的经济优势,"可因者因之",以迫使别人就范,如《轻重甲》篇中提出,善于运用本国拥有的海盐资源,高价推销给"用盐独甚"的一些外国,"得成金万壹千余斤",使这些国家丧失了大量财富,经济上受到损害。另一方面,对别国经济上的长处,要灵活加以利用,"乘者乘之",使之转强为弱,扭转本国在某些方面的经济劣势。如某些国家擅长织绨,就高价大量购买,诱使对方为了追求暴利而"释其农事而作绨",然后断绝经济往来,"率民去绨闭关",这些国家由于单一的经济局面,粮食缺乏,"民饿馁相及"②,就不得不归顺本国了。

在对外贸易中,作者很重视价格杠杆的作用,原则是"天下下我高,天下轻我重,天下多我寡,然后可以朝天下"③。本国市场上商品的价格高于别国,就会招致外国商品的不断输入,造成别国的物资外流,经济上受到不应有的损失。特别是要提高本国粮食的价格,因为在作者看来,粮食在外贸管理中居于至关重要的位置,外贸追求的主要就是粮食而不是货币,"以珠玉为上币,以黄金为中币,以刀布为下币。三币握之则非有补于暖也,舍之则非有损于饱也"④。只有粮价提高了,"滕、鲁之粟釜百,则使吾国之粟釜千,滕、鲁之粟回流而归我若下深谷"⑤。本国的粮食不但不外流,反而大大增加了,从而壮大了本国的实力,"国谷倍重,故诸侯之谷至也。是藏一分而致诸侯之一分,利不夺于天下……故诸侯服而无止"⑥。别国却由于粮食的过量输出,连人民的日常生活都难以维持,便会向本国屈服投降了。

《管子·轻重篇》"以轻重御民"的国民经济管理思想的实质,是如何对待和解决残存于工商业中的奴隶制关系与新兴封建经济制度之间的矛盾的问题,是中央集权的封建专制国家政权在确立和巩固过程中国民经济管理的方向、道路问题。《轻重篇》主张经济管理上的中央集权,提出封建国家要研究和利用商品流通规律,直接进入社会经济过程,占领工商业阵地,以推行经济上的专制主义。这有利于新兴封建经济的发展,有利于地主阶级中央集权的巩固。因此,成为汉武帝时代国民经济管理的指导思想。

---

① 《管子·轻重丁》。
② 《管子·轻重戊》。
③ 《管子·轻重乙》。
④ 《管子·国蓄》。
⑤ 《管子·轻重乙》。
⑥ 《管子·山至数》。

四

在汉武帝时代,西汉社会长期积累的各种矛盾仍然十分尖锐。地方诸侯的政治、军事权力虽然遭到限制和剥夺,但是他们还保持着不少经济特权,盐铁之利、山泽工商之税仍归他们私用,分裂割据的危险依然存在。所以,必须从经济上铲除各诸侯王谋反叛乱的物质基础,更加彻底地解决中央集权与地方割据的矛盾。同时,富商大贾的活动十分猖獗,"并兼豪党之徒","役财骄溢","武断于乡曲"①。西汉王朝在抗击匈奴侵略的战争中,军事开支急剧增加,加上其他方面的浩大花费,国家财政陷入了困境。富商蓄贾却趁机扰乱社会秩序,左右经济,"蹛财役贫,转毂百数,废居居邑,封君皆低首仰给。冶铸煮盐,财或累万金,而不佐国家之急,黎民重困"②。面临这种形势,雄才大略的汉武帝在桑弘羊的大力协助下,把轻重理论大规模地付诸实践,在国民经济管理中实行了一系列重大改革。

(一) 盐铁官营,酒类专卖

汉初以来,盐铁这两种关键商品的生产和流通一直为私人经营。蜀卓氏、宛孔氏等冶铁起家,"铁山鼓铸运筹策","富至僮千人","家致富数千金"。刁闲靠煮盐发迹,"逐渔盐商贾之利,或连车骑,交守相","起富数千万"。③ 富商大贾和地方诸侯专擅了盐铁资源,与中央政权相抗衡就有了经济实力。于是,在桑弘羊的参与计划下,东郭咸阳、孔仅正式提出了盐铁官营的建议:

1. 招募愿煮盐的百姓自己准备费用,领取官府供给的主要生产工具即"牢盆",进行食盐生产,其产品折价全部上交国家所有,由政府专卖,禁止任何私人经营。

2. 国家控制铁的生产和流通,在出铁的地方,置铁官负责管理,不出铁的地方,设小铁官。

3. 对违反法令,私自铸铁和煮盐的人,处以左足著六斤重铁钛的刑罚,并且没收其器物。

---

① 《史记·平准书》。
② 同上。
③ 《史记·货殖列传》。

汉武帝批准了这个建议。孔仅和东郭咸阳奉命设立盐铁管理机构,从富商大贾和地方诸侯手中夺回了盐铁的所有权和经营权。同时,一些商人或商人出身的人参加了政府工作,运用他们的经商经验为封建王朝服务,推行盐铁官营政策。

但是,最初几年,在孔仅和东郭咸阳等主持下,收效不大。在桑弘羊以治粟都尉兼领大农令,取代孔仅"管天下盐铁"①之后,盐铁官营才真正卓有成效地付诸实施。

为了加强对全国盐铁官营工作的统一领导,桑弘羊扩大了各地盐铁官的设置,从北地(今陕西省定边县北)到南海(今广东省广州市一带),从辽东(今辽宁省盖县)到庐江(今安徽省安庆市北),凡是盐铁的重要产地都设官管理。桑弘羊还"置大农部丞数十人,分部主郡国"②,检查、整顿各地基层的盐铁官营机构,对地方的盐铁生产和流通进行指导和监督。这些措施实行后,官营盐铁业得到了迅速发展,大大增强了西汉中央王朝的经济力量。

桑弘羊还实行"酒榷",即酒类专卖,禁止民间私自酿酒,国家对酿酒实行垄断。

(二) 创设均输制度

在汉时,各郡国都要向中央王朝交纳实物贡输。由于在运往京师的长途运输中,道路辗转,贡品多有损坏,并且各种运输费用昂贵,甚至超过贡品本身的价格,封建王朝往往得不偿失,"往来烦杂,物多苦恶,或不偿其费"③。因此,桑弘羊进行了大刀阔斧的改革,"谓诸当所输于官者,皆令输其土地所饶,平其所在时价,官更于他处卖之,输者既便而官有利"④。在各地分设均输官,各郡国把应缴纳之贡品连同运输费用,按照当地市价,折合为当地出产的丰饶而价廉的土特产品,上缴均输官。然后,由均输官或运往京师,或运往缺少这类产品的其他地区出售。这样,在一定程度上调节了全国各地的商品供求,平衡了地区之间的物价。

桑弘羊通过均输改革,节省了运费,减少了损耗,减轻了人民的徭役负担,增加了国家财政收入。更重要的还在于,均输改革使封建贡输进入了商

---

① 《史记·平准书》。
② 同上。
③ 《盐铁论·本议》。
④ 《史记·平准书·集解·孟康语》。

品流通领域,贡物商品化了,促进了商品生产,活跃了商品流通。到后来,均输法更加完善了,不仅仅是单纯经营贡输品,而且"以均输调盐铁助赋"①,各地盐铁官所生产的盐铁,也是均输官所经营的重要货物。封建国家还在各产地收购价廉物美的物品,按照合理的商品流向,在地区之间组织贩运贸易,调剂物资余缺,赚取地区差价。均输官成为西汉王朝专门负责贩运贸易的商业机构。

西汉王朝通过各地的均输官,在全国建立了广泛的官营商业网,对全国的商品流通实行集中指挥、统一管理,收到了巨大的经济效果,满足了封建国家财政开支的需要。汉武帝外巡赏赐,"用帛百余万匹,钱金以巨万计,皆取足大农"②。

(三) 建立平准机构

汉武帝实施告缗令后,"得民财物以亿计"③。西汉王朝把大量的缗钱分发给各官僚机构,让他们从事经济活动。这些机构之间毫无联系和商议,各自为政,互相竞争,纷纷到市场上抢购物资,引起物价上涨,以致富商大贾从中操纵,牟取暴利。这对国民经济的发展是十分不利的。为此,桑弘羊奏请汉武帝同意,建立了平准机构,对市场和物价进行统一管理。设在京师的"平准","都受天下委输","尽笼天下之货物"④。各地均输官把相当一部分的货物源源不断地运至京师,通过"平准"在市场上出售。"平准"根据商品供求状况和物价的涨落,"贵即卖之,贱则买之",吞吐物资,平抑物价,"富商大贾无所牟大利,则反本,而万物不得腾踊"⑤。

轻重理论指导了桑弘羊主持的经济改革,同时,又在实践中经受检验。在实践中总会发生一些前所未料的新变化和新情况,桑弘羊总结吸取了在实践过程中的经验教训,他的经济改革具有与《管子·轻重篇》即前期轻重理论不同的一些新特点。

同前期轻重理论相比,桑弘羊经济改革的一个重要特点,是国民经济管理的重点不同。前期轻重论认为,货币和粮食是封建王朝控制全国经济,夺取"轻重之势"的关键。封建国家凭借所垄断的货币和粮食,就可以任意操

---

① 《史记·平准书·集解·孟康语》。
② 《史记·平准书》。
③ 同上。
④ 同上。
⑤ 同上。

纵市场,左右物价,夺商贾之利,以增加封建王朝财政收入。

但是,这种以货币和粮食为重点的思想,应用于国民经济管理实践,却会发生很大矛盾。首先,货币是一般等价物,粮食是人们最基本的生活资料,这二者的轻重变化关系到社会上的一切人,对国计民生具有举足轻重的影响。封建国家通过人为地制造货币流通量的时多时少,粮食价格的暴涨暴落,以操纵物价,牟取暴利,必然会引起市场活动的严重混乱,对国民经济产生剧烈的破坏作用,其结果反而挖了封建王朝自己的墙脚。在三官五铢钱制度确立之前,汉武帝几次在货币上做文章,实行货币减重,"更钱造币以赡用,而摧浮淫并兼之徒"①。但是事与愿违,"天下大抵无虑皆铸金钱矣。犯者众,更不能尽诛取","钱多轻""民不宝用"②,却大大有利于富商蓄贾浑水摸鱼,"以币之变,多积货逐利"③。这就是一个严重的教训。

其次,封建社会以自给自足的农村自然经济占绝对统治地位,尽管在西汉时代,商品经济有所发展,但是商品交换在整个封建经济中仍然不起决定性作用,只有很小比重的粮食进入市场转化为商品。因此,封建国家通过垄断货币来掌握粮食,以控制国民经济是不可能的,这不符合中国封建社会的实际情况。

由于上述两个主要原因,所以桑弘羊把国民经济管理的重点转向了盐铁、均输和平准,以达到控制工商业,打击富商大贾,增加封建国家财政收入的目的。

桑弘羊经济政策的又一个特点是,对盐铁的生产过程和流通过程实行全面控制。前期轻重理论提出的"官山海,"主要是对盐铁的流通方面加以垄断,通过盐铁专卖,寓税于价,增加财政收入。他们不主张封建国家直接控制和经营铁的生产,认为这对封建王朝并不有利,"今发徒隶以作之,则逃亡而不守;发民则下疾怨上。边境有兵,则怀宿怨而不战。未见山铁之利而内败矣"④。因此提出,让私人生产,封建国家按照产量来计算利润,与私人三七分成,"善者不为与民,量其重,计其赢,民得其七,君得其三。又杂之以轻重,守之以高下。若此,则民疾作而为上虏矣"⑤。

而桑弘羊的盐铁官营,不仅限于流通领域,进一步发展到干预和控制盐

---

① 《史记·平准书》。
② 同上。
③ 同上。
④ 《管子·轻重乙》。
⑤ 同上。

铁的生产过程。这是变革生产关系的需要。当时工商业中的奴隶主残余势力,不仅在盐铁的流通方面采用奴隶制经营,而且驱役大批奴隶,从事盐铁生产。"豪强大家,得管山海之利,采铁石鼓铸,煮海为盐。一家聚众或至千余人,大抵尽收放流人民也,远去乡里,弃坟墓,依倚大家。聚深山穷泽之中,成奸伪之业,遂朋党之权。"①盐铁的生产也由封建国家垄断经营后,"卒徒工匠以县官日作公事"②,用"发征"、"更徭"等封建徭役劳动取代了奴隶劳动。这样,残存于工商业中的奴隶制关系得到了更彻底的铲除,封建生产关系不仅在盐铁的流通领域,而且也在生产领域取得了统治地位。

封建国家直接进入盐铁的生产过程,也是社会生产力发展的要求。以铁为例,在汉武帝时代,铁制工具在农业生产中已被广泛使用,在抗匈战争中铁制兵器的需要量也大大增加,私人经营的铁工业,大部分是小规模的简单协作生产,资金缺乏,原料没有保证,生产工具简陋,冶炼时间不足,产品的质量和数量都无法适应生产和战争的需要,"家人合会,褊于日而勤于用,铁力不销炼,坚柔不和"③。桑弘羊的官营铁工业,是较大规模的手工工场生产,人力、物力、财力都有较好的保证,有雄厚的资金和齐全的生产设备,还有专门的管理人员和熟练的技术工匠,并且有统一的制造规格和较高的工艺操作水平。因此,官营铁工业有利于社会生产力的发展,正如桑弘羊所指出,官营手工工场生产比起私营简单协作生产具有更大的优越性,"有司请总盐铁,一其用,平其贾,以便百姓公私","吏明其教,工致其事,则刚柔和,器用备"④。

在保持物价相对稳定的基础上,增加国家财政收入,这是桑弘羊经济改革的另一个特点。前期轻重理论虽然提出了调节物价的要求,"贵贱可调","财之扩可得而平",以打击富商大贾"乘民之不给,百倍其本"⑤的投机活动。但是,他所着重分析的是封建政府如何人为地造成物价的涨落,掌握时机,贱买贵卖,以增加国库收入,稳定物价毕竟居于次要的地位。因为,前期轻重论认为,如果没有此伏彼起的价格波动,封建国家就无法在商品交换中"操事于其不平之间","君必有十倍之利"⑥。在他们看来,物价过于稳定,

---

① 《盐铁论·复古》。
② 《盐铁论·水旱》。
③ 同上。
④ 同上。
⑤ 《管子·国蓄》。
⑥ 同上。

反而不利于封建国家的国民经济管理,"调则澄,澄则常,常则高下不二,高下不二则万物不可得而使固"①。所以,前期轻重论强调,"衡无数也。衡者使物一高一下,不得常固"②。

桑弘羊的经济改革,实质上也是为了榨取更多的剩余产品,增加财政收入。但是,他比较重视稳定物价,保持市场上商品供求平衡。即使对盐铁这样为广大人民所必需而又不容易找到代用品的东西,也不任意加价,而是主张"平其贾(价)"。更重要的是,桑弘羊建立了平准机构,调节市场上商品的供求和价格,"抑天下物",使"万物不得腾踊"③,做到"县官不失实","民不失职"④。同时,沉重打击了富商豪民"决市闾巷,高下在口吻,贵贱无常"⑤的不法活动。

桑弘羊关于平衡物价的改革,为封建政权经营商业,获取巨额盈利,提供了更稳定、更充分的基础。比起前期轻重论,桑弘羊的做法显然更全面,更成熟。

在国民经济管理中,比较注意经济方法和行政方法相结合,这也是桑弘羊经济改革的一个重要特点。前面曾经分析过,《轻重篇》作者极力夸大了封建国家行政管理的作用,认为借于号令,一切问题都可以迎刃而解。实际上,在前期轻重论中,经济方法和行政方法并没有很好地结合起来,而是自相矛盾的。

汉武帝时期,在桑弘羊之前主管经济工作的是御史大夫张汤,"汤每朝奏事,语国家用,日旰,天子忘食,丞相取充位,天下事皆决汤"⑥。他受前期轻重理论中关于行政管理的思想影响较深,主要是靠国家政权的力量,凭借严刑峻法,运用行政手段来从事经济管理。张汤协助汉武帝,以《轻重篇》中的石壁、青茅之谋为理论依据,实行白鹿皮币政策,"以白鹿皮方尺,缘以藻缋,为皮币,直四十万。王侯宗室朝觐聘享,必以皮币荐璧,然后得行"⑦。还进行币制改革,"请造白金及五铢钱"⑧。同时,颁布强制性的算缗、告缗令,向富商大贾征收财产税。

---

① 《管子·轻重乙》。
② 同上。
③ 《史记·平准书》。
④ 《盐铁论·本议》。
⑤ 《盐铁论·禁耕》。
⑥ 《汉书·张汤传》。
⑦ 《史记·平准书》。
⑧ 《汉书·张汤传》。

张汤较多地依靠行政管理的方法来控制全国经济,虽然取得了一定成效,但也带来了一些严重问题。他的币制改革,由于强行货币减重而宣告失败。算缗、告缗在"排富商大贾","锄豪强并兼之家"[1]和增加国家财政收入等方面起到了重要的作用,"商贾中家以上大率破","县官有盐铁缗钱之故,用益饶矣"[2]。但也产生了不良后果,"民偷甘食好衣,不事蓄藏之产业"[3],人们有钱就用来吃喝玩乐,消费得一干二净,却不想积累财富、从事生产,这对经济的发展是不利的。

桑弘羊担任经济领导职务后,情况发生了显著变化。他在国民经济管理工作中,把经济方法和行政方法结合起来了。一方面,主要是依靠经济组织(如设置铁官、均输官和平准机构等),运用经济手段,来调节、干预社会经济活动,促进国民经济的发展。桑弘羊取消了告缗令,盐铁、均输等方面的经济收入成为国家财政的主要来源。另一方面,桑弘羊充分发挥国家财政和法令的权威作用,采用行政命令、规定等强制性手段,垄断工商业,有效地实现了西汉王朝对国民经济的集中统一管理。

例如:在盐铁官营中,桑弘羊凭借封建国家的强大政治权力,去占有山海等自然资源,对"私铸铁器煮盐"[4]的豪民蓄贾,采取法律措施严加打击。另一方面,又通过在各地建立管理盐铁的经济机构的方法,控制、干预盐铁的具体生产过程和流通过程。并针对盐铁作为必需品,需求弹性较小,提高价格,不致造成销售量大幅度下降的特点,运用价格杠杆,寓税于价,增加财政收入。另外,对官营铁工场的生产活动,强调严明的经营管理,重视技术工匠的作用,力求提高生产效率和产品质量。又如:在均输改革中,桑弘羊以封建国家的权威为后盾,按照行政区划,下达指令性任务,来征收封建贡品。还尽量发挥国家政权在调拨、集中人力和物力方面的作用,由封建官府置办运输工具,组织运输人员,把封建贡品运往各地,与此同时,桑弘羊创设专门负责均输的经济组织,配备有经验的经营管理人员,利用市场机制,运用价格、利润等经济杠杆,开展各地区之间的土特商品的运销交流,调节各地的商品供求和物价。上述做法都是经济方法和行政方法相结合管理经济的典型范例。

桑弘羊的经济改革对巩固西汉王朝的统治,发展封建地主经济是有利

---

[1] 《汉书·张汤传》。
[2] 《史记·平准书》。
[3] 同上。
[4] 同上。

的。然而,它也存在着不少问题,如生产效率不高、经营作风霸道、产品质量差、规格少等。这是封建国家直接经营和控制工商业所带来的不可避免的弊病,到了封建社会后期,就更加严重了,其消极作用也就愈显突出了。

五

桑弘羊不仅在实践上继承发展了前期轻重论的"轻重之术",而且还从理论上,对前期轻重论的"轻重之势"和"轻重之学"进行了充实、提高,其主要内容是他在盐铁会议上的有关言论。

西汉王朝在整个经济领域取得了"轻重之势",沉重地打击了富商大贾和地方诸侯,必然遭到他们的强烈反对。同时,封建国家在经济管理上的高度中央集权,也造成了一些不良后果,从而引起社会一些人的不满和异议。汉武帝死后,这些反对派的代言人贤良、文学们就在汉昭帝始元六年(公元前81年)二月召开的盐铁会议上,挑起了论争,对汉武帝时代的盐铁、均输、平准等经济政策进行了全面攻击,否定封建国家掌握"轻重之势"的必要性和合理性。

前期轻重论的"轻重之势"学说,不足以驳倒贤良、文学们的责难。因为,《轻重篇》作者虽然提出了国民经济管理的中央集权问题,但是,理论分析却比较注重实用,所突出强调的是封建王朝如何取得"轻重之势",以增加国家财政收入、巩固封建统治。而对封建政权垄断工商业以推行经济专制主义的必要性和合理性,却没有从思想、理论上展开充分论证,使"轻重之势"思想缺乏理论基础。桑弘羊弥补了这些不足,他通过理论说明,有力地反击了贤良、文学们的挑战,"巨儒宿学,恧然不能自解"[①],捍卫、发展了"轻重之势"学说,为封建中央集权的国民经济管理提供了理论依据。桑弘羊主要围绕着下面三个问题展开论证:

(一)经济管理上的中央集权的重大意义

表面上看,这个问题并没有什么新意,前期轻重论曾经论述过。但是,与汉武帝时期的经济改革联系起来,桑弘羊的理论论证就有了新的内容,他较为全面、明确地阐述了西汉王朝通过盐铁、均输、平准等措施以夺取"轻重之势"的经济和政治意义:

---

① 《盐铁论·杂论》。

其一,有利于社会经济的发展。西汉王朝"建铁官以赡农用"①,保证了农民所需要的农具器用的供给,使铁制农具的应用得到普遍推广,促进了农业生产的发展。实行平准、均输,保持了市场上的商品供求平衡和物价稳定,"平万物而便百姓"②,使商品经济更加活跃了。并且,经济改革在"赈困乏而备水旱之灾"③方面起到了巨大作用,"山东被灾,齐赵大饥,赖均输之蓄,仓廪之积,战士以奉,饥民以赈"④。

其二,增加国家财政收入,有力地支援了抗匈战争。汉武帝的经济改革"炙刺稽滞,开利百脉,是以万物流通,而县官富实"⑤。减轻了人民的赋税负担,"赋敛不增而国用足"⑥。为巩固国防、抗御匈奴提供了强大的物质后盾,"边用度不足,故兴盐铁,设酒榷,置均输,蓄货长财,以佐助边费"⑦。另外,封建国家垄断"山泽之财"、控制"均输之藏",在与匈奴开展经济斗争中也发挥了重要作用,"御轻重而役诸侯也。汝、汉之金,纤微之贡,所以诱外国而钓胡、羌之宝也。夫中国一端之缦,得匈奴累金之物,而损敌国之用"。达到了"外国之物内流,而利不外泄也。异物内流则国用饶,利不外泄则民用给"⑧的目的。

其三,最重要的,西汉王朝在商品流通领域夺取"轻重之势",是对以富商大贾为代表工商奴隶主势力、地方诸侯分裂势力的有力打击。桑弘羊从总结历史教训角度,论述了封建国家不控制和干预国民经济而产生的严重后果。他指出,"文帝之时,纵民得铸钱、冶铁、煮盐",使地方诸侯和富商大贾牟取了巨利,对封建中央集权构成了极大威胁,"山泽无征则君臣同利,刀币无禁则奸贞并行"⑨。因此,桑弘羊强调,封建国家绝不能失去对国民经济的绝对统治地位,"人君统而守之则强,不禁则亡"⑩,绝必须"塞天财,禁关市,执准守时,以轻重御民"⑪。

桑弘羊的这些论证,不像前期轻重论那样含蓄、笼统,而是更明确具体,

---

① 《盐铁论·本议》。
② 同上。
③ 《盐铁论·力耕》。
④ 同上。
⑤ 《盐铁论·轻重》。
⑥ 同上。
⑦ 《盐铁论·本议》。
⑧ 以上引文均为《盐铁论·力耕》。
⑨ 《盐铁论·错币》。
⑩ 《盐铁论·刺权》。
⑪ 《盐铁论·力耕》。

更有针对性，因而也就更有理论说服力。

（二）批判"贵义贱利"论

《管子·轻重篇》作者比较务实，他们基本上只注意研究与商品货币流通有关的一些问题。同时，在前期轻重论的形成过程中，儒家的"贵义贱利"思想的束缚和破坏作用还不突出。因此，批判"贵义贱利"论，是在前期轻重论视野之外的问题。

而在盐铁会议上，贤良、文学们以儒家的"贵义贱利"论为武器，对经济管理上的中央集权横加指责："今郡国有盐铁、酒榷、均输，与民争利"。宣扬封建国家应该"'抑末'利而开仁义，毋示以利"①。这样，批判"贵义贱利"论，就成为桑弘羊捍卫和发展"轻重之势"学说的一部分重要内容。

桑弘羊激烈地抨击贤良、文学们是"怀枉而言正，自托于无欲而实不从"的"拘儒"②，指出脱离物质利益而空谈仁义是毫无实际价值的，"内无以养，外无以称，贫贱而好义，虽言仁义，亦不足贵者也"③！他认为封建国家对国民经济活动实行统一管理，是"举而有利，动而有功。夫蓄积筹策，国家之所以强也"④。如果鼓吹"贵义贱利"，而不让封建国家"言利"、理财，"旷日弥久无益于理"，"此亦当世之所患也"⑤。

桑弘羊毫不讳言地阐述了自己对义利的看法："司马子言'天下攘攘，皆为利往'。赵女不择丑好，郑姬不择远近，商人不愧耻辱，戍士不爱死力，士不在亲，事君不避其难，皆为利禄也。"⑥司马迁是从私人角度论证了人们追求物质财富的必要性和合理性，认为"为利"是人的本性，要求封建政权听任私人进行求利的活动。而桑弘羊引用了司马迁的话，却以此来论证兴封建国家之利的必要性和合理性，把司马迁主张经济放任的理论转变成为维护经济管理上的中央集权的思想武器。

桑弘羊还认为，封建国家重视理财，并不单纯为了财政收入，也是为了打击豪民富商的兼并活动，"总一盐铁，非独为利入也，将以建本抑末，离朋党，禁淫佚，绝并兼之路也"⑦。他一针见血地指出，贤良、文学们鼓吹"贵义

---

① 以上引文均为《盐铁论·本议》。
② 《盐铁论·毁学》。
③ 同上。
④ 《盐铁论·非鞅》。
⑤ 《盐铁论·相刺》。
⑥ 《盐铁论·毁学》。
⑦ 《盐铁论·复古》。

贱利"的真实目的在于"成奸伪之业,遂朋党之权"①,他们反对封建国家求利是为了使"豪民擅其用而专其利"②,他们要求经济权力下放是为了"放民于权利,罢盐铁以资暴强,遂其贪心,众邪群聚,私门成党,则强御日以不制,而并兼之徒奸形成也"③。这些论述相当尖锐地揭露了"贵义贱利"论的反动实质。

桑弘羊批判"贵义贱利"论,而大力提倡兴封建国家之利的思想,不仅为"轻重之势"学说提供了理论基础,而且也为后世有进步倾向的思想家们反对"贵义贱利"传统教条,提供了重要的启示和借鉴。

(三)"轻重之势"的思想来源

前面分析过,前期轻重论的"轻重之势"学说是对先秦法家关于"势"思想的继承和发展,即由政治上的高度中央集权,进而发展到经济管理上的中央集权。但是,在《管子·轻重篇》中,这条发展线索呈现得不清楚,不能明显看出轻重家与法家在"势"问题上的联系。而桑弘羊则从理论角度,十分明确地表述了"轻重之势"是先秦法家思想进一步在经济领域的运用和发展,用以论证汉武帝时代推行经济专制主义的必要性和合理性。

贤良、文学们在盐铁会议上否定商鞅变法,指责"商鞅以权数危秦国",进而攻击汉武帝时代的经济改革是"商鞅之册(策)任于内"。桑弘羊旗帜鲜明地加以回击,肯定和赞扬商鞅的历史功绩是"功如丘山、名传后世"。他指出秦国之所以富强,"其后卒并六国而成帝业",是因为商鞅坚持中央集权,主张政治上的专制独裁,"内立法度,严刑罚,饬政教,奸伪无所容。外设百倍之利,收山泽之税,国富民强,器械完饰,蓄积有余"。桑弘羊甚至还认为商鞅和西汉轻重家一样,也是通过直接经营和控制工商业,增加了封建国家财政收入,壮大了秦国争霸的实力,"商君明于开塞之术,假当世之权,为秦致利成业","不赋百姓而师以赡,故利用不竭而民不知,地尽西河而民不苦"。紧接着,他着重指出,盐铁官营等经济政策就是商鞅"开塞之术"的直接延续,"盐铁之利,所以佐百姓之急,足军旅之费,务蓄积以备乏绝,所给甚众,有益于国,无害于人"④。桑弘羊把商鞅也看成是轻重家,这不符合历史事实。但是,他的这些论述毕竟明确指出了,"轻重之势"是从先秦法家那里

---

① 《盐铁论·复古》。
② 《盐铁论·禁耕》。
③ 同上。
④ 本节引文均出自《盐铁论·非鞅》。

继承发展而来,而且,从思想渊源方面,为经济管理上的中央集权找到了理论依据。

前期轻重论的"轻重之学"也存在着薄弱环节,突出表现在,他们没有重视探究封建国民经济各重要部门之间的相互联系及其各自在社会经济中的地位、作用,特别是没有明确提到国民经济管理的重点和主导部门问题,与此相应的一些理论分析、说明就更谈不上了。桑弘羊对这些问题作出了理论建树,为中国古代轻重思想的发展补上了重要的一环。

桑弘羊仍然运用先秦的"本""末"概念来分析问题。他认为在国民经济各部门之间存在着本和末的关系,农业是本,工商业是末。并指出,农、工、商都是社会经济生活中不可缺少的,对于封建经济的发展都具有重要意义,"开本末之途,通有无之用"①,"本末并利,上下俱足"②。

桑弘羊虽然把农业称为"本",但是,实际上他并没有把农业看做是最重要的经济部门来加以论证、说明。恰恰相反,他所极力强调的是"末",认为商业是整个国民经济的中心。

在桑弘羊看来,商业是财富的真正来源,它不仅是私人发财致富的重要手段,"夫白圭之废著,子贡之三至千金,岂必赖之民哉?运之方寸,转之息耗,取之贵贱之间耳"③!更重要的,商业还是富国的根本途径:"自京师东西南北,历山川,经郡国,诸殷富大都,无非街衢五通,商贾之所臻,万物之所殖者。故圣人因天时,智者因地财,上士取诸人,中士劳其形。长沮、桀溺,无百金之积,蹒跚之徒,无猗顿之富,宛、周、齐、鲁,商遍天下。故乃商贾之富,或累万金,追利乘羡之所致也。富国何必用本农,足农何必井田也?"④桑弘羊认为燕之涿、蓟,齐之临淄,郑之阳翟等"富冠海内"的"天下名都"的财富,并不是农业所创造的,"非有助之耕其野而田其地者也",而是依靠经营商业才富裕起来。因此,他提出了一个有名的论点:"富在术数,不在劳身;利在势居,不在力耕也。"⑤

从只有商业才是富国足民之道的思想出发,桑弘羊指出,封建国家管理国民经济要抓住商业这个关键部门,"古之立国家者,开本末之途,通有无之用。市朝以一其求,致士民,聚万货,农商工师,各得所欲,交易而退"。"盐

---

① 《盐铁论·本议》。
② 《盐铁论·轻重》。
③ 《盐铁论·贫富》。
④ 《盐铁论·力耕》。
⑤ 以上引文均为《盐铁论·通有》。

铁、均输,所以通委财而调缓急。"①农业生产的发展,人民的生活消费和社会经济的繁荣都离不开商业,如果对商业的首要地位认识不足、重视不够,粮食就无法增产,人民的需求也难以满足,社会财富将会贫乏。"国有沃野之饶而民不足于食者,器械不备也。有山海之货而民不足于财者,商工不备也。陇、蜀之丹漆旄羽,荆、扬之皮革骨象,江南之楠梓竹箭,燕、齐之鱼盐旃裘,兖、豫之漆丝、绨纻,养生送终之具也,待商而通,待工而成。"②他认为汉朝幅员广大,各地的自然资源十分丰富,如果忽视了商业这个国民经济中的主要环节,而完全封闭在自然经济的圈子里,其后果是严重的,"若各居其处,食其食,则是橘柚不鬻,胸卤之盐不出,旃罽不市,而吴、唐之材不用也"。"百姓匮乏,财用不足,多寡不调,而天下财不散也。"③

在桑弘羊所处的时代,新兴地主阶级的重要议程是,通过直接经营和控制工商业,以增加封建王朝的财政收入和巩固地主阶级中央集权的统治。封建国家政权的注意力也就较多地集中在商业问题上。同时,桑弘羊出身商人家庭,根据商人的实践经验去观察、研究社会经济现象;加上桑弘羊所继承、发展的前期轻重论本身就存在着片面强调流通的观点,因而就产生了桑弘羊以商业为主体和枢纽来进行国民经济管理的重商理论体系。

桑弘羊的重商思想作为"轻重之学"的继承和发展,它和前期轻重论一样,并不是代表商人利益的理论,而是仍然保持着前期轻重论那种打击商人资本的精神。桑弘羊指出,在商品流通领域同封建王朝争夺"轻重之势"的,主要就是富商豪民,"夫权利之处,必在深山穷泽之中,非豪民不能通其利"④。在西汉前期,商人资本把持了山海资源,与地方诸侯相互勾结,企图搞垮中央集权,"异时盐铁未笼,布衣有胸邴,人君有吴王……专山泽之饶,薄赋其民,赈赡穷乏,以成私威。私威积而逆节之心作"⑤。封建政权为了"杜浮伪之路"和"恐生大奸"⑥,就必须在国民经济管理中对富商蓄贾加以坚决打击,"运筹策建国用,笼天下盐铁诸利,以排富商大贾,买官赎罪,损有余,补不足,以齐黎民"⑦。

不难看出,桑弘羊的重商思想不是商人阶级的理论,而是地主阶级的经

---

① 《盐铁论·本议》。
② 同上。
③ 《盐铁论·通有》。
④ 《盐铁论·禁耕》。
⑤ 同上。
⑥ 《盐铁论·刺权》。
⑦ 《盐铁论·轻重》。

济理论。它的实质是重官商、抑私商,主张封建政权在国民经济管理中采取垄断经营工商业的方针和政策,通过官营工商业活动,以达到压抑商人资本,增加财政收入,巩固封建统治,发展封建经济的目的。

总　　结

西汉时期的"以轻重御民"的国民经济管理思想,作为新兴地主阶级的意识形态,是扫除奴隶制残余,加强封建经济基础,巩固新兴封建制度的思想武器,是进步的革命理论。

《管子·轻重篇》和汉武帝桑弘羊的经济改革,为后来的国民经济管理思想的发展提供了一种基本模式。从唐朝的刘晏理财、北宋王安石变法直到清代第一次鸦片战争前的魏源对漕运、盐政的改革,历代有进步倾向的地主阶级改革派代表人物,往往都是沿着轻重理论所开辟的方向发展前进的,从而构成了各种具有轻重色彩的国民经济管理思想新模式。同时,也应该指出,《轻重篇》和桑弘羊关于官商的理论主张,在中国封建社会后期,对社会经济的发展起着严重的阻碍和破坏作用。

中国封建地主家庭经济学的产生*
——论贾思勰的《齐民要术》

贾思勰在《齐民要术》中阐述的地主家庭经济学由三部分组成:"治生之道"是家庭经营对象或途径的选择及与此有关的理论说明;"治生之理"是私人经营管理的一些原理和规律性认识;"治生之策"是微观经济管理的方法和措施。这三部分构筑而成的理论框架,为中国封建地主家庭经济学的形成、发展奠定了基础和方向。

中国古代遗留下来的经济思想遗产绝大部分是从整个国家的角度着眼,探讨封建政权如何管理经济,以增加财政收入和社会财富,这种以国家为本位的经济思想是以"富国之学"的形式发展的。与此相比,体现在"治生之学"中的以家庭为本位的经济思想则不很发达。但中国古代的家庭经济学也有一些颇值得重视的思想内容,贾思勰的《齐民要术》所包含的地主治生之学就很有典型性。

一

中国古代的家庭经济学即治生之学开端于先秦的商家,其代表人物陶朱公和白圭都是著名的大商人。他们所研究的是如何通过经商而发财致富,因此早期的治生之学实际是商人的治生之学,也就是商人的家庭经济学。

由于商人不能创造新的生产方式,因此,在封建主义生产方式下,商业和商人资本必定要纳入封建经济发展的历史轨道。西汉时期,随着封建地主土地所有制的发展、巩固和商人资本势力的进一步增长,商人作为地主阶

---

* 本文原载于《经济学家》1993 年第 2 期。

级的从属阶层,往往用经商得来的财富购买土地而转化为地主。对此,司马迁做了高度的理论概括:"以末致财,用本守之"①。这个论点的提出,鲜明地反映了中国封建社会早期商人资本向地主阶级转化的要求,标志着商人治生之学开始向地主治生之学过渡。

不过,司马迁对"用本守之"如何守,也就是怎样经营地主经济以保持和扩充私人财富,并没有做具体的分析和论述,甚至没有涉及这一问题。这表明,司马迁的治生之学还不是地主的治生之学,这一转化到北魏贾思勰《齐民要术》的问世才基本完成。

《齐民要术》全书分十卷,九十二篇,共十一余万字。它征引了一百五十多种前人或同时代人的著作,汇集了历史文献中的农业生产技术知识。从而成为我国现存的最早、最全面的农业科学著作,在世界农学史上也占有重要的地位。

据贾思勰自己解释说,"齐"与"平"同义,"齐民"即"平民"。《齐民要术》就是平民百姓谋求生计的重要方法。在封建社会,农业是最重要的生产部门,"民以食为天"。普通百姓谋求生计不仅需要研究、总结农业生产技术知识,还必须讲求以封建地主家庭为单位的农业经营管理问题,这属于地主治生之学的范围。因此,如果仅仅把《齐民要术》看做迄今少有的最古、最完整的农书是不够的,它的重要价值还在于,是中国封建社会论述地主家庭经营管理问题的第一部著作,是地主治生之学的滥觞。

中国古代的地主家庭经济学形成于北魏时期,这绝不是偶然的,而是社会经济条件所决定的。在战国至汉初的大地主中,占较大比重的是拥有官爵的贵族、官僚地主阶层。他们官高爵显,其收入主要是三部分:封建王朝赏赐的大量俸禄、依靠权势地位巧取豪夺而来的财富、剥削众多的依附农民以取得地租。相比而言,尽管这些达官贵人"田连阡陌",地租收入不少,但还是远不如靠"爵邑俸禄"得来财富那样容易和显赫。并且,对于这些有身份、有地位的贵族和官僚地主来说,主要职责是"谋道",即从政、治民。经营土地、管理依附农民以榨取地租之类的"谋食"活动,是由他们的管家、奴仆来进行的。贵族、官僚地主以及同他们相联系的那部分知识分子根本不关心也看不起"治家人生业",更不会对"以农治生"问题进行学术探讨和研究。在这种情况下,地主治生之学在贵族、官僚地主阶层及其思想代表人物中是不可能产生的。

---

① 《史记·货殖列传》。

到了北魏时期,形势发生了较大变化。鲜卑拓跋部在统一了中国北方,建立起北魏政权后,为了巩固自己在广大地区中的统治,北魏统治者多次颁发奖励农桑的诏书,并且在政治、经济等方面进行了一系列改革。如废除"宗主督护制"、建立"三长制"、实行"均田制"等。这些改革不仅有力推动了农业生产的复苏和发展,也使在三国两晋时期曾受到一定打击的豪强地主的势力进一步削弱了,他们日益扩大的兼并土地、压榨农民的势头得到了遏制。与此同时,一部分农民从对豪强地主的依附中脱离出来,成为拥有土地、自立门户的"编户之民",其中有些人还上升为地主,中小地主的数量增多了,力量有所增强。这部分没有权势地位的平民地主,对农业生产比较了解,对地主家庭经济管理问题比较重视,经常考虑如何"以农治生",通过经营土地剥削农民以追求产量和收益的增加,最终达到私人发财致富的目的。与这种情况相适应,治生之学领域中商人治生之学向地主治生之学的转化加速了,贾思勰的《齐民要术》作为地主家庭经济管理思想的早期典型,正是上述社会条件变化的产物,是地主家庭经济学产生和形成的标志。

二

贾思勰在《齐民要术》中所阐述的地主家庭经济学由三个部分组成:治生之道①、治生之理和治生之策。治生之道是家庭经营对象或经营途径的选择及与此有关的理论说明;治生之理是关于私人经营管理的一些原理和规律性认识;治生之策是微观经济管理的方法和措施。

经营对象或途径确定之后,就要围绕这个对象展开理论研究,探求其经营规律,并提出经营管理的手段或措施。所以,治生之道、治生之理、治生之策这三者是密不可分、相互配合的,形成治生之学的整个理论体系。而治生之道在这三个组成部分中,起着枢纽或核心的作用,探讨治生之理,讲求治生之策,归根结底是以治生之道为出发点,并且是为其服务的。

先秦时代陶朱公、白圭等人所创立的商人治生之学,没有涉及经营对象的选择问题,对此也谈不上有什么理论探讨,他们理所当然地把经营工商业作为私人发财致富的主要途径或手段。最先提出并研究治生活动中经营对象问题的是司马迁。他认为,经营农、虞、工、商是既能富国也能富家的治生

---

① 治生之道有广义和狭义之分。前者与治生之学同,后者指经营对象或经营途径,这里论述的治生之道是狭义的。

正道,并进一步加以分析、比较:一方面,经营封建地产、收取地租而致富比较稳定可靠,在社会政治地位上也比较尊贵、荣耀;而经营工商业则风险比较大,社会地位也比较低。因此,"本富为上,末富次之"①。另一方面,经营"末业"发财致富却比"本业"更迅速、更有效,尤其是经商最容易赚钱发财,"用贫求富,农不如工,工不如商"②。在此基础上,司马迁把经商与务农联系了起来,"以末致财,用本守之"③。从司马迁关于经营对象选择的论述中可以看出,他并没有把经营工商业排除在治生之道之外,而是把工商业作为治生活动中相当重要的经营对象或途径加以肯定、强调的。

贾思勰关于治生之道的论述,也就是在经营对象的选择问题上,发生了根本性质的变化。他的主要命题是:"夫治生之道,不仕则农。若昧于田畴,则多匮乏。"④他把治生活动中的经营对象或途径,归结为从政和务农。认为只有做官和务农才是"治家人生业",取得并保持、扩大私人财富的正当途径。而且特意强调指出,如果不重视农业生产,不讲求封建地产的经营管理问题,就会导致贫困。

如果说,司马迁关于经营对象的理论探讨,表现出商人治生之学向地主治生之学的转化趋向。那么,贾思勰"不仕则农"的思想主张,则把经营工商业从治生之道中排除出去了,他说:"舍本逐末,贤哲所非。日富岁贫,饥寒之渐。故商贾之事,阙而不录。"在《齐民要术》中,商人治生之学的痕迹完全消失不见了,已经是纯粹的地主治生之学。

在中国封建时代,从政做官可以说是名利双收的美事。前呼后拥的荣耀地位,固定俸禄之外的特权收入,为许多封建君子所津津乐道、梦寐以求。他们终生为之奋斗的正是走上仕途、谋取一官半职而得俸禄、求富贵。因此,贾思勰把"仕"看做治生的主要途径是不奇怪的。不过,他对如何通过从政做官以发财致富却丝毫没有涉及,而只是对"以农治生"进行了理论说明。

贾思勰指出,农业是老百姓的衣食之源,是人们赖以生存和发展的最基本条件,重视和加强对农业生产的经营管理,对于治国安民具有头等重要的意义。他说:"食者,民之本;民者,国之本;国者,君之本。是故人君上因天时,下尽地利,中用人力,是以群生遂长,五谷蕃殖。"⑤

---

① 《史记·货殖列传》。
② 同上。
③ 同上。
④ 《齐民要术·杂说》。
⑤ 《齐民要术·种谷第三》。

从字面上看,贾思勰的上述理论说明,没有什么新东西。不管是他自己所论述的还是从文献典籍中征引而来的,都是从宏观角度即从国民经济管理的角度来强调"重农"问题的。也就是说,还只是"以农富国"论,而不是"以农治生"论。如何把"重农"论从宏观的富国之学纳入微观的治生之学中来呢?贾思勰提出"家、国一义"论作为中间环节,以解决这个难题。

他认为,私人地主家庭的经营管理与封建国家的国民经济管理具有相通之处,存在着一些共同的规律和原理。"家犹国,国犹家,是以家贫则思良妻,国乱则思良相,其义一也"。这样,通过这个过渡桥梁,贾思勰把宏观的重农论移植、引进到治生之学中来,为微观的"以农治生"论提供了理论依据。

贾思勰的"家、国一义"论虽然只是寥寥数语,也没有什么理论解释和发挥,但却为后来家庭经济学的发展提供了重要的借鉴。他从宏观的富国之学中寻求理论武器的做法,为明清之际的张履祥、张英等人所继承和完善。

三

治生之道的变化,带来了治生之理的变化。不同的经营对象有着不同经营原理或规律。陶朱公、白圭等对自己及其他商人的经验进行了一定的理论总结,提出了一些经商原理。司马迁为富商大贾立传,对他们的经商经验作了相当充分、深入的调查研究,对工商业领域中的一些带有规律性的现象进行了理论概括。陶朱公、白圭、司马迁所论述的都是商人的治生之理。首先对地主的治生之理进行探索和研究的是贾思勰,其主要内容是:

(一)勤俭持家以致富

贾思勰认为,在农业经营管理中,勤劳是很重要的。不耕作就没有饭吃,不织布就没有衣穿,如果想通过"以农治生"来取得、增殖财富,就必须辛勤耕耘、努力生产。他指出:"《传》曰:'人生在勤,勤则不匮'。语曰:'力能胜贫,谨能胜祸'。盖言勤力可以不贫,谨身可以避祸。"他还引用仲长统的话来说明,同样的自然条件,由于勤与惰之不同,反映在劳动成果上就有着极大的差别。"天为之时,而我不农,谷亦不可得而取之。青春至焉,时雨降焉,始之耕田,终之簠簋,惰者釜之,勤者锺之。矧夫不为,而尚乎食也哉?"

贾思勰认识到,在"以农治生"中,除了勤奋劳动以"强本",还必须提倡俭、强调"节用"。他说:"夫财货之生既艰难矣。"付出艰辛劳动才换来的财富,应该倍加珍惜,"用之以节"。如果家庭充裕就奢侈浪费,就会慢慢地陷入困境。"既饱而后轻食,既暖而后轻衣。或由年谷丰穰而忽于蓄积,或由布帛伏赡而轻于施与。穷窘之来,所由有渐。"一旦天灾人祸,后果不堪设想,"用之又无节。……加之政令失所,水旱为灾,一谷不登,胔腐相继。古今同患,所不能止也"。

司马迁认为,在工商业经营管理中,仅仅靠勤俭是难以发财致富的,更重要的还需要"用奇胜"。因为,"以商治生"风险大、竞争性强、市场行情千变万化。如果没有与众不同、出奇制胜的经营本领,就会在市场角逐中败北。同时,贾思勰则根据经营农业的不同特点,强调勤俭在"以农治生"中的作用。封建社会的农业劳动生产率相当低,人们与自然抗争的能力较弱,基本上靠天吃饭。剩余产品也较少,就连中小地主家中的储备也不多。在这种情况下,只有把尽力耕作与厉行节约结合起来,才能在不愁衣食的基础上使财富较快地增长。因此,贾思勰把勤俭持家、勤俭致富作为治生之理的一条重要原则提了出来。

(二) 督课与忨恤相结合

贾思勰认为,在以农治生中要做到勤俭致富,还必须重视对佃户或雇工的管理。在他看来,"凡人之性好懒惰矣",如果"率之又不笃",不能有效地组织、监督劳动者努力从事农业生产,对地主保持、扩充土地和增加地租收入是很不利的。他指出:"盖以庸人之性,率之则自力,纵之则惰窳耳。故仲长子曰:'丛林之下,为仓庾之坻;鱼鳖之窟,为耕稼之场者,此君长所用心也'。"

他主张,一方面对佃户或雇工要"督课有方"、严加管理,"稼穑不修,桑果不茂,畜产不肥,鞭之可也;拖落不完,垣墙不牢,扫除不净,笞之可也"。另一方面,为了防止矛盾激化,还应该注意"忨恤其人"①,采取怀柔手段以调动劳动者的积极性,处理和调节好地主与农民之间的剥削关系。

贾思勰在治生之理中,把对佃户或雇工的管理放在重要的位置,提出要软硬兼施来役使、剥削农民。这种重视"用人"问题的认识和主张,在地主家庭经济管理思想的发展中,有着不容忽视的意义。

---

① 《齐民要术·杂说》。

(三)因时因地求效益

先秦著作中有不少重视天时与地利的思想,不过主要是从宏观的富国角度提出来的。贾思勰强调因天时、尽地利,立足于微观的家庭经营管理,把遵循农业生产规律与讲求"以农治生"的经济效益联系了起来。

他认识到各种农作物都有其生长、蕃育、成熟的规律,经营农业必须按照自然规律的要求,根据天时地利的特点来进行。这样才能事半功倍,以较少的人力物力耗费而取得较大的经济效果。他说:"顺天时,量地利,则用力少而成功多。"①他强调指出,如果"任情返道",凭着主观意志、违反客观规律来从事农业生产,就会造成劳动耗费多,所获得的收入却很少,甚至"劳而无获"。他形象地比喻说:"入泉伐木,登山求鱼,手必虚;迎风散水,逆板走丸,其势难。"②

四

贾思勰从治生之道出发,以治生之理为指导和依据,对治生之策即地主家庭经营管理的具体措施、方法,进行了较为详尽的论述。

(一)集约经营,精耕细作

贾思勰反对广种薄收的农业粗放经营方式,大力主张在土地利用和农业生产方面要实行集约经营。他一再说:"谚曰:'顷不如亩善',谓多恶不如少善也。"③"凡人家营田,须量己力。宁可少好,不可多恶。"④在战国时代,李悝就指出:"治田勤谨,则亩益三斗,不勤则损亦如之。"⑤荀况也说:"今是土之生五谷也,人善治之,则亩益数盆,一岁而再获之。"⑥这说明他们对通过集约劳动以提高单位面积产量已经有所认识。晋代傅玄主张:"不务多其顷亩,但务修其功力。"⑦不赞成单靠扩大耕地面积来增加农业产量,而提出要重视在一定面积的土地上多投入劳动来提高土地利用率、增加农业

---

① 《齐民要术·种谷第三》。
② 同上。
③ 同上。
④ 《齐民要术·杂说》。
⑤ 《汉书·食货志》。
⑥ 《荀子·富国》。
⑦ 《晋书·傅玄传》。

收益。比起前人,贾思勰的"宁可少好,不可多恶"以更为明确、更为概括的形式把集约经营的原则提出来了。

如何进行集约经营? 贾思勰提出了一套精耕细作的制度和措施。例如:对农作物的种植,他强调要抓好从开荒、选种、播种、耕耘、收割、储藏到加工整个生产过程的管理。对各个管理环节,他也提出了严格要求。如他很重视锄耕的作用,认为锄耕可以防止病虫害、清除杂草、松土保墒等。不仅要求多耕,而且主张耕的季节不同,耕的方式也要有所区别。"春锄起地,夏为除草"①,"秋耕欲深,春夏欲浅"②,这样有利于充分利用自然肥力和促进农作物的生长。有关精耕细作的管理措施,贾思勰还论述了很多,这里不一一列举。

(二) 多种经营,开展贸易

贾思勰的"以农治生"不是狭义的,而是主张在地主家庭经营管理中,要农、林、牧、副、渔、手工、贸易全面发展。他不片面强调单一生产粮食,而是植树、种菜、养鱼、酿酒、作醋等多种并举。尤其是重视各种商品农作物的种植和经营。

他认识到,经营商品农作物投资少、风险小却收效快、获利多。并运用实际数据,通过投入与收益的比较来说明从事商品农作物生产的巨大效益。例如,种植百亩蔓青,一年可收三茬,叶、根的收入暂且不论,仅收籽换谷的盈利就胜过千亩谷田。又如,从事林木的种植,只需一个守护,"既无牛犁种子人功之费,不虑水旱风虫之灾,比之谷田劳逸万倍"③。但经济效益却可观得多,林木生长过程中所得到枝叶,在解决了自家的柴薪之后,将多余的出售,就足以收回成本,林木成材后的销售收入更是"其利十倍"④。可以看出,贾思勰不是用狭隘的自然经济眼光来看待"以农治生"问题,而是把从事商品农作物生产作为重要的致富之策,分门别类地精心计划和安排。

经营商品农作物,必然要同商品贸易、市场供求、价格涨落等问题发生联系。前面曾提到,贾思勰对完全脱离农业生产、专门经营商业的"舍本逐末"是持非议态度的,认为经商虽然在短时间里可能暴富起来,但不能解决长期乃至终生的饥寒问题。因此,他明确表示不谈专业商贾的经营之事。

---

① 《齐民要术·种谷第三》。
② 《齐民要术·耕田第一》。
③ 《齐民要术·种榆白杨第四十六》。
④ 同上。

但是,土地经营者自己从事产品的生产和贸易,与商贾单纯的买卖不同,是属于以农治生的范围。所以,他对以农业生产为基础的商品农作物的贸易十分赞成,积极提倡。

贾思勰特意在《齐民要术》中安排了《货殖第六十二篇》,大量摘录《史记·货殖列传》中的商业经营原则以及司马迁对资本与利息相互关系的分析。在《杂说第三十篇》中,还引述了汉代崔寔《四民月令》一书为地主从事市场贸易所做的具体规划。同时,他自己对如何从事商品农作物贸易也提出了一些致富之策。例如,他运用农产品季节差价的变化规律,认为应在收获季节购入五谷和蔬菜种子,由于这时粮食刚上市,供给量较多,价格较低;而播种季节则卖出原先收购、储存的种子,这时市场上种子需求量大,价格必然上升。他指出,要根据供求多寡、价格涨落的情况来从事农产品贸易,抓住有利时机,通过贱买贵卖,以赚取较多的盈利。他说:"凡籴五谷菜子,皆须初熟日籴,将种时粜,收利必倍。凡各籴豆谷,至夏秋初雨潦之时粜之,价亦倍矣。盖自然之数。"①

(三) 改进工具,抚御雇工

贾思勰所论述的治生之策有一个鲜明特点:既强调物的因素,又重视人的因素。他说:"欲善其事,先利其器;悦以使人,人忘其劳。"②这就是说,要从改进工具和抚御雇工两方面入手,合理利用物力、人力以搞好"以农治生"。

他要求采用先进的生产工具,以提高劳动生产率。他举例说,九真、庐江两地"不知牛耕,每致困乏"。这两郡太守积极推广铁器牛耕,"教之垦辟,岁岁开广,百姓充给"③。还有,敦煌地区"不晓作耧、犁,及种,人牛功力既费,而收谷更少。"当地官员"乃教作耧,犁"④,人力少用一半以上,收获却增加五成。

贾思勰以历史经验阐明了通过采用先进生产工具以发展农业的重要意义。不仅如此,他还把采用先进工具与调动劳动者的积极性联系起来。他认为,物资储备充分,劳动工具完好,耕畜壮实强健,这是农业生产顺利进行的前提条件。只有做到了"调习器械,务令快利,秣饲牛畜,常须肥健"⑤,才

---

① 《齐民要术·杂说第三十》。
② 《齐民要术·杂说》。
③ 《齐民要术·序》。
④ 同上。
⑤ 《齐民要术·杂说》。

能使劳动者减少劳累、心情舒畅,从而更自愿、更有效地为雇主服务。

贾思勰在重视物的因素,强调"先利其器"的同时,对如何抚御雇工"悦以使人",也进行了一番阐述。

他认为,由于农业季节性强,在播种或收获期间,要不违农时地完成农活,否则就会不利于农作物的生长和收成,影响经济效益。因此,农忙时期,仅仅依靠一户地主所役使的常年劳动力是不能满足要求的,需要增加大量劳动力,而雇用帮工则是解决劳动力暂时不足的最佳形式。他以采摘红蓝花为例,由于这种花开花时间短,并且要求在清晨露水未干前采摘,"花出,欲日日乘凉摘取,摘必须尽"①。如果不抓紧时间,等到露水干了才采摘,不仅费功夫、影响劳动效率,花的质量也会严重下降。这就要求采花期间必须雇请较多的短工以满足农活的需要。他说:"一顷花日须百人摘,以一家手力,十不充一。但驾车地头,每旦当有小儿僮女十百余群,自来分摘。"②

对雇工的管理,贾思勰侧重于"忨恤其人"。除了在精神方面"常遣欢悦"③,想方设法使劳动者乐而忘忧,以保持良好的工作状态,他还主张利用雇工对物质利益的兴趣和关心刺激其积极性以提高劳动生产的效率和质量。他提出,雇工的报酬形式,可以用产品分成或用副产品支付。例如,采摘红蓝花,每个雇工可获得采摘数量的一半,"中半分取";④伐树则"指柴雇人",用树的枝叶作为报酬支付给劳动者。这些支付报酬的形式,与劳动者完成的工作量紧密联系,雇工多劳多得,工作越多,得到的报酬就越高。因而,劳动者在物质利益的鼓励下,对生产劳动感兴趣,能表现出某种自觉性和主动性。

在中国封建社会,地主阶级很少直接组织农业生产,而是把大面积的土地分割开来,一块块地出租给农民。他们凭借地产、利用人身依附关系以及超经济强制来剥削农民,榨取剩余劳动产品。他们地租收入的多寡,主要不取决于产品产量和劳动生产率,而是取决于占有土地的数量和所控制的依附农民的数量。因此,封建地主所关心的主要是兼并更多的土地并把更多的农民变成佃农,而不关心土地的改良和农业生产技术的进步,也不会考虑农、林、牧、副、渔、手工、贸易诸方面的综合经营问题,对家庭经济管理中如何既重视物的因素、又发挥人的作用,就更谈不上了。贾思勰的治生之策,

---

① 《齐民要术·种红蓝花栀子第五十二》。
② 同上。
③ 《齐民要术·杂说》。
④ 《齐民要术·种红蓝花栀子第五十二》。

对这些问题进行了研究,提出了一些很有价值的思想主张,在当时来说,可算是得风气之先的。

综上所述,贾思勰的治生之学,不是由零散片断、不成系统的经济观点所组成,而是在整体上形成了一个关于地主家庭经济管理的思想体系。他所提出的由治生之道、治生之理、治生之策构筑而成的理论框架,为中国古代地主家庭经济学的形成、发展奠定了基础和方向。

李觏的经济思想*

一、北宋时期经济思想的杰出代表人物李觏

和唐代国势强盛而经济思想却比较沉寂的情况适成鲜明的对照,积贫积弱的宋王朝,经济思想却是颇为丰富多彩的。

宋初承五代分裂割据的残局,不得不首先致力于削平群雄,恢复统一的活动,接着又同契丹展开几次大战。在这种局面下,宋王朝在经济方面的矛盾和问题,一时尚未能充分显露,因而也引不起人们的很大注意。宋初几十年,经济思想仍是不够活跃的。这种局面到北宋中叶仁宗时期开始改变,首先在经济思想领域激起波澜的就是李觏。

李觏,字泰伯,生于宋真宗大中祥符二年(1009年),卒于宋仁宗嘉祐四年(1059年),建昌南城(今江西省南城县)人。南城在盱江(即抚河)边,所以又被人们称为"盱江先生"。

李觏出身于小地主家庭,一生困顿不得意,常自称"贱民"①。刚14岁,父亲就去世,"是时家破贫甚","勤苦竭尽,以免冻馁"②。直到32岁时,仍然是"乞钱为食,来往江湖,零丁孤苦"③。29岁和34岁时,两次应试不第,只好在家乡创办盱江书院,以教授为业,从学者常达数十百人。在讲学的同时,潜心学习,埋头著述,声名日著,并渐渐受到一些有重要地位和声望的人物的器重。北宋名臣范仲淹,就对他深为赏识;王安石在未掌权之前,也曾与他有交。公元1050年,出于范仲淹的大力推荐,李觏被任命为太学助教。但这只是个虚衔,并未真正做官。他获得这一职后,仍然居家讲学著述,不到朝廷供职。1057年,又被召为太学说书。次年,被授为"海门县主簿",领这个职务的俸禄,但仍在太学供职,这时,他已50岁了。1059年,代理主管

---

* 本文原载于《中国经济思想通史》第3卷,北京大学出版社2002年版。
① 《李觏集·上苏祠部书》,中华书局1981年版,以下引此书只注篇名。
② 《先夫人墓志》。
③ 《上慎殿丞书》。

太学工作。同年六月请假返乡迁葬祖母,旅途过于劳累,到家一病不起,八月就离开人世。

李觏在生活上的清贫和政治上的失意,以及他一生基本上生活于民间、远离官场的处境,使他能较一般士大夫人物更多、更深地看到时政积弊,民生疾苦,从而产生出强烈的经济、政治改革思想,希望以大规模的改革扭转宋王朝积贫积弱的局面。正是这一要求使他成为范仲淹"庆历变法"理论上的支持者。29 岁时,他与范仲淹开始有了交往,就致信范仲淹,认为要解决当时日趋严重的各种社会问题,必须"长驱大割"①,实行改革。在范仲淹任参知政事,主持朝政后,李觏又上书范仲淹,为变法而大声疾呼:"人寿几何?时不可失。无嗜眼前之爵禄,而忘身后之刺讥也。"②对北宋的另一次规模和声势更大得多的改革——王安石变法,李觏也起了一定的思想先驱的作用。他比王安石大 12 岁,两人同是江西人,曾经有过直接的交往,王安石曾说:"李泰伯、曾子固豪士,某与纳焉。"③从王安石变法的许多主张措施,都可看到二人之间的思想联系。李觏的学生邓润甫直接参加了王安石变法的活动,并把李觏的著作上之朝廷。这也说明:以王安石为首的变法派,是注意从李觏的著作中为变法寻求借鉴的。

李觏的经济思想是他所处的时代的产物。在北宋中期,经济有了显著发展。在农业生产中,生产工具有了许多改进,采用了水车、踏犁、秧马等新式农具,培育和推广一些优良品种,使粮食产量有所提高。特别是圩田的数量大有增加,增强了防旱排涝的能力,使农业收获得到较多的保证。

在农业发展的基础上,手工业生产更为兴盛。矿冶、纺织、制瓷、造船、造纸各行业的产品种类和数量大大增加,生产技术和规模更加发达。商业也空前繁荣,首都开封不仅是全国的政治中心,也是一个繁华的商业城市,它不像唐代长安城那样有固定的交易市场和营业时间,而是大街小巷、白天黑夜都可以进行商业活动。开封以外的全国各地还形成了许多商业发达的城市,中小城镇的贸易活动十分活跃,广大农村中,集市也很普遍。由于工商业的发达,促进了货币流通的发展,出现了世界上最早的纸币——交子。

宋代南方地区的经济发展已日益明显地超过北方。隋、唐建都关中,粮食已靠江南漕运供给。安史之乱后,北方残破,刘晏理财,主要靠江淮财赋

---

① 《上范待制书》。
② 《寄上范参政书》。
③ 《答王景山书》。

支撑着唐室危局。宋代南方经济的发展,尤其是东南沿海一些地区的经济发展,更加明显地走在了全国前列。宋都开封,不仅在粮食供应方面倚靠汴河漕运南粮,还不断把各种南货源源运济北方。正如李觏所观察到的:当时南方"耕有余食,织有余衣,工有余财,商有余货",各种物资"水行路走",运往北方,而"不闻一物自北来者"①。

但另一方面,北宋中期是宋王朝统治下的矛盾日益明显地暴露,积贫积弱的局面开始形成的时代。由于土地私有制的发展,土地兼并更加剧烈。官僚豪绅大地主们的田产迅速膨胀,占有全国耕地的70%以上,而少地的半自耕农和无地的佃农却占全国人口的80%左右。广大农民被兼并势力从土地上排挤出去,成为丧失生计、流离失所的游民,农业生产力受到了极大摧残。与此同时,财政状态日益恶化,臃肿的官僚机构和庞大的军队,给财政造成了沉重的负担,皇室的奢侈费用使财政开支更加浩繁,再加上对辽、西夏的侵略采取退让、妥协的政策,每年要向辽、西夏缴纳大量的银、绢。因此,国家财政入不敷出,"上下始困于财矣"②。为了填补亏空,北宋统治者对人民加紧搜括、横征暴敛,国贫民穷的程度进一步加剧。

这种局面必然会在一部分有才识、有抱负的士大夫人物中诱发出日益强烈的危机意识和改革要求,李觏就是首先从思想、理论上表达这种危机意识和改革要求的人士之一。

李觏的思想、理论活动不限于经济方面,但他主要关心的是经济问题,而且他的成就也主要在这一方面。他的著作以谈论经济问题的居多,不但有大量讨论经济问题的专文,而且写出了《平土书》和《富国策》两种论述经济问题的专书,他的诗也有许多篇是专咏经济问题的。在中国封建时代的作家中,像这种情况极为罕见。

李觏的经济思想可以分为两个阶段。29岁以前,是他的经济思想发展的早期阶段,代表作是《礼论》、《潜书》和《平土书》等。29岁以后,是李觏经济思想发展的成熟阶段,代表作是《富国策》、《周礼致太平论》中的《国用》以及《原文》等。李觏的经济思想为什么在他29岁以后发展到一个新的阶段?主要有三个原因:第一,李觏当时赴京应试虽落第不中,却使他开阔了眼界,增长了见识,更多地了解了社会现实,更深地感受到时代的动荡,促使他更关心时政,倡言改革。第二,北宋王朝民贫国弱的情况更加严重

---

① 《寄上富枢密书》。
② 《宋史·食货志下一》。

了。自宋仁宗庆历年间(1041—1048年)开始,每年财政赤字都达300万缗以上。面对严峻的形势,李觏强烈要求改革,来挽救宋王朝的统治危机,以实现富国富民。第三,29岁时,李觏开始与范仲淹有了较多的来往,两人在思想上是互相影响的,范仲淹是当时改革派的领袖,比李觏大20岁,他对李觏的影响,应该比所受李觏的影响会更大一些。在范仲淹的影响下,李觏与北宋中期改革派的命运联结在一起了。他把眼光从农村投向全国,探索社会重大经济问题,更加深入、全面地分析土地兼并、游民、工商业、财政危机等问题,形成了以利欲论为理论基础,以富国论为中心,包括平土论、去冗论、轻重论在内的经济思想体系。

二、利 欲 论

李觏倡言改革,以求富强,首先就遇到千余年来一直在经济思想领域中处于支配地位的贵义贱利论的反对和压制。为了给改革造舆论,他必须对贵义贱利论进行斗争。他的利欲论,正是他同贵义贱利论进行斗争的理论武器。

《中国经济思想通史》(修订本)(北京大学出版社2002年版)第1卷已经详细论述过:贵义贱利论是在西汉中叶以后逐渐形成起来的一个封建经济思想教条,它强调求财利必须严格遵守统治阶级的道德规范,同时,又认为社会上的各不同等级在财富占有和物质生活方面应有不同标准,不得逾越;遵守标准规定的就是合乎"义"的,否则就是不"义"。以此为依据,它对较低等级的人企图超越等级限制寻求物质利益的言行进行压制,并利用《论语》中孔子"罕言利"的记载,把"言利"作为违背圣贤之道的极大罪恶,动辄给人们寻求物质利益的言行加上"言利"的罪名。由于经济改革总是要触犯腐朽势力的既得利益,贵义贱利论在漫长的历史时期中就成为腐朽势力、保守势力压制经济改革的理论武器。

北宋中期,民贫国弱的局面日甚一日,引起广大人民和士大夫中的有识之士的强烈不满,改革的呼声逐渐高涨;与此同时,自均田制废坏以来土地私有制的发展加剧了土地兼并和土地集中,宋代在封建经济发达的地区实现了统一,加上宋代实行的"不抑兼并"的政策,更有利于土地兼并和土地集中的进行。这样,到宋代中叶就在全国范围中形成了一个势力极为雄厚的大地主集团,成为反对改革的势力的社会基础。这一集团的政治和思想方面的代表人物,极力压制和阻挠改革,而贵义贱利论这一反对和压制改革的陈腐教条，更加受到他们的青睐。正是在这样的时代背景下，宋代鼓吹贵义贱利论者和批判贵义贱利论者的斗争，也进行得特别激烈。

宋代的许多理学家是强硬的贵义贱利论者。与李觏同时的邵雍就说："仁因义而起，害因利而生，以利不以义，则臣弑其君者有焉，子弑其父者有焉。"①

因利而弑父与君的诚然有之，但不能认为求利就必然如此，把"言利"与弑父与君的弥天大罪无条件地联系起来，从而就把"言利"判定为十恶不赦。这充分反映出宋代的贵义贱利论鼓吹者的凶横。

李觏是宋代首先旗鼓鲜明地反对贵义贱利论的旗手之一。他在批判贵义贱利论时提出了自己对利欲的看法，形成了自己的利欲论。他的利欲论有一个发展过程，其早期阶段的利欲论着重论证了求利的合理性，利与义的统一性。

李觏认为人们追求物质财富的欲望是自然的，为了满足这种欲望而进行的社会经济活动以求财利，是礼义产生的基础，"夫礼之初，顺人之性欲，而为之节文者也"②。失去了物质利益这个前提，礼义也就不可能存在，"食不足，心不常，虽有礼义，民不可得而教也。"③

李觏对礼义产生于物质生活的全过程进行了较为详细的论述："人之始生，饥渴存乎内，寒暑交乎外。饥渴寒暑，生民之大患也。食草木之实、鸟兽之肉，茹其毛而饮其血，不足以养口腹也。被发衣皮，不足以称肌体也。圣王有作，于是因土地之宜，以殖百谷；因水火之利，以为炮燔烹炙。治其犬豕牛羊及酱酒醴酏，以为饮食；艺麻为布，缲丝为帛，以为衣服。夏居橧巢，则有颠坠之忧；冬入营窟，则有阴寒重胝之疾，于是为之栋宇。取材于山，取土于地，以为宫室。手足不能以独成事也，饮食不可以措诸地也，于是范金斲木，或为陶瓦，脂胶丹漆，以为器皿。夫妇不正，则男女无别；父子不亲，则人无所本；长幼不分，则强弱相犯。于是为之婚姻，以正夫妇；为之左右奉养，以亲父子；为之伯仲叔季，以分长幼。君臣不辨，则事无统；上下不列，则群党争。于是为之朝觐会同，以辨君臣；为之公、卿、大夫、士、庶人，以列上下。……以立师友……以交宾客……以奉死丧……以修祭祀。丰杀有等，疏数有度。贵有常奉，贱有常守。贤者不敢过，不肖者不敢不及。此礼之大本

---

① 《观物·外篇》。
② 《礼论第一》。
③ 《平土书》。

也。"①荀况首先从经济生活解释礼的起源,认为:"礼者养也。"②李觏的这种分析,继承和发展了荀况的思想,进一步阐明了利欲作为礼义的基础的地位,人们为了解决饮食布帛、饥渴寒暑等物质生活的需要,进行各种社会生产活动,必然导致礼义的应运而生。这样,李觏不仅把礼义从抽象的理论说教中,还原为实在的经济生活;而且明确地指出:没有利欲这个前提条件,就没有礼义的起源,伦理纲常也就不能赖以生存了,从而有力地论证了利欲的合理性。

为了说明、论证利与义的统一性,李觏在理论上提出了自己的新见解、新解释。他指出,礼包含有很广泛的内容,"乐、刑、政"、"仁、义、礼、智、信"这些"天下之大法"、"天下之至行"都"一本于礼"③。可以看出,他突破了历史上将礼、乐、刑、政、仁、义、智、信八者并列的传统说法,而是把礼抬高到七者之上,认为礼是其余七者之本,这七者实际上就是礼,是礼的具体体现。更重要的还在于,他把经济生活纳入了礼的内涵,认为物质财富本身也是礼义的组成部分。他对"仁"这个伦理范畴的解释是:"百亩之田,不夺其时,而民不饥矣;五亩之宅,树之以桑,而民不寒矣,此温厚而广爱者,仁之道也。"④他对另一个伦理范畴"智"的说明是:"为衣食,起宫室,具器皿,而人不乏用矣,⋯⋯智之道也。"⑤在这些理论解释中,李觏告诉人们,不应该把仁、智之类的伦理规范空洞化、神秘化,而必须赋予其实实在在的经济内容。他强调说:"饮食、衣服、宫室、器皿、夫妇、父子、长幼、君臣、上下、师友、宾客、死丧、祭祀,礼之本也。"⑥在这里,他把社会生活最基本的衣食等物质条件,与那些封建时代的纲纪伦常共同作为礼的基本内容,而且还突出地把前者放在首位。礼与经济生活紧密结合了,利与义统一起来了。重视现实,发展经济,已经成为礼义本身的内在要求了。

李觏成熟阶段的利欲论,旗帜更为鲜明,思想更为深刻了。这表现在:第一,他早期的利欲论只是曲折地反对"贵义贱利"论。而他成熟阶段的利欲论对"贵义贱利"论展开了正面的攻击。他强调说:"利可言乎?曰:人非利不生,曷为不可言?欲可言乎?曰:欲者人之情,曷为不可言?"⑦他指出,

---

① 《礼论第一》。
② 《荀子·礼论》。
③ 《礼论第一》。
④ 《礼论第三》。
⑤ 同上。
⑥ 《礼论第一》。
⑦ 《原文》。

利欲是人的本性,言利是正常的,不准人们言利是"贼人之生,反人之情"①,并公开否定了孟轲"何必曰利"的说教,认为这是偏激之言。他说:"焉有仁义而不利者乎?其书数称汤武将以七十里、百里而王天下,利岂小哉?孔子七十,所欲不逾矩,非无欲也。"②

第二,李觏早期的利欲论,并没有与"富国"直接联系起来,也就是说,他还没有正式把利欲论作为经济思想的理论依据提出来。到后来,他深化了认识,针对"儒者之论,鲜不贵义而贱利,其言非道德教化则不出诸口"③的情况,十分明确地指出了为顺应利欲满足利欲而进行的追求物质利益的经济活动对"富国"的基础作用,强调"治国之实,必本于财用"④。他认为,物质财富是整个社会生活的基础,无论是人们的衣食住行,还是政治、军事、外交等都离不开"利",即财富。他说:"盖城郭宫室,非财不完;羞服车舆,非财不具;百官群吏,非财不养;军旅征戍,非财不给;郊社宗庙,非财不事;兄弟婚媾,非财不亲;诸侯四夷朝觐聘问,非财不接;矜寡孤独,凶荒札瘥,非财不恤。礼以是举,政以是成,爱以是立,威以是行。舍是而克为治者,未之有也。"⑤

既然国家活动的一切方面都离不开财用,治国就必须把取得财用以实现富国作为第一位的工作。针对保守势力反对经济改革,把富国的主张斥为"言利",把重视财利的人诋为"小人"乃至"暴君污吏"的论调,李觏理直气壮地宣称:"是故贤圣之君,经济之士,必先富其国焉。"⑥

第三,李觏成熟阶段的利欲论,在批判"贵义贱利"论的同时,还多次驳斥"尊王贱霸"论。

当时,北宋反对改革的势力,以贵义贱利论作为反对富国主张的理论武器,而以"尊王贱霸"论作为反对强兵主张、掩盖自己对外屈辱妥协面目的遮羞布。李觏要求的改革以变贫弱为富强作为目标,富国是和强兵联在一起的。因此,他对贵义贱利论的批判,也就必然和对"尊王贱霸"论的批判联在了一起。

"尊王贱霸"论倡自孟轲。孟轲在战国时期,反对以兼并战争来争夺霸权,实现武力统一,而主张以"王道"来争取别国的归服,因而极力宣扬"尊

---

① 《原文》。
② 同上。
③ 《富国策第一》。
④ 同上。
⑤ 同上。
⑥ 同上。

王贱霸"论,讥贬春秋时期五霸的事业为渺小不足道,"仲尼之徒,无道桓文之事者"①;对战国时期通过改革实现富国强兵的秦孝公、商鞅,更是攻击不遗余力,把他们改革的政策措施诋为"暴君污吏"的所为。这种"尊王贱霸"论在宋代特别适合保守势力维护其既得利益的需要:一来是它对春秋、战国时期的改革主张和改革人物有强烈的攻击、贬斥言词,正好被借用来反对宋代的改革;二来是它的贱霸论调,便于遮饰、掩盖宋代保守势力对外一味卑躬屈节的可耻嘴脸;三来"尊王贱霸"论是儒家亚圣孟轲所首倡,宣扬这种论调正可为保守势力维护自己既得利益的最见不得人的言行,罩上圣贤之道的光轮。正因如此,宋代的保守势力对"尊王贱霸"论特别钟爱,鼓吹得特别不遗余力。也正因如此,李觏对保守势力宣扬"尊王贱霸"论感到特别义愤,而毫不留情地予以揭露。

李觏首先对"王道"与"霸道"作了新的解释和说明:"或问:自汉迄唐,孰王孰霸?曰:天子也,安得霸哉?皇帝王霸者,其人之号,非其道之目也。自王以上,天子号也,惟其所自称耳。……霸,诸侯号也。霸之为言,伯也,所以长诸侯也。岂天子之所得为哉?道有粹有驳,其人之号不可以易也。世俗见古之王者粹,则诸侯而粹者亦曰行王道;见古之霸者驳,则天子而驳者亦曰行霸道,悖矣。……所谓王道,则有之矣,安天下也。所谓霸道,则有之矣,尊京师也。非粹与驳之谓也。"②他着重指出了,"王"或"霸"只是对人的一种称号,而不是指人所实行的那个道的名目。所谓"霸"就是诸侯的称号,而不是天子的称号。人们所实行的道有粹与驳之区别,但其称号却是不能变动的。在世俗之人的眼中,看到古代王者之道纯粹,于是就把诸侯之道纯粹者也说成是行王道;看到古代霸者之道驳杂,于是就把天子之道驳杂者也说成是行霸道,这显然是悖谬之论。

李觏的这种解释,似乎是把王道、霸道变成了没有内容分别的纯概念之争,实际上却是借以否认王道和霸道有高下之分。按照他的解释:一统的王朝,实行的治国之道就是王道而无所谓霸道,因此,主张进行改革、实现富国强兵,绝不得谓之霸道。这样,就把反对改革的势力指责改革为霸道的依据完全取消了。

既然王道、霸道只依所施行的疆域为断,而无高下之分,那么,究竟什么样的治国之道是正确的,并不看什么纯粹和驳杂,不看它的宣扬者自封为王

---

① 《孟子·梁惠王上》。
② 《常语下》。

道或霸道,而看施行的结果如何。李觏针对尊王贱霸论对管仲、商鞅行霸道的攻击而反驳说:管仲相齐桓公,尊王攘夷,富国强兵,使齐国成为五霸之首;商鞅相秦孝公,明法术,奖农战,使秦民富国强。他们口称行王道,结果却把一个广土众民、比齐、秦大得不可比拟的宋王朝搞得积贫积弱,"无强国之资"①,还有什么资格宣扬尊王贱霸呢?

李觏的利欲论批驳了贵义贱利、尊王贱霸等反对富国、富强的论调,论证了富国是顺民情、固国本的根本大计,提出了"先富其国"的改革目标,为他的以富国论为中心的经济思想奠定了理论基础。

三、平 土 论

李觏继承了自荀况以来把"强本节用"称做富国的基本途径的说法,认为:"所谓富国者,非曰巧筹算,析毫末,厚取于民以媒怨也,在乎强本节用。"②

在以农业自然经济为主的社会中,发展经济、富国富民的主张,主要都归结为"强本"即改善农业生产状况的问题,李觏也是如此;但他不像许多强本论者主要从兴修水利、改进生产技术以及轻徭薄赋等措施来考虑问题,而是把解决土地制度问题看做是强本的首要问题。针对土地兼并、土地集中极为严重的现实,他写了《平土书》这一论述土地制度问题的专书,并且在其他许多作品中,都论述了土地问题。

李觏对土地问题的观点和主张前后也有变化:前期他主要从分配角度看问题,这时所主张的"平土",是主张在分配土地方面实现均平;他后来的土地思想,则主要从生产的角度来批判土地兼并和土地集中,企图实现劳动力与土地之间的更好的结合,以达到强本即改进农业生产状况的要求。

李觏早期的土地思想,认为土地兼并所造成的土地分配严重不均,是百姓饥寒的根本原因。他说:

> "吾民之饥,不耕乎?曰:天下无废田。吾民之寒,不蚕乎?曰:柔桑满野,女手尽之。""耕不免饥,土非其有也;蚕不得衣,口腹夺之也。"③

---

① 《寄上范参政书》。
② 《富国策第一》。
③ 《潜书》。

他认为:"土非其有"是由于土地兼并,农民的土地为别人所夺;而土地兼并的祸害所以日烈,根源在于土地制度不合理:"法制不立,土田不均,富者日长,贫者日削。"①土地占有的不均,是贫、富两极分化的基础,占有大量土地的富者,特别是那些"巨产宿财之家,谷陈而帛腐。佣饥之男,婢寒之女,所售(一本作"得")弗过升斗尺寸"②。

李觏的这一分析,实际上已触及了地主土地所有制是地主剥削农民的基础这一封建制度的根本问题。对一个地主阶级的知识分子来说,对封建土地制度的认识能达到这样的深度,是洵为不易的。

基于上述认识,李觏强调治国要把抑制土地兼并、实现土地分配均平放在首位:"平土之法,圣人先之。"③

怎样平土?他早期的主张是复井田:

> "井地之法,生民之权衡乎!井地立则田均,田均则耕者得食,食足则蚕者得衣,不耕不蚕,不饥寒者希矣。"④

李觏早期的土地思想,虽然也提到在农业生产中,土地是本,没有土地就无法生产。但是,他主要的分析却是集中在分配问题上,没有把土地问题与生产相联系,指出土地兼并对生产的严重危害。他所着重强调的是土地兼并造成贫、富的严重分化和贫民的困苦,解决土地问题的目的是使广大百姓"得衣"、"得食";在解决土地兼并、实现平土的办法方面,他的主张是复井田。他对地主土地所有制是封建剥削的基础的认识是比较深刻的,但除此之外,他的平土思想并无超越前人之处。

李觏后来的土地制度思想,开始摆脱了主要从分配角度批判土地兼并的前人思想局限,转而从生产的角度揭示土地兼并对生产力发展的束缚和阻碍。这使中国传统的土地思想上升到一个新的水平。

李觏指出,增加农业生产有两种做法:一为"尽地力",即提高单位面积产量;二为"广垦辟",即扩大耕地面积。但是,这两种做法都受到土地兼并的严重阻碍;土地兼并越严重,它对农业生产力的限制、破坏作用也越巨大。

一方面,土地高度集中阻碍了农业生产向深度发展,使"地力不尽"⑤。

---

① 《平土书》。
② 《潜书》。
③ 《平土书》。
④ 《潜书》。
⑤ 《富国策第二》。

由于土地兼并使农民失去了土地,他们虽有劳动力,却无用武之地;富人依靠对农民的剥削,过着不劳而获的寄生生活,家中人丁虽多,却不用在生产上,"虽有丁强,而乘坚驱良,食有粱肉,其势不能以力耕也,专以其财役使贫民而已"①。这样,农业中劳动力严重缺乏,只好粗放经营,"田广而耕者寡,其用功必粗"②,产量必然下降。并且,当遇到自然灾害时,也无法进行抗灾,更使大片土地陷于荒芜。所以"地力不可得而尽也"③。另一方面,土地兼并还阻碍了农业生产向广度发展,使"田不垦辟"④。农民被剥夺了土地,"食不自足,或地非己有,虽欲用力,末由也已"⑤。肚子吃不饱,无力开垦荒地;加上开了也不能作为己有,更无兴趣开荒。富者虽然有力量开垦荒地,但根本不愿意去开垦,因为以剥削来的钱财,兼并土地,比开垦荒地要容易得多:"恃其财雄,膏腴易致,孰肯役虑于菑畬之事哉?"⑥这样,"田不可得而垦辟也"⑦。通过上述分析,李觏揭露出土地兼并所造成的土地与劳动力的分离,是农业生产发展的主要障碍,"自阡陌之制行,兼并之祸起,贫者欲耕而或无地,富者有地而或乏人……沃壤犹为芜秽,况瘠土乎?"⑧

随着理论认识的提高,李觏指出,对土地单纯着眼于分配问题是不够的,"言井田之善者,皆以均则无贫,各自足也。此知其一,未知其二"⑨。更重要的,解决土地问题的目的是为了最大限度地实现劳动力与土地的结合,以发展生产,富国裕民,使"人无遗力,地无遗利,一手一足无不耕,一步一亩无不稼,谷出多而民用富,民用富而邦财丰"⑩。

那么,封建国家如何采取措施,使劳动力与土地结合起来呢?李觏提出了限田方案。在北宋中期,土地的绝大部分已经被私人占有,封建国有土地数量很少。面临着这种现实,李觏认识到原先所主张的实行井田制是不可能的。他比较了商鞅和王莽,认为商鞅"除井田",顺应了土地私有制的发展趋势,获得了成功,"民从之,各自便也"⑪。而王莽"更王田",遭到了失败,

---

① 《富国策第二》。
② 同上。
③ 同上。
④ 同上。
⑤ 同上。
⑥ 同上。
⑦ 同上。
⑧ 《周礼致太平书·国用第四》。
⑨ 同上。
⑩ 同上。
⑪ 《常语下》。

原因在于剥夺了人们的私有土地,"民怨之,夺其有也"①。因此,李觏提出,对土地兼并只能在不触动土地私有制的前提下,实行"限田"。具体措施有三条:一是,"行'抑末'之术",把过多的工商业者以及游民赶回农村,使他们从事农业生产。二是,限制地主占田,"各有顷数,不得过制"。三是,用爵位奖励开垦荒地,"有垦田及若干顷者,以次赏之"②。

李觏认为,通过前两条措施抑制了土地兼并,"土价必贱",被赶回农村的人就会购买土地,安心务农,"土价贱,则田易可得。田易可得而无逐末之路、冗食之幸,则一心于农"③。而没有能力买田的人,还可以佃耕地主的土地,"依富家为浮客,则富家之役使者众;役使者众,则耕者多"④。这样,就实现了土地与劳动力的结合,"地力可尽矣"⑤。同时,由于限制地主占有熟田,而依据第三条措施的开荒却没有限制并可以得到爵位,这样就会促使地主雇佣佃农"务垦辟矣"⑥,"垦辟"的问题也解决了。

李觏成熟阶段的土地思想,在理论上是比较尖锐和深刻的。他的主要着眼点已经从分配角度转到了从生产角度对土地兼并展开批判,他指明了根源于封建土地占有关系的土地高度集中破坏了农业生产机制,造成了劳动力与土地的相互分离,从而使社会经济陷入危机。由于土地兼并是地主土地私有制的必然产物,因此他实际上指出了地主土地所有制是阻碍农业生产发展的根本原因,也就是说,指出了封建生产关系对生产力发展的束缚。

但是,在具体方案上,李觏对封建土地占有关系却不敢有任何冒犯,他所提出来的限田主张是妥协和软弱无力的。他的"抑末"措施,使农村原来已经相对过剩的劳动力更加过剩,这必然引起劳动力之间的竞争,使地主以更苛刻的条件出租土地,以更低廉的代价役使佃户,从而更有利于地主的剥削。他的限田措施,对占田数额,未做具体规定。并且,如果"过制",如何处理?也没有提出办法。这对地主阶级来说,根本起不到限制作用。他的奖励垦田措施,规定地主可以无限制开荒,"有能垦辟者,不限其数"⑦。这种规定的本意是要鼓励地主致力于开垦土地,但在限田缺乏有力措施的情况

---

① 《常语下》。
② 《富国策第二》。
③ 同上。
④ 同上。
⑤ 同上。
⑥ 同上。
⑦ 同上。

下,土地兼并者是断断不肯舍弃土地兼并转而致力于(哪怕是部分地致力于)开垦荒地的,用李觏的话说,在他们"恃其财雄,膏腴立致"仍有可能的情况下,是不肯"役虑于菑畬之间"的。

李觏的土地思想在理论上激进性和方案上的软弱、妥协性之间的矛盾,是他本人所处的社会地位的特有矛盾的反映。作为中、小地主的思想代表人物,他深感到大地主土地兼并对中、小地主的严重威胁,同时,他家境不裕,又长期生活在民间,对土地兼并为农业生产带来的危害有较多的了解,因而能对土地兼并及其后果有较深刻的认识,并展开较激烈的批判。但是,由于他本人毕竟是地主阶级的一员,他又不愿意也不能够对地主土地所有制持完全否定的态度。土地兼并是土地私有制尤其是地主土地所有制的产物,不否定地主土地所有制,也就不可避免地会在解决土地兼并的方案方面表现出严重的软弱性和妥协性。

还应指出:李觏土地思想的这种矛盾,也是同当时社会力量对比有关的。唐代均田制废坏,本身是土地私有制和土地兼并发展的结果,又大大加速了土地私有制和土地兼并的进程。但是,唐末的农民大起义沉重打击了土地兼并势力;五代、十国的分裂、战乱,也多少阻抑、延缓了土地兼并的发展。宋代政治、社会秩序的安定及所推行的有利于土地兼并的政策,改变了这种局面,使土地兼并和土地集中大大加速起来。赵宋政权建立后几十年,土地兼并和土地集中的发展极大地加强了大地主阶级在全国经济、政治、社会生活中的势力和影响。凭借这种强大势力和影响,大地主势力强烈反对任何侵犯其既得利益的变革,不容许对土地兼并有丝毫的限制,拼命阻挡不利于土地兼并的方案付诸实施。正因为这股十分强大的保守势力的存在,宋代经济思想有一显著的特点:批判土地兼并的议论虽然多,也比较激进;但一涉及实施方案,就在这一强大保守势力的压力面前畏而却步,因而抑制土地兼并的方案就只能是软弱无力、空洞无物的。李觏平土论中的理论与方案的矛盾,是这一特点的比较早的,也是较为典型的体现。

四、去 冗 论

改变封建农业中两个基本生产要素劳动力和土地相脱离的状况,使其在农业生产中重新结合起来,以改进农业生产的状况——这就是李觏强本思想的主要内容。为此,就要一方面从土地制度方面想办法,所以他主张"平土";另一方面要从劳动力使用方面想办法,为此,他要求"抑末"和"去冗"。"抑末"是指把因丧失土地、流入工商的劳动力（所谓"末民"）返还到农业生产中去；"去冗"则是使失去土地后没有职业或没有"正当职业"的"冗食"之民重新从事农业生产。去冗论是李觏富国论的另一个重要组成部分。

李觏的去冗论主要包括以下几方面的内容："冗食"的概念及去冗的意义、冗食之民的存在形式和去冗的主要途径。

李觏为"冗食"规定的概念是"无事而食"，他说：

"天之生民，未有无能者也，能其事然后可以食。无事而食，是众之殃，政之害也。故圣人制天下之民各从其能以服于事，取有利于国家，然后可也。"①

这里，李觏把"能其事而后可以食"作为区别人们是否属于"冗食"的标准。所谓"能"，是指劳动或工作能力；所谓"事"，则是指活动或工作。"能其事而后可以食"，不允许"无事而食"，这有点类似于"不劳动者不得食"的提法。不过，李觏说的"事"或劳动、工作，是带有农业社会认识局限、封建士大夫成见以至儒家学者的门户之见的，不应从形式上的类似而认为他已有不劳动者不得食的思想。

从"能其事而后可以食"的认识出发，李觏主张治国必须使一切有劳动或工作能力的人"人各有事，事各有功，以兴材征，以济经用"②；而对"无事而食"以及"作无益以害有益"的人，即冗食之民，则应该"弃之"③。"弃之"不是不让他们生存，而是不允许他们靠"冗食"生活，也就是去冗。

对冗食之民的主要形式，李觏列举了以下几种：

一是工商之众。李觏认识到工商业的必要性，指出工商业所从事的经济活动，是社会所必需的，"以世资其用，不可无之"④。还认为包括工商在内的"四民"不是冗食，"所谓冗者，不在四民之列者也"⑤。与此同时，他又指出，一个社会的工商数量必有限度："虽有工贾，必不甚众"⑥。他认为工商业者所生产和经营的应该是"用物"即生活必需品以及生产这些生活必需品所需要的生产资料，而"用物"的数量是有限的，因此，从事工商业的人不

---

① 《周礼致太平书·国用第三》。
② 同上。
③ 同上。
④ 《平土书》。
⑤ 《富国策第四》。
⑥ 《平土书》。

能太多,"故工之所作,贾之所粥,商之所资,皆用物也,用物有限,则工商亦有数"①。可是,他认为当时从事工商业的人已大大超过了社会所需要的程度,出现了两类多余的工商业者:一类是生产、经营奢侈品,"竞作机巧"、"竞通珍异"②的富商大贾;另一类是从无地农民转化而来的人数众多的小商小贩。对这两类人,从字面上看,李觏并没有冠以"冗食"的名称,而仍称之为"末",并把处理这两类人的政策称为"抑末",而不称之为"去冗"。不过,李觏是把这两类人放在"无事而食"之列的,所以从性质上说也是一种"冗民",是一种以"末民"形式表现的"冗食"之民。

二是缁黄之多。缁、黄即僧、道,北宋中期,佛教、道教十分兴盛,真宗时僧道、尼姑竟多达46万人,仁宗时有寺院道观3900多所。李觏对此加以抨击,指出僧道过着不劳而获的寄生生活,"广占良田利宅,媛衣饱食,坐谈空虚以诳曜愚俗。"他们所剥削的农民,"无虑几百万"③,并且不纳赋税,不服徭役,是十足的冗食。

三是官府之奸。李觏对当时滥官冗吏的现象进行了指责,认为官府中吏役的人数太多,"内满官府,外填街陌",揭露这些人"交相赞助,招权为奸",贪婪地吸吮人民的血汗,完全是寄生的"冗食之民"。

四是方术之滥。李觏认为巫、医、卜、相之类,装神弄鬼、靠迷信诈骗猎取财物,应列入"冗食"。

五是声伎之贱。李觏把为封建统治阶级的荒淫生活服务的歌舞倡优、江湖艺人等,也包括进"冗食"的队伍。

在以上分析论述的基础上,李觏进一步指出:土地兼并是产生冗食的主要原因。他说,由于土地兼并,使得"贫者无立锥之地,而富者田连阡陌。……贫民之黠者则逐末矣、冗食矣"④。

李觏的去冗论,实际上是他的人口论。他所谓"冗食"以人口学的术语来表示,即是过剩人口。他的冗食产生于土地兼并的论点,表明他把当时中国社会中的过剩人口,看做是一种特殊的相对过剩人口。由于土地兼并是土地私有制特别是地主土地所有制的必然产物,认为土地兼并是冗食产生的原因,就等于说冗食的产生根源在地主土地所有制本身。李觏的去冗论,把当时的过剩人口同当时中国的土地制度和社会制度联系了起来,而不把

---

① 《富国策第四》。
② 同上。
③ 同上。
④ 《富国策第二》。

过剩人口的存在归之于自然的原因,因此,他的去冗论实际上是一种相对人口过剩论。他关于五种"冗食"的分析,可以说是揭示了宋代封建社会中相对过剩人口的五种存在形式。

在阐明了"冗食"的产生原因及存在形式之后,李觏进一步探讨了"去冗"即解决人口过剩问题的办法:

对多余的工商业者,他主张实行"抑末",加重赋役,禁止奢侈品的生产和流通,使这些人无利可图,只好回归农业。

对僧道,他提出要禁止度人、禁止兴修寺院,这样僧道的数量、规模不再发展,几十年后僧亡庙毁,就会自然归于消灭。

对大量冗吏,他认为要"法严而吏察"①,使其无法贪污舞弊、勒索人民、以迫使他们离职归田,回到农业生产中去。

对巫、医、卜、相,李觏提出要"论之如法"②,即对迷信欺骗者严加取缔。同时,他还主张兴办医学教育,培养大批优秀的医生。这样,人民的健康有所保障,巫、医、卜、相就失去了活动市场。

对歌舞倡优,李觏的办法是禁止一切乐舞,不许民家用乐演戏,使其无以为生,一心返农。

李觏的这些办法,有一个共同的缺陷,就是没有触及土地兼并问题。在人口理论上,他认识到产生冗食的根本原因是土地兼并。但是,在具体措施上,对抑制土地兼并这一产生冗食的根源,却避而不谈。这样,原有的冗食之民无法重新获得土地,新的冗食之民仍然会不断产生,所谓去冗返本、解决农业劳动力的不足以富国,就只能是一句空话。这是他的人口思想的局限性。李觏的去冗论与他的平土论一样,存在着理论上较深刻而实施方案上则软弱、妥协的矛盾。

五、轻 重 论

李觏把国家对经济生活特别是在工商业领域的干预作为富国的必要手段,对轻重问题作了多方面的考察。轻重论在他的经济思想中占着重要地位。

轻重理论是中央集权的封建国家研究和利用商品货币流通规律,对工

---

① 《富国策第四》。
② 同上。

商业实行控制和干预,以抑压商人资本,增加财政收入的经济学说。在北宋时期,商品货币经济有了进一步发展,而中央集权更为强化。在这种新的历史条件下,李觏在轻重论方面也必然具有一些新的特点。

在"轻重之势"方面,李觏主张"抑末"与"安富"相结合。

传统的轻重理论,主张封建国家政权在商品流通领域掌握"轻重之势",取得绝对支配权,并强调"抑末",把商人资本作为主要打击对象。李觏继承了这些思想,他阐明了封建国家控制商品货币经济的重要性:"财者,君之所理也;君不理,则蓄贾专行而制民命矣。"①并充分认识到封建国家丧失"轻重之势"的严重后果:"权在商贾,商贾操市井之权,断民物之命。"②因此,李觏主张封建国家管理工商业必须"通轻重之权"③,实行平准平籴、赊贷等轻重政策来"抑末",使"蓄贾无所专利"④,以达到"钳并兼"⑤的目的。

但是,李觏的"抑末"并不是抑一切商人。他把商人划分为三个层次:上层是富而强者,即政治上享有特权,经济上财力雄厚的大商人兼并势力;中层是富而不强者,即政治上无特权,经济上却较为富有的一般工商业富人;下层是不富不强者,即人数众多的小手工业者、小商贩。李觏的"抑末"主要针对大商人、兼并势力和小工商业者。他站在中小地主的立场上,反对大地主、大商人凭借特权对一般商人包括富商进行侵夺、兼并。同时,对无地农民转化而来的小工商业者,李觏也要求把他们驱逐回农业。而处于和中小地主类似的中间地位的一般工商业富人却是李觏所要扶植、保护的"安富"对象。

李觏认为抑制兼并应该把"富"与"强"区别开来,富者并不就是强者。从事"耕桑""饬材"、"通货"的富人之所以能够发财致富,是因为他们"心有所知,力有所勤,夙兴夜寐,攻苦食淡,以趣天时,听上令也"⑥。如果对这些人也加以打击,是不合理的。因此,李觏反对封建统治者用"任之重,求之多,劳必于是,费必于是"⑦的赋役来诛求勒索这些富而不强者,指出其结果是"天下皆贫"而不利于君主统治,呼吁要保障一般工商业富人的利益,"平

---

① 《富国策第六》。
② 《周礼致太平书·国用第十一》。
③ 《富国策第六》。
④ 同上。
⑤ 《周礼致太平书·国用第十一》。
⑥ 《周礼致太平书·国用第十六》。
⑦ 同上。

其徭役,不专取以安之"①。

李觏"抑末"与安富相结合的工商业思想,表明他一定程度上从商品经济的发展、从工商业者的利益来考虑问题,而赋予"轻重之势"学说以新的内容。

在"轻重之学"方面,李觏对"谷贱伤农,贵则伤末"的传统观点进行了修正。

李觏认为,在商品经济不太发达的情况下,农民自给自足,只是作为少量粮食的卖者与市场发生联系,"农常粜而末常籴也"。于是谷价下跌不利于农,而谷价上涨不利于商。但是,在商品经济有了较大发展的北宋,农民与市场的联系、依赖都加强了,既是粮食的卖者,又是买者,"农不常粜,有时而籴。末不常籴,有时而粜也。"所以"谷甚贱伤农,贵则伤末"的传统说法已经不适用,应该修正为谷"贱则伤农,贵亦伤农;贱则利末,贵亦利末"②。李觏还对这一论点进行了理论上的论证,指出:一方面,在粮食收获时,农民为了上交赋税、偿还高利贷以及购买家庭必需品,"小则具服器,大者营婚丧。公有赋役之令,私有称贷之责,"不得不出售粮食,甚至连一部分口粮也被迫卖掉,"故一谷始熟,腰镰未解而日输于市焉。"这样卖粮的多,商人乘机压价购买,"轻其币而大其量","贱则伤农而利末也"。另一方面,农民被迫出售自己的一部分口粮后,"仓廪既不盈,窦窖既不实,多或数月,少或旬时,而用度竭矣。土将生而或无种也,耒将执而或无食也,于是乎日取于市焉"③。又成为市场上的粮食购买者。特别是青黄不接的时候,买粮的多,商人又抬价出售,"重其币而小其量","贵亦伤农而利末也。"由此,李觏得出了无论谷价贵贱都对农不利、对末有利的新结论,为"轻重之学"的发展做出了贡献。

针对"谷贱伤农,贵亦伤农"的新情况,李觏主张在管理工商业活动中实行"平籴"以打击商人兼并势力。"盖平籴之法行,则农人秋粜不甚贱,春籴不甚贵,大贾蓄家不得豪夺之矣。"④他强调指出要改善常平仓的管理工作,认为以往的平籴政策存在着"数少"、"道远"、"吏奸"三种弊端。建议封建国家收购储存的粮食要有足够的数量,应在边远各县都建立粮仓以方便购买者,并且任用清廉的官吏,从而达到控制粮食市场,"利国便人"的目的。⑤

---

① 《周礼致太平书·国用第十六》。
② 《富国策第六》。
③ 同上。
④ 同上。
⑤ 同上。

在轻重之术方面,李觏主张借助商人的经营活动,改善封建国家的工商业管理工作。

李觏较为清楚地认识到,传统的轻重之术,由封建官府直接经营工商业的做法,已经越来越不适应商品经济发展的要求了。因而,他主张在国家的监督管理下,充分发挥商人的作用,来促进商品流通,增加财政收入。这主要反映在他的关于盐、茶通商的改革主张中。

李觏首先揭露了盐、茶由官府专卖而带来的严重积弊。经办官盐的官吏贪污中饱,造成质次价高,"公盐常失其半,而半它物焉"、"以倍价取半盐矣"①,因此,官盐无法打开销路;官盐销售点少,零售不便,"坐肆占卖者,郡才数十,以数万家之食,仰数十户之盐,一铢一两,不可与官为市"②,这必然造成官盐滞销;官盐运输费用高,浪费严重,使财政收入大为减少,"舟有坏,仓有堕,官有俸,卒有粮,费已多矣"③。茶专卖也存在着同样问题,官茶质量低劣,"滥恶,不味于口",结果是大量积压,"仓储之久,或腐败也,则水火乘之矣,"造成国家财政亏损,"息未收而本或丧矣"④。

接着,李觏论证了私商经营盐、茶的优越性:由于"商人众"、"卖者多",各自想方设法增加销售量。商人的竞争必然要提高盐、茶的质量,"盐不淆杂"、茶"则所择必精"。同时,商人的竞争也促使他们改善经营管理,例如用赊卖、上门服务之类的办法来扩大销售量等。结果,情况同官府垄断相反,"盐之用益广",茶"则卖之必售","是以无滞也。"⑤

通过官商与私商经营状况的对比,李觏极力主张对盐、茶专卖实行改革,"今日之宜,莫如通商"⑥。对于盐,仍由官府控制生产,垄断收购,再卖给商人,由商人自由运销,官府从中收取盐利。对于茶,官府着重从税收方面加以监督管理,"籍茶山之租,科商人之税"⑦,只向茶农和茶商征税,然后"听其自为"⑧,以茶农、茶商自由经营。此外,李觏还提出封建官府在管理盐、茶买卖的过程中,要注意照顾商人的利益,如卖盐给商人时,不要取厚

---

① 《富国策第九》。
② 同上。
③ 同上。
④ 《富国策第十》。
⑤ 本段引文均引自《富国策第九》及《富国策第十》。
⑥ 《富国策第九》。
⑦ 《富国策第十》。
⑧ 同上。

利,也不要多征税,必须"息寡而税薄",否则,"息多而税厚,则商不来"[①]。

李觏认为,盐、茶方面的商人经营活动,不仅可以克服官府专卖的弊病,加速商品流通,增加商业税收,使国家"财用以足"[②]还有利于"抑末"和安富。因为,盐、茶专卖时,只有小民为生计所迫才敢"逐末",进行私盐、私茶的贩卖,而富商大贾慎重,是不会冒险的。相反的,如让私商自由经营盐、茶,只有"大贾蓄家"才有财力运销,"射时而趋"[③],获取厚利,一般小民则无力同他们竞争,无利可图,反而不会逐末了,这对"抑末"和安富都有好处。

李觏的通商主张,从根本上说,仍然是要使封建国家在社会经济生活中取得"轻重之势",以支配市场,控制商人,增加财政收入。不过,在具体政策上却要利用商人的经营活动以改善封建国家对工商业的管理。而且,在这方面,他比唐代的刘晏更进了一步:在榷盐方面,他基本上重申了刘晏的做法;对茶的生产和流通,则完全开放给私人经营,国家只对生产和流通环节征税,而完全不插手经营。这已算不得榷(国家专卖)茶了。

宋代的商品流通超过唐代,商人活动的范围也更扩大。李觏在轻重之术方面更多借重商人的思路,同商品流通更加发展的形势是一致的。

六、富国之学的又一个比较完整的体系

李觏是在"富国"这一课题下探讨各方面的经济问题的。他的探讨,形成了一个包括利欲论、平土论、去冗论、轻重论以及节用论、钱币论等在内的富国之学的体系。这也就是李觏的经济思想体系。

李觏的这一体系集中体现在他所作的《富国策》,"策"是中国古代的一种文体,其含义是对策、献策,即向统治者献策、进策,它表达的是个人的见解、看法,而不是由国家制定的政策。

利欲论是李觏富国论或富国之学的理论基础。它从欲是人之情性而财利、财富是满足欲望的手段这一观点出发,论证了富国是顺民心、固国脉的根本要图,批驳了贵义贱利论以及宋代保守势力借口贵义贱利反对进行经济改革的种种论调。

李觏采用传统的说法,把强本节用作为富国的基本途径;实际上他是从

---

① 《富国策第九》。
② 同上。
③ 《富国策第十》。

强本和轻重两个方面来论述富国的途径,前者是就封建时代社会经济的主要的、决定的部门农业而言的,后者则是从宋代已有了较多发展的工商业而言的。钱币论其实也是同后者联系着的。

李觏强本思想的突出特点是主要从劳动力和土地这两个要素的结合来探求强本之策。他认为当时本弱、国贫的根源在于土地兼并造成了劳动力和土地的分离,因而主张从土地制度和劳动力使用两个方面来解决问题,为此提出了"平土"论和"去冗"论。

农业是封建时代社会经济的主要的、决定的部门,但不是惟一部门。中国封建时代的工商业,早就有一定程度的发展;宋代工商业的繁盛,更超过它以前的任何一个王朝。因此,谈富国的人,历来都强调农业而不限于农业,而或多或少论及工商业同富国的关系问题。李觏在轻重论方面的论述,也是如此。

轻重论在汉代以后,长期没有什么重要发展。唐代人士比较重视轻重论;刘晏从实践方面大大丰富和改进了轻重之术的运用,白居易、元稹等对"轻重之学"有了若干方面的创新,但都不曾比较完整地探讨过轻重问题。李觏则从"轻重之势"、"轻重之学"、轻重之术各方面,比较完整地探讨了轻重问题,适应宋代社会经济的情况变化对传统的轻重论进行了检讨,在继承传统轻重论的同时作了许多方面的发展和创新。可以说,在汉代以后,对轻重论的探讨,到李觏才又呈现为一个比较完整的体系。

李觏在节用、钱币问题方面的论述,虽然也都有一定篇幅,但基本上没什么超越前人的新见解,因而本文不拟作具体的考察。

李觏的经济思想体系,可以图示如下:

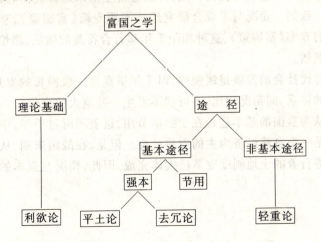

中国的经济学研究,早就是在"富国"的课题下探讨各种经济问题的。到战国末期,荀况写了名为《富国篇》的专论,在富国的课题下,集中探讨了社会生产、分配、消费与积累、分工、农业同工商业的关系以及财政和赋税等各方面的经济问题,并探讨了它们之间的联系,形成了包括强本论、节用论、明分论、理财论、欲求论等在一起的一个富国论或富国之学的体系。

在荀况以前,中国经济思想的重要代表人物或流派,许多都已有了自己的初步的思想体系,而且大多已经主要是在"富国"的课题下探讨经济问题了;不过,明确地以富国作为总题目,全面探讨各方面的经济问题,并使这些研究能够相互联系起来、组成一个大体完整的经济思想体系的,在荀况以前,还不曾有过。

荀况以后千余年,中国的经济思想仍然是在富国的课题下,或者主要是在富国的课题下,探讨各种经济问题的;许多重要的代表人物,在经济思想方面也不同程度地有着自己的思想体系;但是,明确地在富国的课题上集中论述各种经济问题,使自己的经济思想表现为一个比较完整、比较明确的富国论或富国之学体系的情况,却极少见到了。

李觏不但以"富国"为总课题探讨各种经济问题,而且写了名为《富国策》的专书;他对各方面经济问题的研究,正如上图所示,已经形成了一个以富国之学的形式出现的经济思想体系。这是继荀况的体系之后的又一个比较完整的富国之学的体系。

可以清楚地看出,李觏的经济思想是受到了荀况的重要影响的:他比较明确地在富国的总课题下探讨经济问题,以强本节用作为富国的基本途径,强调礼在组织经济生活方面的作用,并从经济生活来解释礼的起源等,都是同荀况相一致的。荀况写了综合研究经济问题专篇《富国篇》,李觏则写了这种体裁的专书《富国策》,这种相距千年却若合符契的做法,恐怕也不应认为是出于偶然。

封建时代社会的发展是缓慢的,但千年毕竟是一段漫长的岁月,李觏的富国之学的体系,同荀况相比,不可能不发生一些重大的变化。

李觏认为富国的基本途径在于强本节用,这表明时过千年,中国的社会基本上仍是一个自然经济为主的农耕社会。但是,在战国末期,从春秋时期开始已在进行着的土地制度变革已大体完成,因此,荀况在强本的措施方面并未提及土地制度方面的变革问题。① 李觏处在土地兼并和土地集中已十分严重的宋代,在强本措施方面首先强调平土。这里充分反映了李觏的强本思想同荀况的不同时代内容。

荀况的富国论已提到了工商业在富国中的作用以及农业同工商业的关系,但内容比较简单;李觏虽然也还未把这方面的问题提高到和强本节用同等的或相接近的地位,但至少已把它看做同富国有重大关系的问题。在他的富国之学的体系中,轻重论已作为一个单独组成部分,同平土论、去冗论等并列了。这是宋代商品经济和工商业有了较多发展的现实在经济思想领域中的反映。

在荀况的体系中,不存在过剩人口的问题。他相信生产的发展会使财富多到"不时焚烧,无所藏之"的极其丰足的地步,认为"为天下忧不足"完全是毫无根据的"私忧过计"②。这一方面表明作为新兴地主阶级思想代表人物的荀况对前途的充分信心,另一方面也由于当时确实不存在令人们感到忧心、焦虑的人口过剩现象。③ 在李觏的时代,因土地兼并和土地集中而造成的日益增多的丧失土地的人口,已成了一个令朝野人士普遍感到焦虑的问题,成了社会贫困、不安的一个突出征象。这正是去冗论能成为李觏富国之学重要组成部分的时代背景。

李觏在宋代经济思想的发展中乃至在经济思想的更久远的历史发展中,都称得上是一个有承先启后作用的人物。他继承了中国古代经济思想以富国为中心,重视强本节用,把发展经济、富国富民看做是治国之本,看做是礼、乐、教化的基础的思想传统;他全面探讨了唐代中叶后已逐渐提出来的土地兼并问题、工商业及国家在管理工商业发展中的作用等问题,以及过剩人口问题,并把对这些问题的研究,纳入富国之学的框架之内,形成了一个较为完整的经济思想体系。

李觏的经济思想,初步确立了宋代经济思想的特色和规模。宋代经济思想中的一些最丰富、最有特色的内容,如对土地兼并和田制问题的研究、对工商业以及国家工商业政策的研究(轻重、"抑末"、保富等)以及对过剩人口问题的研究等,都是在李觏手中首先确立了其特色和规模的。在宋代

---

① 荀况提到过"农分田而耕"。这里"分田"不是分配土地,而是"明分"之"分"(fèn),意味农在社会分工体系中的地位("分")是耕田。
② 《荀子·富国篇》。
③ 当时,只有部分地区因战争难民的麇集而出现人口过剩的现象,如韩、魏因受秦攻打而难民充塞未失陷地区的情况。

经济思想的最丰富、最有特色的各种内容中,只有一种即纸币思想是李觏所不曾涉及的。

李觏对整个宋代尤其是北宋时期的经济思想的重大影响,还表现于两个方面:一是他强烈的改革要求;二是他重视功利,反对空谈义利、空谈王道的思想。

李觏强烈要求改革,并把实行以富国为目的的经济改革作为改革的首要内容。这种思想对范仲淹庆历变法和王安石熙宁变法这两次改革都起了造舆论的作用。宋代的改革,到王安石变法而达到了高潮,它不但在变法时期成为朝野上下聚讼纷纭的焦点,而且在整个北宋时期始终是一个在政治领域和思想领域波澜起伏的话题。改革同反改革思想的斗争,是宋代尤其是北宋时期思想界的大事,首倡改革的思想家李觏的影响自是不可低估的。

功利和义理哪个更高,更应受到重视,是宋代思想领域中持续最久的争论课题之一。宋代国势屡弱,大地主阶级维护既得利益、反对变革的势力强大,这使因循、保守、妥协的风气在思想界弥漫一时。因循、保守势力感到,孟轲"仁义而已"、"何必曰利"以及尊王贱霸的思想,特别适合他们的需要,因而极力利用并更加树立孟轲的权威,宣扬义理至高无上、功利粗陋低微无足轻重的论调,以抵制改革。战国时期,孟、荀并称,秦汉以后,孟子在儒学中逐渐占了上风,但荀子的地位仍能同孟子相颉颃。唐代韩愈把孟轲推为继孔子之后道统继承人,但仍承认荀况是仅次于孟轲的大儒。到了宋代,特别在理学兴起之后,尊孟贬荀才逐渐成为儒家学者中的支配潮流。但是,宋朝的积贫积弱、妥协屈辱的局面,又一直强烈地刺激着一些有识见、有抱负的人士提倡功利,宣扬改革,向往富强,同推崇义理、贬低功利的贵义贱利论和"尊王贱霸"论进行批判和斗争。李觏是宋代最先这样做的人物之一。他毫不含糊地举起功利、富强的旗帜,批判在思想界长期处于正统地位的贵义贱利论和"尊王贱霸"论,并且勇敢地向孟轲的权威挑战,这不仅对宋代,而且对以后经济思想领域中的反传统的斗争,也是有开风气作用的。

叶适经济思想初探*

叶适是南宋的进步思想家,他的经济思想在中国经济思想史上也有颇为重要的地位。他反对儒家的"贵义贱利"论而倡言私人求利,第一个公开批判了"重本抑末"的传统教条,提出了有利于封建社会中的商品货币经济发展的保富理论。叶适的这些经济思想,在中国封建社会后期都起到首开风气的作用,成为明清之际启蒙思想家的思想先驱。叶适的理财主张也是很有特色的。

一

叶适(南宋绍兴二十年至嘉定十六年,公元1150—1223年),字正则,浙江永嘉人,晚年居永嘉城外水心村,人称水心先生。他生活的南宋时期,封建社会所固有的矛盾日益激化了。一方面,南迁的皇室、贵族、官僚、将领等所谓"权贵之家",凭借政治权力豪夺强取大量的土地,南方的大地主也乘战乱中土地簿籍的丧失而纷纷抢占土地。他们贪婪地、不择手段吞噬着农民乃至中小地主的田产。另一方面,财政搜刮越来越厉害。南宋政权的腐败无能造成了臃肿的官僚机构和庞大的军队,必然使财政开支急剧增加。加上皇室的奢侈浪费以及每年向金国的大量进贡,使南宋王朝不可避免地陷入了财政危机。为了弥补财政亏空,南宋统治者横征暴敛,花样百出,进行了敲骨吸髓的掠夺。正税之外,又有杂税,如经总制钱、月桩钱、版账钱等,还有各种各样的繁重徭役,"赋役烦重……其余无名敛率不可胜计"[①]。而大地主却依仗势力与官吏勾结,用隐蔽田产、诡名析户、降低户等的办法,来逃避赋税;特别是大官僚地主更享有免役免税的特权。这样,赋役的沉重负担都落到自耕农和中小地主头上,"催科无法,税役不均,强宗巨室,阡陌相

---

* 本文原载于《平准学刊》第二辑。
① 《宋史·食货志》。

望,而多无税之田,使下户为之破产"①。

残酷的封建剥削和财政搜刮,迫使广大贫穷和破产农民不断举行各种形式的反抗斗争,直到武装起义。据史书记载,宋孝宗以来的九十年间,大小不等的农民起义、抗租斗争等,共有一百余次之多,此伏彼起,连年不断。叶适作为比较敏感的思想家,他的经济思想在相当程度上反映了当时的社会矛盾和统治危机。

同时,随着南宋政权建都临安(今杭州),南方的经济重心地位逐渐确立了。宋孝宗在1165年与金国订立"和议"后,三十年无大战争的相对安定局面,使经济更加发展了。圩田、沙田、河田的大量开垦,水利工程的大批兴建,先进耕种技术的普遍采用和农作物优良品种的培养、推广,使农业生产水平大大提高了。农业的发展又推动了手工业的前进,造船、纺织、制瓷、造纸等各行业发展的质和量都超过了北宋,生产的技术和规模更加发达,产品的种类和数量大大增加。商业也出现了相当繁荣的局面,临安是政治中心,也是商业城市,店铺林立,昼夜买卖,粮食、布匹等消费品从外地运来,城内的手工业品除了市上出售外,也销往各地,客贩不绝,船只云集,反映出国内市场已经有了广泛联系。各地还出现了大批中小镇市,农村的墟市也渐渐发达起来了。海外贸易也更加发展,据《岭外代答》、《诸蕃志》等书记载,当时和南宋通商的国家有五十多个,南宋商人泛海贸易所去的国家也有五十多个。商品流通的发展使货币需要量大大增加了,纸币日益代替铜钱成为主要交换手段,交子和会子在各地广泛流通。在商品货币经济空前发展的情况下,地主阶级商人化的现象日益明显了,相当一部分中小地主兼营工商业。这部分人由于大地主阶级的兼并侵渔和封建国家的重赋损害,切身利益受到威胁,因此,与大官僚地主阶级之间存在着一定程度的矛盾冲突,他们反对财政搜刮,主张改革,要求发展商品经济。叶适的经济思想表达了这个阶层的愿望和要求。

二

功利之学是叶适经济思想的理论基础。南宋大官僚地主集团为了维护自己的既得利益,转移人们对日益严重起来的社会经济危机的注意力,竭力鼓吹"贵义贱利"的陈旧教条,以此来禁锢人们的头脑,达到反对改革、排斥

---

① 《宋史·食货志》。

求利的目的。叶适主张保富，首先必须冲破"贵义贱利"论的束缚，为自己的思想主张提供理论依据。

"贵义贱利"是先秦儒家学派的代表人物孔丘和孟轲最先提出来的，汉代董仲舒加以发展和概括，宣扬"正其谊不谋其利，明其道不计其功"。南宋时期，唯心主义理学猖獗，空谈义理之风盛行，无论是朱熹或陆九渊都把董仲舒的话奉为祖训，当做金科玉律，认为义与利是水火不相容的，求利必然害义。叶适针锋相对地驳斥道："仁人正谊不谋利，明道不计功。此语初看极好，细看全疏阔。"他论证了义与利的统一性，仁义只有在功利上表现出来，才有实在的内容"以利与人……故道义光明"。如果仁义离开了功利而存在，那就没有丝毫价值了，"无功利，则道义者乃无用之虚语耳"①。因此，叶适主张"以利和义"，反对"以义抑利"②。

叶适进一步指出，物质财富是人类社会生活的基础，"夫聚天下之人，则不可以无衣食之具"③。人们追求物质财富，也就是求利，是自然和合理的，任何人也无法改变，这是人的本性所决定的，"人心，众人之同心也，所以就利远害，能成养生送死之事也"④。尤其值得注意的，叶适是从私人角度来阐述求利，从而使他的功利之学具有了新的内容："凡人衣食、居处、嗜好之须当身而足，则所留固狭矣。然而念迫于室家，莫之赢焉；爱牵于子孙，不能业焉。四民而艺，朝营暮逐，各竞其力，各私其求，虽危而终不惧，已多而犹不足者，以其所留不止于一身故也。"⑤他要求南宋政权不要人为地阻碍私人追求财富，任何束缚和干涉都是不对的，"古之长民者示之以意，其次为条教，其次号令之，最下者挞罚驱协之"⑥。他建议封建国家要放手让私人求利，并且加以必要的鼓励和支持："其途可通而不可塞，塞则沮天下之望；可广而不可狭，狭则来天下之争。"⑦

叶适的功利之学是对唐宋以来的不讳言利思想的继承和发展。"贵义贱利"论在西汉盐铁会议后，正式成为封建正统经济思想的主要教条之一。近一千年间，无人敢提出异议。一直到了唐代，白居易才开始对"贵义贱利"论表示了不同看法："然则圣人非不好利也，利在于利万人。非不好富也，富

---

① 叶适：《习学记言序目·汉书》。
② 叶适：《习学记言序目·魏志》。
③ 叶适：《水心别集卷2·财计上》。
④ 叶适：《习学记言序目·尚书》。
⑤ 叶适：《水心文集卷9·留耕堂记》。
⑥ 叶适：《水心文集卷9·绩溪县新开塘记》。
⑦ 叶适：《水心别集卷3·官法下》。

在于富天下。"①北宋李觏首先旗帜鲜明地加以批评:"人非利不生,曷为不可言",痛斥孟轲等人鼓吹"何必曰利,激也"②,认为"贤圣之君,经济之士,必先富其国焉"③。然而,白居易、李觏所提倡的,还都是一般意义上的追求财利,并且主要是从国家角度来论证的。对此,叶适不是单纯的继承,而是更着重于发展。他的功利之学,所突出强调的是私人求利,带有浓厚的"私人"色彩,就其阶级内容来说,正是兼营工商业的中小地主,发展商品经济以追求更多财富的愿望和要求在理论上的表现。可以说是明中叶后才出现的资产阶级人性论的先声。

三

在主张私人求利的基础上,叶适提出了较为系统的保富理论。他极力论证了保富的重要性:"富人者,州县之本,上下之所赖也。"一方面,富人可以"养民":"县官不幸而失养民之权,转归于富,其积非一世也。小民之无田者,假田于富人;得田而无以为耕,借资于富人;岁时有急,求于富人;更甚者,庸作奴婢,归于富人;游手末作,俳优伎艺,传食于富人。"也就是说,富人提供了土地和资金,使无地农民得以养家糊口。同时,富人雇用奴婢以及他们生活上的消费享乐,也为贫民提供了更多的就业机会。叶适的言下之意是,富人养民有利于农业和工商业的发展。另一方面,富人可以"利国":"上当官输,杂出无数,吏常有非时之责,无以应上命,当取具于富人。"富人是国家财政收入的主要来源,国家的赋税徭役要依靠富人的力量。既然,富人上可"利国",下可"养民",那么保护富人的利益,发展他们的经济力量,满足他们积累财富的欲望是理所应该的,叶适得出结论:"虽厚取赢,以自封殖,计其勤劳亦略相当矣。"④

叶适对南宋政权损害富人利益的行为,提出了批评,指出了其危害性。一则,阻碍了经济发展:"常割中民以奉之,故钱货之之于市,而物不能多出于地。"⑤二则,造成了社会动乱:"齐民中户,衣食仅足,昔可以耕织自营者,

---

① 白居易:《白香山集》卷46·策林二·第二十二卷。
② 李觏:《李直讲先生文集卷29·原文》。
③ 李觏:《李直讲先生文集卷16·富国策一》。
④ 《水心别集卷2·民事下》。
⑤ 叶适:《水心别集卷2·财计中》。

今皆转徙为盗贼冻饿矣。"①可见，侵犯了富人利益，就必然破坏国家本身的基础。叶适一再强调："抑兼并富人之意可损。"②他认为封建国家必须把维护富人利益作为主要着眼点，即使富人"豪暴过甚"，也只能"教戒之"，绝不能任意打击。

叶适的保富理论表现在土地制度问题上，就是批判井田思想，维护土地私有制，保护兼营工商业的中小地主的土地私有权不受任何侵犯。他认为土地私有制由来已久，"不得天下之田尽在官"，谁也无法使已废的井田制重新实行，"已远者不追，已废者难因"。他还指出，即使"天下之田尽在官……亦不必为井"，并列举了一些理由。其中值得一提的，是他对历代儒者所赞美的井田制的优越性表示了怀疑。他认为，在井田制度下，"人力备尽，望之而可观，而得粟之多寡则无异于后世耳"。而在土地私有制下，"法简而易周，力少而用博"③。实际上，叶适已经开始从生产力角度来批判井田制了，指出了井田制是一种落后的生产关系，它比土地私有制不利于生产力的发展。这种认识在他以前还较罕见。

叶适的保富理论，是南宋时期日益尖锐的社会矛盾的反映。北宋时期的李觏已指出：存在着两种富人，一种是富而强者，即大官僚地主集团，他们依仗政治权势进行兼并，发财致富。另一种是富而不强者，即兼营工商业的中小地主，他们拥有较多的物质财富，有一定的经济力量，有着发展商品经济的愿望和要求，但在政治上没有特权。南宋时期这种现象更明显了。叶适的保富对象就是这些富而不强者。封建国家和大官僚地主自己纵容或从事土地兼并，而不让无特权的中小地主多占有土地，在所谓"抑兼并"的旗号下，对兼营工商业的中小地主进行横征暴敛，施加各种限制使他们的经济力量受到了严重损害，他们所从事的工商业活动得不到正常发展，从而使封建社会中的商品经济因素受到了严重打击。因此，叶适的保富理论强烈反对封建国家这种别有用心的"抑兼并"，愤怒地加以斥责："先以破坏富人为事……此非善为治者也。"④同时，兼营工商业的中小地主通过经济活动获得了相当数量的财富，但在封建经济及其政治上层建筑封建国家的束缚和压迫下，却无法把一部分工商业利润用于积累和扩大再生产，只好"以末致财，以本守之"，购买土地，转化为土地资本了。并且，他们原先就直接拥有

---

① 叶适：《水心别集卷31·经总制钱二》。
② 《水心别集卷2·民事下》。
③ 同上。
④ 同上。

大量的封建地产。所以,兼营工商业的中小地主有着保存和扩大土地数量的要求。这样批判井田制,维护土地私有制,就成为叶适保富理论中的一项重要内容而表现出来了。

叶适保富理论的进步性在于:维护了兼营工商业的中小地主的利益,为私人经营经济活动提供了一些有利条件,在一定程度上符合了社会生产力发展的要求。但是,叶适出于扩大中小地主的土地占有量的需求,而一般地提出了维护土地兼并的主张,没有看到土地私有制对商品经济发展的严重阻碍作用,这是他的思想落后的一面。并且,叶适为地主阶级的地租、高利贷等剥削行为进行了美化和辩护,这更是十足的剥削阶级观点,是他的阶级立场所决定的。

四

现在来谈谈叶适对"重本抑末"传统教条的批判。

"重本抑末"论也是中国封建正统经济思想的基本教条之一。它产生于战国中后期,当时对封建制度的确立和巩固,曾起过较大的积极作用。但是,封建制度确立后,地主阶级随着统治地位的巩固,逐渐成为保守和反动的阶级,"重本抑末"论也就逐渐转化为保守的和反动的理论。它的基本内容是:认为封建自然经济下的农业是"本",应该保护和提倡;而独立的工商业是"末",必须打击和压制。因此,对"重本抑末"论的不同看法,实质上反映了对封建自然经济和商品货币经济的不同立场和态度。南宋时期的大官僚地主阶级为了维护落后的自然经济,阻碍商品经济的发展,对人民实行"愚民"政策,保护自己的既得利益,不遗余力地鼓吹"重本抑末"论。而叶适作为兼营工商业的中小地主的代言人,在中国经济思想史上,第一个公开反对"重本抑末"论。

叶适对"重本"并没有表示异议。他相当重视农业问题,认为王业的基础在于"先知稼穑之艰难",批评封建统治者把农业看做"日用之粗事",强调指出了农业的重要性:"未有不先知稼穑而能君其民,协其居者。"[①]

在"重本"的同时,叶适把批判的矛头指向了传统的"抑末"思想。他首先引用历史事实来说明古圣先贤并不"抑末",而是保护商贾,支持商人的活动,促进商品货币经济的发展。"《书》'懋迁有无化居',周'讥而不征',

---

① 叶适:《习学记言序目·毛诗》。

《春秋》'通商惠工',皆以国家之力扶持商贾,流通货币。"①从而否定了"重本抑末"论的正统地位。接着,叶适从更高角度出发,抨击了"重本抑末"论。他指出工商业的产生和发展是社会分工的需要,是人们的物质经济生活中必不可少的,它有利于经济繁荣和社会安定,"夫四民交致其用而后治化兴,'抑末'厚本非正论也"②。这样,叶适把商品经济的重要性提到了与国计民生息息相关的高度,把批判"重本抑末"论,作为关系到封建政权兴衰治乱的问题,提了出来。

叶适不但在理论上批判了"重本抑末"论,而且提出了具体主张。在经济上,他建议封建统治者"以国家之力扶持商贾",运用国家政权的力量保护和促进商品的生产和流通。并且提出,富商大贾在商品货币流通领域中,要与封建国家共同分享轻重敛散之权,取得经济上的支配地位,以获得厚利。坚决反对封建政权排挤和压制商人,而独操轻重之权:"开阖敛散轻重之权不一出于上,而富人大贾分而有之,不知其几千百年也,而遽夺之,可也?"③在政治上,叶适企图为工商业者争取到一定的政治权利,以保障其经济利益:"四民古今未有不以世。至于烝进髦士,则古人盖曰无类,虽工商不敢绝也。"④在南宋时期,叶适能够提出这样的经济和政治要求,实在是难能可贵的,这说明了他的经济思想的进步性。

叶适对"重本抑末"论的批判,在中国经济思想史上占有特殊的地位和价值。在他之前的进步思想家,一般都是通过修正或重新解释本末概念的方法来曲折、迂迴地反对"重本抑末"论。例如东汉中期的王符对"重本抑末"表面上拥护:"治之大体莫善于'抑末'而务本。"⑤但他不像正统经济思想那样,认为农业才是"本",凡是工商业都为"末",而是认为各行各业中都有自己的"本"和"末","凡富民者,以农桑为本,以游业为末。百工者以致用为本,以巧饰为末。商贾者以通货为本,以鬻奇为末。"⑥他指出了为社会上的一般人的生活需要服务和为一般社会生产服务的农工商各业都是不可缺少的社会经济部门,都属于"重本"的范围。而为大官僚地主寄生生活服务的农工商各业都是多余的,正是"抑末"的对象。在

---

① 叶适:《习学记言序目·史记》。
② 同上。
③ 叶适:《水心别集卷二·财计上》。
④ 叶适:《习学记言序目·国语》。
⑤ 王符:《潜夫论·务本》。
⑥ 同上。

这里，王符通过巧妙解释的手法，已经对"重本抑末"论提出了异议。唐中叶后，商品经济有了较大发展，当时的思想家一般都不太强调"抑末"，韩愈肯定了工商业的作用："为之工以赡其日用，为之贾以通其有无。"[①]他认为士农工商四民是社会分工所必需的，并不多余。而僧、道二民不劳而食才是真正多余的经济负担，开始把"抑末"矛头从工商业转向了僧道。元稹更进了一步，他认为："工有使人之巧则食之，商有通物之志则食之。"[②]担负了一定经济职能的工商业者可以不农而食，他们并不是打击和抑制的对象。要加以打击和抑制的是那些"无考课之明"的官吏，"废简稽之实"的士兵，"极淫巧之工"的手工业者，"列肆尽兼并"的商人，还有僧道及其信徒。元稹给这些人冠以"冗食"的名称，提出"减冗食之徒"[③]。这是对"重本抑末"论的重大修改，用"去冗"来代替了"抑末"。但是，总的看来，王符、韩愈、元稹等人对"重本抑末"论表面上都是打着拥护的旗号，从来没有作公开的否定和正面的批判，他们的理论分析很不充分，也没有具体的主张。只是到了南宋，商品经济大大发展了，出现了相当部分兼营工商业的中小地主，这种新的经济现象必然在意识形态领域中有所反映。因此，叶适首先对"重本抑末"论展开了正面的否定和批判，从而使他的经济思想带有了鲜明的时代特点，在中国经济思想史上起到了首开风气的作用。

五

叶适为私人求利、保富的思想，也反映在他的理财主张上。他把理财与聚敛严格区分开来，在《财计篇》中开宗明义地指出："理财与聚敛异。"叶适不仅激烈抨击了借理财之名以行聚敛之实的"取诸民而供上用"，而且站在维护和发展私人经济的立场上，完全否定了王安石"民不益赋而国用饶"的理财方法，他特别反对王安石的"市易"等新法，认为封建国家直接经营工商业，侵犯了私人工商业者的利益，给社会经济活动带来了严重危害："为市易之司以夺商贾之赢，分天下之债而取其什二之息……其法行而天下终以大弊。"我们知道，王安石变法在一定程度上打击了大官僚、大地主、大商人的

---

① 韩愈：《韩昌黎集·原道》。
② 元稹：《元氏长庆集·才识兼茂明于体用》。
③ 同上。

兼并活动,削弱了封建的人身依附关系,促进了商品经济的发展。在中国历史上所起到的进步作用是无可置疑的。但是,还应该看到,王安石变法中的一些理财措施也容易为后来的腐朽的封建官僚机构歪曲地利用,作为保持和加强对工商业的封建官僚垄断,对中小地主和商人进行压制、侵夺和兼并的手段。更重要的是,南宋时期越来越多的中小地主兼营工商业,商品的生产和流通都大大超过了北宋,这样,王安石运用传统的轻重理论,通过封建国家政权来直接经营工商业的做法,已经不太适应南宋时期商品经济发展的要求了。叶适对王安石理财的否定,实际上是把斗争锋芒指向了秦汉以来的轻重思想,反对经济干涉主义而主张经济放任主义,这在中国经济思想史上是很值得重视的。

叶适提出了"天下财天下共理之"的命题,认为这才是正确的理财原则。也就是说,理财不能只是国家理财,还应该是私人理财,让私人从事工商业等经济活动。他指出,古代的大禹、周王就是遵循了这个"共理之"的理财原则,才做到了国泰民安,成为后人推崇的"善理财"的榜样,"古之人未有不善理财而为圣君贤臣者"。并对南宋统治者没有按照这个原则来理财提出了责问:"今之理财者,自理之欤,为天下理之欤?"批评封建国家"嫉其自利而欲为国利,可乎?"这些思想集中体现了兼营工商业的中小地主在理财问题上,企图发展本身的经济地位的愿望和要求,虽然呼声还很微弱,但在十三世纪的中国封建社会,也算是得风气之先了。[①]

叶适对传统的"什一税制"也提出了异议:"儒者争言古税法必出于十一……而其实皆不过十一。"并进行了一番分析,对私人来说,通过自己的经济活动,积累起财富,什一税制却侵犯了他们的私有财产,"直因其自有而遂取,"这是非正当的行为,"亦岂得中正哉?"而对封建最高统治者来说,在全国各地征收各种赋税,只是为了满足君主个人的需要,什一税制确实是过高的税率,应该加以降低,"合天下以奉一君,地大税广,上无前代封建之烦,下无近世养兵之众,则虽二十而一可也,三十而一可也"[②]。更值得称道的地方是,叶适提出了"财少"的口号,他认为南宋王朝的苛捐杂税,每年敛取八千万缗的收入,"自有天地,而财用之多未有今日之比也"[③]。然而由于:"天下有百万之兵,不耕不战而仰食于官;北有强大之虏,以未复之仇而岁取吾

---

① 叶适:《水心别集卷2·财计上》。
② 叶适:《习学记言序目·周礼》。
③ 叶适:《水心别集卷2·财总论二》。

重赂;官吏之数日益而不损,而贵臣之员多不省事而坐食厚禄"①。因此,每年支取一空,入不敷出,造成了"多财本以富国,财既多而国愈贫;加赋本以就事,赋既加而事愈散"②的矛盾现象。他认识到了必须减少赋税徭役,减轻人民的沉重负担,使老百姓有一定的人力、物力、财力进行再生产,这样才能改变"财以多为累"③的严重局面。所以,他一再强调:"财以少而后富"④,"财愈少而愈治"⑤。历史上,很多进步思想家都指出了封建国家实行轻徭薄赋政策,适当减少对人民的剥削,有助于生产的发展。但他们都没有像叶适那样,如此明确、大胆、直接地向封建国家提出"财少"的要求。这实际上反映了兼营工商业的中小地主与封建国家争夺剩余产品的斗争。在剩余产品的分配中,封建国家减少赋役的"财少",意味着兼营工商业的中小地主的"财多",他们所占有的地租和商业利润必然增加。南宋时,商品经济的发展使兼营工商业的中小地主追求和积累财富的欲望增强了,他们愿意把一部分增加的剩余产品投入生产和流通,以获得更多的物质利益,这在客观上促进了生产力的发展。因此,叶适作为他们政治和思想上的代表,提出了"财少"的口号来保卫和发展这个阶层的利益。

叶适是中国经济思想发展史上的一个重要人物,他的经济思想的主要特点和贡献就在于:自始至终贯串着一种批判精神,通过批判来为私人经济的发展开辟道路。南宋时期,封建正统经济思想仍然占据着统治地位,朱熹、陆九渊之流的"存天理、灭人欲"的反动理论甚嚣尘上,经济思想领域笼罩在一片沉闷窒息的气氛之中。叶适高举起批判的旗帜,用倡言私人求利来非难指责儒家的"贵义贱利"论,对"重本抑末"传统教条打响了正面攻击的第一炮。他的保富理论和理财主张中,对封建国家控制和干涉私人经济活动的行为展开了揭露和斗争。这些批判使当时的人们耳目一新,确实起到了开通风气的作用,在一定程度上打击了日益腐朽的封建生产关系,促进了封建社会中的商品经济的发展。

较为明确和强烈的批判性是叶适经济思想的优点,也带来了弱点。由于批判处于主导地位,批判影响和渗透了一切,因此,叶适所提出的一些具体主张和建议,缺乏高度的理论概括,即使有一些理论论证,在广度和深度

---

① 叶适:《水心别集卷31·财计下》。
② 叶适:《水心文集卷1·上宁宗皇帝札子三》。
③ 叶适:《水心别集卷30·实谋》。
④ 叶适:《水心别集卷32·四屯驻大兵》。
⑤ 叶适:《水心别集卷2·财总论二》。

上又都显得不够成熟和深刻,特别是正面的立论更感不足。当然更重要的原因还在于,叶适毕竟是地主阶级的思想家,他的经济思想主要是反映地主阶级内部不同阶层的斗争,从根本上说,是为了巩固地主阶级的统治。所以,虽然他在批判上表现出大胆和激烈,但却没有也不可能从正面提出具有积极意义的理论和切实可行的解决办法来。

郑观应的商战论[*]

郑观应是我国初期资产阶级改良派中最著名的代表人物,在他的《盛世危言》等著作中,提出了一个较为系统和较为完整的反对帝国主义经济侵略的学说——商战论,为近代中国人民提供了直接的反帝理论武器,在中国近代经济思想史上作出了特殊贡献。

一

郑观应曾在英国宝顺公司、太古轮船公司等一些外国洋行中担任过高级买办,但是他是一个具有爱国思想的人,并不甘心做洋奴,而是逐渐地从买办商人里分化出来,成为早期民族资产阶级的代表人物。他的经济思想较为突出地反映了民族资产阶级同帝国主义的矛盾,大声疾呼地要求抵制外国资本主义的经济侵略。按照他自己的话说,他是"初学商战于外人,继则与外人商战。"[①]正是这种特殊的经历,使他比当时其他的改良派人物如王韬、薛福成、陈炽等人都更为深刻地认识到了外国资本主义经济侵略的危害性,他也比上述诸人都更为系统地提出了抵制外国资本主义经济侵略的商战论。

王韬已开始指出西方列强对外侵略有两种方式:商和兵。"以商为本,以兵为辅,商之所往,兵亦至焉。"[②]郑观应在王韬的认识基础上作了概括和发挥,明确地提出"兵战"和"商战"两个范畴:"泰西各国以商富国,以兵卫商,不独以兵为战,且以商为战。"[③]

郑观应十分痛切地感到在资本主义列强的两种侵略方式中,商战即经济侵略要比兵战即军事侵略更危险、更严重。因为,军事侵略是"有形之

---

[*] 本文原载于《经济科学》1984 年第 2 期。
① 郑观应:《复考察商务大臣张弼士侍郎》。《盛世危言》后编,卷八。
② 王韬:《上丁中丞》。《弢园尺牍》。
③ 郑观应:《商战下》。《盛世危言》三编,卷二。

战",容易察觉,使人们提高警惕,加强防备,组织抵抗。而经济侵略是"无形之战",使人们掉以轻心,防不胜防,这样造成国家逐渐衰落、最终灭亡。他一再说:"兵之并吞,祸人易觉;商之掊克,敝国无形。"①

另一方面,从侵略后果来说,军事侵略时间短暂,所带来的战争创伤比较明显,也容易治愈。而经济侵略长期持久,所造成的经济破坏是损及脏腑的内伤,经济被掠夺而破产,则国家灭亡指日可待:"兵战之时短,其祸显;商战之时长,其祸大。"②"彼之谋我噬膏血,匪噬皮毛,攻资财不攻兵阵,方且以聘盟为阴谋,借和约为兵刃,迤至精华销竭,已成枯腊,则举之如发蒙耳。"③

郑观应的这些卓越见解为甲午战争后成熟阶段的资产阶级改良派思想家所继承发展,谭嗣同指出西方列强"以商为战,足以灭人之国于无形"④,康有为的认识更有深度:"古之灭国以兵,人皆知之;今之灭国以商,人皆忽之。以兵灭人,国亡而民犹存;以商贾灭人,民亡而国随之。"⑤

二

针对外国资本主义的经济侵略和军事侵略的两手,郑观应深刻地认识到反对西方列强的侵略仍用历史上传统的抵抗少数民族军事征服的办法是无济于事的,因此他明确主张以兵战对兵战、以商战对商战,用两种方式进行反侵略,这样就使"兵战"和"商战"两个范畴具有了侵略和反侵略的双重含义。他不但提出加强国防力量以"兵战"防御外国的军事侵略的主张,还要求大力发展中国的资本主义生产和流通以增强"商战"能力,有效地抵抗外国的经济侵略,并且强调要把商战放在首位:"习兵战不如习商战","决胜于商战"⑥。郑观应对外国资本主义的军事侵略有着较清醒的头脑,他认为:"当今之世,与古昔情形不同,防外侮更重于防内患。"⑦因此,他主张加强国防力量,改变腐朽落后的军事制度,学习西法进行操练,用新式武器装备军队,精研兵法战术,通过实战演习,提高作战和指挥能力,建立一支先进

---

① 郑观应:《商战》。《盛世危言》初编,卷三。
② 郑观应:《商战下》。《盛世危言》三编,卷二。
③ 郑观应:《商战》。《盛世危言》初编,卷三。
④ 谭嗣同:《思纬壹壹台短书——报贝元征》。《谭嗣同全集》。
⑤ 康有为:《上清帝第二书》。《戊戌变法》(二)。
⑥ 郑观应:《商战》。《盛世危言》初编,卷三。
⑦ 郑观应:《民团》。《盛世危言》初编,卷六。

的陆、海军驻守边疆和沿海以抵抗外国的军事侵略。

可见,郑观应并不放松"习兵战",只是认为经济侵略比军事侵略更危险、更难对付,因此必须以"习商战"作为重点,发展资本主义工商业以抵制外国的经济侵略。

尤其可贵的,郑观应还比较透彻地分析了"兵战"与"商战"相互之间的辩证关系,从而进一步论证了"习兵战不如习商战"。

首先,郑观应认为"兵战"与"商战"是强与富的关系。加强军事力量以"兵战"图强,发展资本主义经济以"商战"求富。只有开展"商战",发展资本主义生产和流通,中国具备了较为雄厚的物质基础,才能建设一支强大的军事力量以进行"兵战"。否则,中国的军事力量将是一个外强中干的空架子。所以他说:"国既富矣,兵奚不强"①,"能富而后可以致强"②。

郑观应又辩证地认为强是富的保障,"兵战"是"商战"的后盾。他指出外国的军事侵略为经济侵略服务,"矢口称黄祸,调兵保商贾"③,商品倾销用大炮开路,掠夺原料用兵舰送行。"惟恐他人夺其利益,特设商部大臣以提絜纲领,远方异域恐耳目之不周,鉴察之不及,则任之以领事,卫之以兵轮。"④

侵略是帝国主义的本性,当它们用经济手段达不到目的时,就用战争的方法来解决,通过军事侵略来为经济侵略扫清障碍。因此,中国必须建立一支强大的军事力量,保卫边疆,巩固国防,才能有效地抵抗外国的经济侵略,使资本主义经济得到顺利发展。"非富无以保邦,非强无以保富,相需为用,乃能相济有成焉。"⑤

其次,郑观应还认为"兵战"与"商战"是标与本的关系。他指出抵抗帝国主义的侵略要注重"兵战",更要注意"商战"。"兵战"虽然重要,但它毕竟只是"末"或"标"。他批评洋务派的坚船利炮政策是"舍本图末",尽管不断"购铁舰,建炮台,造枪支,制水雷,设海军,操陆阵,讲求战事,不遗余力",但仍然无法对抗外国侵略者。"纵令猛将如云,舟师林立,而彼族谈笑而来,鼓舞而去,称心餍欲。"⑥针对洋务派的"舍本图末",郑观应提出了自己的

---

① 郑观应:《商战》。《盛世危言》初编,卷三。
② 郑观应:《商战下》。《盛世危言》三编,卷二。
③ 郑观应:《霸主歌》。《罗浮待鹤山人诗草》,卷二。
④ 郑观应:《商务二》。《盛世危言》三编,卷一。
⑤ 郑观应:《开矿》。《盛世危言》二编,卷一。
⑥ 郑观应:《商战》。《盛世危言》初编,卷三。

"标本兼治"主张。他认为国势的强弱归根结底取决于商战的胜败,即中国的资本主义经济发展与否。只有在商战操胜算的基点上,才能推动兵战,使军事力量真正强大起来。他指出西方列强"不患我之练兵讲武,特患我之夺其利权,凡致力于其商务者,在所必争"①。因此,中国必须"标本兼治"、双管齐下,"练兵将,制船炮,备有形之战,以治其标;讲求泰西士农工商之学,裕无形之战,以固其本"②。

三

郑观应的商战论并不局限于单纯在狭义的商业范围中同资本主义列强进行斗争,而是要求以商业尤其是对外贸易为中心,在国民经济各主要部门发展资本主义经济。他是个商人出身的从事实际工商业活动的资本家,17岁就投身工商实业界,后来当过商办时期的粤汉铁路总经理,自己还创办了进出口贸易公司,在国内一些重要口岸开过内河航运公司以及经营了其他一些工矿企业。因而,民族资产阶级的愿望和要求在郑观应的商战论中得到了更直接的反映,关于发展资本主义经济的主张也就提得比较具体和细致。在《盛世危言》自序中,他提出了一个在中国近代史上产生过深刻影响的发展资本主义经济的纲领:"兴学校,广书院,重技艺,别考课,使人尽其才;讲农学,利水道,化瘠土为良田,使地尽其利;造铁路,设电线,薄税敛,保商务,使物畅其流。"

在商战中,郑观应相当重视建立和发展大机器工业问题,强调指出:"论商务之原,以制造为急,而制造之法,以机器为先。"③他还从两方面论述了大机器工业的必要性。对内方面,大机器工业提高了劳动生产率,推动了工商业的向前发展,促进了国内资本主义的生产和流通,"独是商务之盛衰,不仅关物产之多寡,尤必视工艺之巧拙。有工翼商,则拙者可巧,粗者可精"④。对外方面,只有大机器工业才能生产出大量的物美价廉的商品进入市场,与外国侵略者展开商战,抵制外国资本主义的商品倾销和原料掠夺。他指出西方各国的六十多种洋货"皆畅行各口,销入内地,人置家备,弃旧翻

---

① 郑观应:《商务》。《盛世危言》初编,卷三。
② 郑观应:《商战下》。《盛世危言》三编,卷二。
③ 郑观应:《商务五》。《盛世危言》三编,卷一。
④ 郑观应:《商战》。《盛世危言》初编,卷三。

新,耗我资财,何可悉数"①。因此,他呼吁"亟宜招商集款,自行制造,擅其利权"②。他还认识到中国若不发展自己的机器工业,不管自然资料如何丰富,最终都要被外国列强掠夺而去,"若有商无工,纵令地不爱宝,十八省物产日丰,徒弃己利以资彼用而已"③。

郑观应对大机器工业的认识是由浅入深的。起先他比较强调在轻工业中采用机器生产,"商务之纲目,首在振兴丝茶二业……广购新机,自织各色布匹……购机器织呢毡绒纱、羽毛、洋衫裤、洋衫、洋伞等物……"。④ 到后来,郑观应看到中国所使用的机器"仍须购自外洋",这样仍然受到洋人的控制,"则有机器如无机器同"。⑤ 因此,他逐渐认识到了只有建立和发展中国自己的机器制造业,才能在商战中保持独立,从而有效地抵制外国的经济侵略:

"但知购买机器,可得机器之用,不知能自造机器,则始得机器无穷之妙用也。宜设专厂制造机器。……纵不能得外洋之利,则中国之利自不至外溢矣。各种机器自能制造,则各种货物亦自能制造,所造之物既便自用,且可售于人,不致全以利权授外洋矣。"⑥

开展商战离不开交通运输,郑观应反映了民族资本这种"物畅其流"的要求,他对铁路、火车、轮船等新式交通工具十分赞赏,大加推崇:"中国富强之转机,在此一举矣。"⑦他列举了铁路"有十利而无一害",认为不但"可助国用",而且"运费省而销路速……商贾便于贩运,贸易日旺,税饷日增","风气大开。"⑧郑观应还指出外国轮船控制了中国航运是"喧宾夺主,害不胜言"⑨,他认为:"欲求中国富强,当论用轮船"⑩,主张自制新式轮船,并亲自创办航运公司,"令沿海要埠,中国公司轮船日增,利不外溢,诚塞漏卮,讲富强之一大端也"⑪。

新式工商业与矿业密切联系,郑观应从充裕财政、交通运输、燃料动力、

---

① 郑观应:《商战》。《盛世危言》初编,卷三。
② 郑观应:《机器》。《盛世危言》二编,卷一。
③ 郑观应:《商战》。《盛世危言》初编,卷三。
④ 同上。
⑤ 郑观应:《商务五》。《盛世危言》三编,卷一。
⑥ 同上。
⑦ 郑观应:《火车》。《盛世危言》二编,卷一。
⑧ 郑观应:《铁路》。《盛世危言》初编,卷四。
⑨ 郑观应:《商船上》。《盛世危言》三编,卷一。
⑩ 郑观应:《商船下》。《盛世危言》三编,卷一。
⑪ 同上。

军用民用各个方面,阐述了开矿的重要性和必要性,指出:"居今日而策国家之富强,资民生之利,赖固地之利,取无尽而不竭者,其惟开矿一事乎。"①同时,他还列举了我国丰富矿藏的若干项目和有利条件,认为完全有可能大规模开采。

金融货币制度是顺利开展商战的前提,郑观应充分认识到银行是维持资本主义再生产的重要工具:"夫洋务之兴,莫要切于商务,商务之本,莫切于银行"。他还指出了银行对促进新式工商业发展所起的积极作用:"长袖善舞,为百业之总枢,以溶财源,以往大局"。强调"非筹集巨款创设银行,不能以挽救商情而维持市面也。"主张开办官、商银行,发行银行券,铸造钱币,禁止外国货币在中国流通。他还抨击了英国汇丰银行"虽有华商股份,不与华商往来",指出这是"倒持太阿、授人以柄"②。

郑观应也注意到了农业问题。他不是从民食角度看农业,而从商品经济的角度强调农业的重要性:"以农为经,以商为纬,本末具备,巨细毕赅,是即强兵富国之先声,治国平天下之枢纽也。"③因此,他主张发展蚕桑、茶叶、烟草、棉花等经济作物,为对外贸易提供出口商品和向工业提供原料。并提出用新式农业机器和农业技术来改善经营方法,促进农业生产,"若用西国机器以之耕种,可使土膏深透,地力腾达,物类易于收成,亦当倍蓰"④。

郑观应的商战范围从工矿业到农业,从交通运输到财政金融,不同程度地阐述和说明了这些部门在发展民族资本主义经济以抵制外国经济侵略斗争中的地位和作用,并提出了一些具体主张和建议。但是,在郑观应的商战体系中,是把商业提到整个国民经济的枢纽地位,强调以商业为中心进行商战。对于发展国内民族工商业来说,"商务者,国家之元气也。通商者,疏畅其血脉也"⑤。对于抵抗西方列强的经济侵略来说,"欲制西人以自强,莫如振兴商务"⑥。我们可以把郑观应的有关论述归结为三个层次:

先看商业部门本身,郑观应认为商"握四民之纲领",没有商业,整个国民经济就失去了主导部门,士、农、工各行各业将无法开展正常的经济活动,

---

① 郑观应:《开矿》。《盛世危言》三编,卷一。
② 郑观应:《银行》。《盛世危言》初编,卷五。
③ 郑观应:《农功》。《盛世危言》初编,卷四。
④ 郑观应:《机器》。《盛世危言》二编,卷一。
⑤ 郑观应:《商务一》。《盛世危言》三编,卷一。
⑥ 郑观应:《商务下》。《盛世危言》初编,卷三。

工农业生产和科学文化的发展都必须以发展商业为前提:

"商以贸迁有无,平物价,济急需,有益于民,有利于国,与士农工互相表里。士无商则格致之学不宏,农无商则种植之类不广,工无商则制造之物不能销,是商贾具生财之大道,而握四民之纲领也。商之大义哉!"①

再看其他经济部门,郑观应提出了"士农工为商助",四民中的士农工部门在整个国民经济中只不过是居于辅助地位,都是商业的助手,从属于商业发展的需要。此外,一个国家的外交政策,国防事业也都必须围绕商业这个中心来展开活动:"西人以商为战,士农工为商助也,公使为商遣也,领事为商立也,兵船为商置也。"②

最后,郑观应得出了"以商立国"的结论。他驳斥了地主阶级顽固派敌视资本主义工商业而鼓吹的"以农立国"的陈词滥调,明确提出开展商战必须"以商立国。"③

郑观应的商战与王韬的"恃商为国本"④、薛福成的"商握四民之纲"⑤一样,都是以商业为中心广泛发展资本主义经济以抵制外国资本主义的经济侵略,在19世纪六七十年代到1894年甲午战争前,西方资本主义的经济侵略还主要是通过商品输出的形式进行,摆在中国人民的议事日程上的是怎样对付商品进口所引起的日益严重的贸易逆差和白银外流等问题,这自然造成了郑观应等人把注意力首先集中于"商务"即商品流通方面。加上当时中国新式工业还极不发达,洋务派官僚集团控制的工矿企业在全国占据了绝对统治地位,而民族工业资本还远未长成,私人投资兴办企业还很少,这就使郑观应等人并不主要着眼于生产过程,也不可能提出以大机器工业为中心发展资本主义经济。此外,思想认识过程是个由浅入深、由表及里的过程,当时中西交往时间不长,中国先进人士对西方接触还不多,一时不可能深刻认识资本主义关系,这样就只能肤浅地从流通表面看问题,片面夸大了流通的作用,提出了以商业为中心发展国民经济的主张。

---

① 郑观应:《商务二》。《盛世危言》三编,卷一。
② 郑观应:《商战下》。《盛世危言》三编,卷一。
③ 郑观应:《商务》。《盛世危言》初编,卷三。
④ 王韬:《代上广州冯太守书》。《弢园文录外编》。
⑤ 薛福成:《英吉利用商务辟荒地说》。《庸庵海外文编》卷三。

四

郑观应的"商战"顾名思义就是商品之战、商人之战，也就是市场竞争。交战双方的侵略者和被侵略者都是商人，他们不是在战场上真刀真枪地拼杀，而是在市场上展开角逐。中国民族资产阶级要同发达的资本主义国家进行这种竞争，必须建立起自己的新式工商业体系作为竞争的经济基础。郑观应清醒地认识到当时中国的国民经济基础十分薄弱，工商业发展水平大大落后于西方。因此，他把发展民族工商业作为生死存亡的问题提了出来，主张"人尽其才"、"地尽其利"、"物畅其流"，全面发展国民经济。但是，帝国主义在华的种种特权紧紧捆住了中国民族资产阶级发展资本主义经济的手脚，清朝洋务派官僚对新式工商业实行官僚垄断政策，也给资本主义生产的发展带来了严重危害。为此，郑观应在商战论中提出了几个重要前提。

当时横亘在商战道路上的最大障碍即是帝国主义依据不平等条约所攫取的各种特权。郑观应深刻地认识到如果不限制和取消外国侵略势力在华的种种特权，中国在这种劣势局面下与外国进行商战，只能"徒使洋人节节制胜，中国利源不几尽为所夺耶"①。因此，郑观应的商战论把限制和取消帝国主义的在华特权作为商战的首要前提提了出来。

郑观应竭力反对帝国主义在华所取得的协定关税、内河航行和筑路开矿等特权，强烈要求清朝当局加以废除。他尤其反对赫德一伙外国侵略分子把持中国海关，以大量事实揭露了赫德等人的罪行："专司总钥为赫德，付以华员亦不许"②，"洋货入中国则输半税，土货出外洋则加重征"③。他警告满清政府如果继续倚重这帮侵略分子，必然会蹈印度等国的覆辙，成为西方列强的殖民地。他大声疾呼收回海关主权，改派华人担任主要职务，"千万巨款，权自我操，不致阴袒西人，阻挠税则，不特权政大有裨益，而于中朝国体所保全者为尤大也"④。他还主张实行关税保护政策，"惟尤须减内地出口货税以畅其源，加外来入口货税以遏其流"⑤。

在反对帝国主义在华特权的斗争中，郑观应对外国侵略者与清朝统治

---

① 郑观应:《商务一》。《盛世危言》三编，卷一。
② 郑观应:《保主权》。《罗浮待鹤山人诗草》，卷二。
③ 郑观应:《商务一》。《盛世危言》三编，卷一。
④ 郑观应:《税则》。《盛世危言》初编，卷三。
⑤ 郑观应:《商战》。《盛世危言》初编，卷三。

者相互勾结的关系,开始有了一些模糊认识。当民族资产阶级受到洋人欺压,要求得到政权的保护时,清政府"不惟不助商,反朘削之,遏抑之"①。而对外国侵略者凭借特权屡生事端,胡作非为,压迫民族资本,破坏中国主权的罪行,清朝当局"遇则官长过于迁就,士民不敢抗衡,洋人习以为常,愈无顾忌"②。看到清朝当权派的这一付奴颜婢膝,郑观应痛斥道:"虽日受外人欺侮,仍然驰驰沓沓,苟且偷安,甚至割地求和,恬不知耻。"③他愤慨地说:"我每曲法相就,华民之忍辱,由于畏官长,官长之曲法,由于畏朝廷。"④后来,他又在一封信中,借托民谣,进一步揭露了外国列强和满清朝廷的肮脏关系:"外国动辄挟天子令诸侯制百姓,故有外人怕百姓,百姓怕官,官怕皇帝,皇帝怕外人之谚也。"⑤虽然,郑观应还没有认识到清朝统治者已经成为西方列强在华殖民统治的工具。但是在初期资产阶级改良派中,郑观应的上述见解可以说是得风气之先的。

洋务派官僚集团是中国商战道路上的另一只拦路虎。民族资产阶级要求发展民族资本以反对外国的经济侵略,而洋务派却勾结洋人对民族工商业实行官僚垄断政策。为了更有效地开展商战。郑观应不可避免地会对洋务派的这种官僚垄断政策进行斗争。

不过,郑观应对洋务派的认识是经历了一个曲折的发展道路的。最初,由于早期民族资产阶级特别软弱和清朝统治集团中的地主阶级顽固派势力十分强大,而洋务派的反动面目又未彻底暴露,郑观应对洋务派官僚曾经抱有较大幻想,指望洋务派支持商战、成为民族资本的庇护者。在洋务派开办新式企业时,他以商股代表的身份,先后在上海轮船招商局、上海机器织布局等许多官督商办企业中担任重要职务。并且,他还积极为"官督商办"制度进行宣传鼓吹。一方面列举了单由官办或单由商办的缺点:"全恃官办则巨费难筹……然全归商办,则土棍或至阻挠,兼倚官威,则吏役又多需索"。另一方面又把"官督商办"制度描绘成最理想的企业形式:"必官督商办,各有责成:商招股以兴工,不得有心隐漏;官稽查以征税,亦不得分外诛求。则上下相维,二弊俱去。"⑥他甚至曾把洋务派的官权看做进行商战的首要前

---

① 郑观应:《商务一》。《盛世危言》三编,卷一。
② 郑观应:《交涉》。《盛世危言》二编,卷二。
③ 郑观应:《上戴少怀尚书书》。《盛世危言后编》卷七。
④ 郑观应:《交涉》。《盛世危言》初编,卷二。
⑤ 郑观应:《致姚伯怀太守书》。《盛世危言后编》卷三。
⑥ 郑观应:《开矿》。《盛世危言》初编,卷五。

提,认为:"商务之战,既应籍官力为护持,而工艺之兴,尤必籍官权为振作……籍官本以兴创之,禁别家仿制以培植之。"①

后来,随着时间的推移,郑观应耳闻目睹了洋务派企业内部的种种腐朽现象,吃尽了洋务派官僚"护持"的苦头,终于认识到了洋务派官僚垄断政策是顺利开展商战的严重束缚,从而对洋务派的所作所为提出了越来越多的批评和指责,一再揭露"官督商办"企业的黑暗内幕。

郑观应抨击洋务派官僚在官督商办企业中贪污中饱、侵蚀渔利,掠夺私人资本,"盈利借事勒捐,亏则多生枝节"②。他还揭发了洋务派官僚利用裙带、血统等关系挟私用人,培植党羽。郑观应尤其谴责了洋务派官僚"官夺商权",在企业中,总办、帮办、坐办和提调等大小官员"全以官派行之,位尊而权重,得以专擅其事"③。这些人控制了企业大权,压迫民族资本,而商股代表则处于根本无权的地位,"动辄必为官长掣肘"④。因此,郑观应积极主张让私人资本家自由投资兴办企业,"凡通商口岸内省腹地,其应兴铁路、轮舟、开矿、种植、纺织、制造之处,一体准民间开设,无所禁止,或集股,或自办,悉听自便。"并提出新式企业的经营管理应该"全以商贾之道行之,绝不拘以官场体统"⑤。

在郑观应的晚年,他怀着怨愤的心情写下了《商务叹》一诗,其中"名为保商实剥商,官督商办势如虎,华商因此不及人,为丛驱爵成怨府"⑥四句,尤其击中了洋务派的要害,一针见血地点出了洋务派官僚垄断政策的实质是压迫民族资本,阻碍商战,为外国侵略势力效劳。

在清朝统治者特别是洋务派官僚"但有困商之虐,并无护商之良法"⑦的情况下,郑观应开始认识到封建的上层建筑已经不能适应资本主义经济发展的要求,他从发展经济前进到改革政治,发出了"开议院、设商部"的呼声,为民族资产阶级争取一定的政治权利,以推动商战。

郑观应的上述政治改革要求是十分软弱无力的,他只是对清朝封建专制制度有所指责,却并不想进行根本性的彻底改革。他所要求的议院还是一种咨询机构,并无立法权,他的设商部也仅仅是希望清朝自上而下的恩

---

① 郑观应:《商战》。《盛世危言》初编,卷三。
② 郑观应:《船政》。《盛世危言》二编,卷一。
③ 郑观应:《商务二》。《盛世危言》三编,卷一。
④ 郑观应:《开矿》。《盛世危言》三编,卷二。
⑤ 郑观应:《商务二》。《盛世危言》三编,卷一。
⑥ 郑观应:《商务叹》。《罗浮待鹤山人诗草》卷二。
⑦ 郑观应:《商务二》。《盛世危言》三编,卷一。

赐,使资产阶级获得某些参政权利。但是,在清朝封建专制统治的沉闷空气里,郑观应的这些政治改革要求毕竟起着开通风气的作用。并且,对以后的康有为等人提出"全变"的主张,也是一个重要的思想先导。

中国发展经济学的滥觞[*]

——从林则徐、魏源到孙中山

从不发达国家转变为发达国家是一个漫长的历史过程,对这类问题的分析、探讨是与历史的进程紧紧相连的,这个过程中逐渐形成的有关经济发展的思想观点、理论学说具有历史的内涵。因此,在发展经济学的研究领域中,历史的视角和方法显得十分重要。中国发展经济学的产生和发展,其基础和根源在于当代的经济实践,但又是以近代经济发展的思想遗产作为出发点的。对中国近代经济发展思想的研究和利用程度,与当代中国发展经济学所达到的理论高度、发展水平及其影响力、吸引力有着重要的关系。从林则徐、魏源到孙中山的经济发展思想所包含的历史动因、历史信息和历史规律,为具有时代精神和民族特色的中国发展经济学的建设和发展提供了最直接、最切近的启迪和借鉴。

一

1840年第一次鸦片战争揭开了中国近代史的帷幕。空前的战争惨败,使与世界隔绝的大清帝国受到了前所未有的强烈冲击。封建士大夫中的一些有识之士率先从闭关自守、昧于外情的状态中惊醒过来,不约而同地向外部世界睁开了眼睛。他们开始了解和搜求原先不熟悉的有关西方国家的知识,编纂了一批介绍世界各国情况的著作,从而开创了一种了解外国、认识世界的社会新风尚。

林则徐、魏源走在时代的前面,他们不是把了解西方、认识世界作为最终目的,而是以此为出发点,学习西方、走向世界,以寻求中国的自强之道,提出了以"师夷长技以制夷"[①]为指导思想和主要内容的"军工引进"型发展

---

[*] 本文原载于《北京大学学报》2003年第2期。
[①] 魏源:《海国图志》。

模式。

这个模式把"师夷"即学习西方作为发展的主要形式,并且把发展的目的概括为"制夷",即抵抗外国的侵略以救国救民。

林则徐、魏源把西方各国作为镜子,开始对照出中国并不是处处胜过外国,而是在军事技术方面明显"不如夷"。林则徐在与英军直接较量之后,亲自体验到西方在军舰枪炮方面的优势。魏源撰写《海国图志》,通过与西方情况的比较分析,对中国在军事工业技术方面的落后有了更深的感受。他们首先把中国放在世界面前来认识,发现了中国不仅在地理位置上不是世界的中心,而且连在国力武功方面也并不是万国来朝的中央大国。在近代中国,坦率而明确地承认西方先进和中国落后的是从林则徐、魏源开始,这是艰难而珍贵的第一步。一个国家和民族,能够认识自己不容易,反省自己的落后更不容易,尤其是在中国对于自己有一种"世界中心"感觉的传统氛围中做到这一点,更是加倍的艰难。

面对中国落后和西方的强大,要不要"师夷"?怎样"师夷"?魏源旗帜鲜明地提出了自己的主张:"师夷长技以制夷。"他们认识到,要承认落后,但又不能由于落后而悲观气馁、甘居下游。当时的军事侵略不是来自比自己落后的民族,而是来自拥有坚船利炮的西方先进国家。要抵抗这种侵略,不能沿用历史上民族战争的手段,仍然坚持封关禁海政策以拒敌于国门之外是无济于事的。必须打开国门、对外开放,把"师夷"与"制夷"结合起来,在坚持反对外来侵略的同时,学习外国长处,以努力改变中国本身的落后面貌,消除中国与西方资本主义国家之间在发展方面的巨大差距。他们认为"中国智慧无所不有",只要认真学习西方,就可以改变落后的现实,以赶上世界先进水平,"因其所长而用之,即因其所长而制。风气日开,智慧日出,方见东海之民,犹西海之民"[①]。

林则徐、魏源的"军工引进"型发展模型是把学习西方、消除差距的突破点和着眼点放在外国的"长技"即军事工业技术方面。

林则徐为了改变中国在军事上的落后状况,提出了仿造西方新式船炮的主张。魏源沿着林则徐开辟的方向继续探索,他也把发展的重点,放在西方的军事方面,"夷之长技三:一战舰,二火器,三养兵、练兵之法"[②]。更重要的,魏源把林则徐"制炮造船"的主张加以丰富和发展,使之进一步具体

---

① 魏源:《海国图志》。
② 魏源:《海国图志·筹海篇三》。

化。他不再局限于为了应付眼前战争的需要,而提出坚船利炮问题,而是站得更高些、看得更远些,把引进西方军事工业技术以建立中国的新式国防工业作为战略性任务提了出来。

魏源还指出,可以把所引进的军工技术推广、发展到新式民用工业中去。新式军工厂造出足够的战舰枪炮之后,就可以利用其先进技术和设备来制造商轮、起重机、测量仪器以及望远镜之类的民用工业产品。他预测到,在民用工业方面推广、发展所引进的先进军工技术具有广阔的前景,"战舰有尽,而出鬻之船无尽,此船厂之可推广者一","造炮有数,而出鬻器械无数,此火器局之可推广者二"①。

为了充分发挥引进技术工作的作用,魏源主张:官办的新式军工业只要在广东"专设一处",以便加强管理和集中力量吸收、消化外国技术。同时,他还看到,西方先进技术输入中国后,必将为民间商人所普遍欢迎和接受。因此,他提出在官办之外,也应允许私人设厂制造西方新式工业产品,"沿海商民,有自愿仿设厂局以造船械,或自用、或出售者听之"②在这里,引进技术工作已超出了政府官办的范围,而推广到民间厂家。这对后来的资产阶级思想家要求学习、采用西方的技术和经济以发展资本主义,是一个重要的先导。

林则徐、魏源的"军工引进"型发展模式奏响了近代经济发展思想的序曲,他们把虚心承认落后同决心赶上西方相结合,把学习西方以谋求中国的富强同抵制外国侵略相结合,这为近代经济发展思想的主旋律奠定了基调。

二

近代中国人士对外部世界的认识有一个逐步发展、深化的过程。第一次鸦片战争的军舰大炮把陌生的西方各国展现在人们面前,林则徐、魏源透过刚刚推开的门缝,首先瞥见了其表现最明显、使人感受最深的坚船利炮。到了后来,随着国门的逐渐打开,中外接触日益增多了,人们的思想认识在实践中由浅入深、由表及里,开始注意到了西方的军事技术、生产力与资本主义生产方式的相互联系,把认识世界的目光逐渐深入到了西方国家的经济制度层面。王韬、薛福成、郑观应等初期资产阶级改良派就是这样的代表

---

① 魏源:《海国图志・筹海篇三》。
② 同上。

人物。他们所提出的经济发展模式是"通商主导"型,要求以商业尤其是对外贸易为中心,在国民经济各部门中学习和采用资本主义生产方式和经营方式。

第一次鸦片战争后的林则徐、魏源,实际上是提倡以军事工业作为学习西方、发展经济的主导部门。他们主张首先引进外国先进的军事工业,然后再逐渐推广到民用工业,以此带动整个国民经济的发展。

初期资产阶级改良派把商业尤其是对外贸易提到了整个国民经济的中心和枢纽的地位。一再说:"商为国本"①,"以商立国"②。他们认为,抓住了对外贸易这个主导部门,就可以带动国民经济各部门的发展和进步。如果不把商业尤其是外贸放在首要的位置,各行各业也就无法开展正常的活动,工农业生产的勃兴和科学文化的进步都必须以商业的繁荣为前提。

初期资产阶级改良派把通商即对外贸易作为中国经济发展的重点或主导部门,这是当时时代特点的反映。一方面,19世纪六七十年代到1894年甲午战争前,摆在中国人民议事日程上的,是外国资本主义以商品输出为主的经济侵略狂潮和如何抵抗它的问题,这自然造成了初期资产阶级改良派把注意力首先集中在对外贸易上面。另一方面,当时中国的新式工业还极不发达,洋务派官僚集团控制的工矿企业在全国占据了绝对统治地位,而民族工业资本还远未长成,私人投资兴办企业还很少,这就使他们并不主要着眼于生产过程,而是用"通商"的观点来考察和论证经济发展问题。此外,当时中外交往时间不长,对西方接触还不多,他们一时不可能比较深刻地认识资本主义制度,只能肤浅地从流通表面出发,提出了"通商主导"型发展模式。

"通商主导"型发展模式不仅仅输入和接受西方的技术、生产力,更重要的是把先进的机器技术连同产生、孕育它的资本主义生产方式和经营方式一同移植进来。

初期资产阶级改良派不仅认识到西方机器技术的物质成果形式,主张大力采用之以兴办新式工矿交通事业,而且认识到同机器技术息息相关的资本主义经济制度。他们提出,要仿照西方国家的办法,普遍推行资本主义雇佣劳动制度,由"富民出其资"成为新式工矿业资本家,而"贫民殚其力"

---

① 王韬:《弢园文录外编·代上广州府冯太守书》。
② 郑观应:《郑观应集·商务》上册。

成为雇佣劳动者。① 他们要求在资本主义雇佣劳动关系的基础上,"许民间设立公司,听其自为"②,以建立大规模的资本主义企业组织。他们还主张在新式企业中采用资本主义的利润制度。

"通商主导"型发展模式,把"师夷"与"变法"真正联系起来了,"师夷"与"变法"相互配合、相互促进。

初期资产阶级改良派认识到,中国的"变法"如果不与"师夷"结合起来,改革就缺少学习和仿效的对象,中国的振兴也就没有什么希望。他们反复强调:"当今之世,非行西法则无以强兵富国。"③在这里,学习和采用西法已经成为中国进行改革以谋求富强的必要前提和主要内容。他们又认识到,"师夷"离开"变法"也不能顺利进行。中国的学习西方、谋求富强如果没有改革为其创造有利的环境,就会陷入困境。当时的中国已经失去了独立,变成了半殖民地半封建国家。外国列强依据不平等条约在华取得了协定关税、领事裁判、内河航行等一系列殖民特权。因此,他们把取消西方列强在华的种种殖民特权,作为改革和发展中的最重大问题提了出来。

初期资产阶级改良派还逐渐认识到,清王朝以及洋务派集团的官僚垄断政策是发展民族资本主义经济的沉重桎梏,强调要按照"全以商贾之道行之,绝不拘以官场体统"④的原则进行改革,为学习和采用西法以兴办新式工商业提供前提条件。

初期资产阶级改良派还发出了设商部、开议院的政治改革呼声,希望为民族资产阶级的经济利益求得一定的政治保障,以推动中国的经济发展。但是,他们的政治改革要求是软弱无力的,认为西方的机器技术和资本主义经济制度是中国学习和仿效的主要内容,师夷和变法绝不能触动清朝的封建政治制度和封建思想体系。

三

中日甲午战争爆发了,作为中国"自强"象征的北洋水师,不堪一击,全军覆没。曾败于西方列强的大清王朝,如今又被后来居上的东邻小国打翻

---

① 王韬:《弢园文录外编·重民中》。
② 王韬:《弢园文录外编·尚简》。
③ 王韬:《弢园文录外编·杞忧生〈易言〉跋》。
④ 郑观应:《郑观应集·商务二》上册。

在地,被迫屈膝求和,签订了丧权辱国的《马关条约》。甲午战争后的先进中国人如康有为、严复、谭嗣同、梁启超等资产阶级改良派,处于生死存亡的边缘,提出了"兴工自由"型发展模式,要求按照西方资本主义国家的道路,实现中国的国家工业化。

这个模式摆脱了初期资产阶级改良派提出的经济发展以商为中心的片面观点,所论述的战略思想是,把大机器工业作为中心或主导部门,比较充分有效地利用人力、物力和财力资源,带动国民经济各部门较为迅速、全面的发展,以实现国家工业化,他们提出了"定为工国"的战略方针。

对当时中国所面临的内外部环境进行分析和研究,是甲午战争后资产阶级改良派选择和制定经济发展战略的前提和基础。在中国的外部环境方面,他们依据西方资本主义发展特别是工业革命以来的历史,指出当今的世界已经进入了新的工业世界的时代,中国不能也无法闭关自守了,要把建立和发展大机器工业,摆在发展经济的首要战略位置,把中国由一个落后的农业国改造为一个先进的工业国,以使中国跃居世界前列。

在中国的国内环境方面,他们看到了,经过二三十年的发展历程,中国的新式工业尤其是大机器工业日益显示出巨大的生产力,在获取利润、增殖财富方面的作用也越来越明显了,一部分有资产阶级倾向的商人、地主和官僚向新式工业投资的愿望和要求有所增长。同时,他们也清醒地看到了,中日签订《马关条约》后,帝国主义列强取得了在华投资设厂权,外国资本纷纷涌入,加深了中国的殖民地化,使新生的中国民族工业幼芽面临着夭折的危险。中国人民要求发展自己的民族工业,以抵制外国资本主义经济侵略的呼声更加明显、更加强烈了,正在形成中的资本家为了与外国在华企业进行竞争,以摆脱被窒息的威胁和获取较多利润,也增加了投资发展新式工业尤其是大机器工业的要求。通过对国内复杂环境的分析,甲午战争后资产阶级改良派提出要从救亡图存的战略高度,来认识大机器工业作为经济发展的主导部门的问题。他们指出,如果对这个问题认识不足,重视不够,中国人民抵制外国侵略的斗争是难以取胜的。他们在中国历史上第一次提出了"定为工国"即实现国家工业化的口号。

引人注目的是,甲午战争后资产阶级改良派不仅仅着眼于中国的物质环境,而且从思想环境出发,来制定经济发展战略。他们指出,由于长期以来的闭关锁国,封建主义旧传统观念、旧风俗习惯,像无数条毒蛇缠绕着人们的头脑,成为维护封建政治、经济制度的顽固纽带,使广大人民处于"无智无欲"的愚昧落后状态之中。为了改变这种"守旧愚民"的思想环境,他们提出,要充分发挥大机器工业所具有的移风易俗、启迪民智的巨大革命作用,"国尚农则守旧日愚,国尚工则日新日智,乃理之相寻,视其所导而已"①。他们要求清王朝把"定为工国"作为"国是",通过制定和实施以大机器工业为中心的经济发展战略,以实现国家工业化,从而打破和扫除旧传统、旧习惯等精神枷锁,达到提高国民的科学文化素质,改变社会的愚昧守旧风气的目的。

甲午战争后资产阶级改良派的"兴工自由"型发展模式,不仅包括把大机器工业作为主导部门以带动经济发展,而且还包括与此相适应的管理体制。

他们坚决反对清王朝以及洋务派集团垄断新式工业、压迫私人资本的各种制度和政策,认为官办、官督商办等管理体制是经济发展的致命桎梏,严重窒息了中国资本主义经济的生机。他们提出的管理体制是,全面解除封建国家政权对资本主义经济发展的控制和束缚,实行经济放任政策,给予私人资本家以投资经营企业,扩大市场活动和剥削雇佣劳动的充分自由。他们主张,除了极少数私人资本不能或不愿经营的事业如邮政、电报等,仍由国家统一经营外,绝大部分的生产、流通事业,就连军事工业在内,都应该"一付于民"、"纵民为之"②,使人们在学习和采用西法、兴办和发展资本主义新式企业的过程中,能够"从容谋议,各遂其生,各均其利"③。

甲午战争后资产阶级改良派是把学习和仿效西方的政治制度,实行政治改革,作为经济发展的根本前提和关键。

以大机器工业为中心的中国资本主义经济的自由发展,势将瓦解封建主义的全部基础,当时的清朝政权是不允许有这种自由的。甲午战争后资产阶级改良派认识到,要实施"兴工自由"型发展战略,关键是变革封建政治制度,从根本上为经济发展扫除障碍。

他们指出,封建君主专制制度是资本主义经济的根本对立物,只有斩除封建政治制度的重重束缚,社会生产力才能得到解放和发展。引进西方的机器技术,采用外国资本主义经济制度,不仅没有收到成效,反而更加积贫积弱,其问题的症结就在于封建政治制度严重阻碍了中国经济的顺利发展。他们发动了戊戌变法维新运动,要求以西方资本主义国家为样板,不仅在经

---

① 康有为:《戊戌变法·请励工艺奖创新折》(二)。
② 康有为:《戊戌变法·上清帝第二书》(二)。
③ 谭嗣同:《谭嗣同全集·仁学》。

济、军事方面采用西法以实行改革,而且在政治、文化等方面也都仿照西方进行自上而下的变法,把贫穷落后的半殖民地半封建的中国,变成一个富强的资本主义中国。他们一再说:"观大地诸国,皆以变法而强,守旧而亡。""观万国之势,能变则全,不变则亡;全变则强,小变仍亡。"①

四

在慈禧太后为首的清朝反动势力镇压下,戊戌变法维新运动失败了。清政府在勾结、投靠帝国主义侵略者的道路上越走越远了。西方列强通过清政府从政治、军事上加强了对中国的控制,从经济上加紧了以攫取在华筑路、开矿权利为主要内容的殖民掠夺,这种无形的瓜分使中国的民族危机达到了空前严重的程度。

帝国主义列强迅速扩张对华资本输出以瓜分中国的侵略行径,在造成中国经济破产和殖民地化的同时,在客观上,也给予中国人民发展民族资本主义经济以一定的刺激。中国的资本主义生产在20世纪初有了初步的发展,到第一次世界大战时期,由于西方各国忙于战争而无力东顾,对中国的殖民压迫有所放松,中国资本主义生产又获得了进一步的发展。先进的中国人艰苦地重新学习、深思、探索着中国发展的新道路,从而推动着近代经济发展思想进入了一个更高的发展阶段。孙中山用很大的精力写成了一部论述中国经济发展的专著——《实业计划》(全名是《国际共同发展中国实业计划》,原书为英文)。在这部书和一系列著述中,他提出了"总体战略"型发展模式,论述了经济发展的战略布局等重大问题。

孙中山关于经济发展的战略布局思想主张,远远超过了前人。严格说来,魏源等人的引进坚船利炮、郑观应等人的"振兴商务"、康有为等人的"定为工国",都还只是论述了经济发展的重点或主导部门问题,并没有明确地把这个问题从战略布局角度提出来。孙中山的《实业计划》一书集中探讨了这个问题,作了具体规划。在产业布局方面,他的论述更明确、更完整,也更具有科学性了。尤其是,他研究了经济发展的地区布局问题,填补了近代经济发展思想的空白。

他认识到,社会化大生产是一个有机的整体,各产业部门之间互相关联、共同作用,这就要求在经济发展的产业布局方面,不能顾此失彼,片面、

---

① 康有为:《戊戌变法·上清帝第六书》(二)。

孤立地强调某些部门。而必须放眼全局,各方兼顾,同时发展,只有这样,经济发展才能迅速地达到预期的效果。他说:"欲谋实业之发达者,非谋其一端则可成效也,必也万般齐发,始能收效。"①

但是,孙中山所说"万般齐发",绝不是意味着在产业布局中,各个部门互相攀比,都可以不加区别地一哄而起、齐头并进。而是从国家的整体和长期利益出发,制定有主有从、有重点有一般的统一规划。

孙中山认为,以铁路为重点的交通运输业,是工业以至整个国民经济的先行部门,交通运输业的建设和发展,带动了国民经济各部门的起飞和繁荣,更有助于保持和加强国家的独立地位。因此他把以铁路为主体和骨干的交通运输业放在经济发展布局的首位。除了交通运输业以外,孙中山把农业、矿业和钢铁等原材料生产部门摆在产业布局的重要位置上,主张在国家政策上给予重点扶持和帮助,从国外引进先进的科学技术和现代化的机器设备,以提高这些部门的劳动生产率。

他一方面在基本生产资料生产的布局上,把交通运输、采矿、冶炼、动力等"关键及根本工业"作为中心或主导部门;另一方面,在基本生活资料生产的布局上,把衣、食、住、行等"本部工业"作为经济发展的重点或主导部门。衣、食、住、行等基本生活资料生产部门,在中国市场上拥有广阔的销路,以它们为重点,对全国各地区人力、物力和资源的有效开发和利用,对加快资金周转和积累,对促进和带动经济建设的发展,都很有利。

中国是一个幅员辽阔的大国,由于自然的、历史的以及其他方面的原因,各地区的地理位置、资源条件不同,经济水平和技术基础也参差不齐,发展很不平衡。同时,每个地区又都有自己的长处和优势。孙中山从这个实际出发,承认不平衡,利用各自的长处,以进行布局。在他经济发展的地区布局中,所贯穿的指导思想是,因地制宜、扬长避短、发挥优势,这在《实业计划》一书的六大计划中清楚地体现出来了。主要有以下几点:

第一,突出强调沿海地区尤其是沿海城市的枢纽作用。

第二,充分发挥城市的经济优势。

第三,高度重视各地区在资源方面的特点。

第四,注意经济落后的内地、边远区域的开发和发展。

第五,加强宏观规划和指导,协调各地区之间的经济联系。

在当时,以清朝为代表的封建主义统治势力压制、阻碍了中国经济的顺

---

① 孙中山:《孙中山全集·复李村农函》第5卷。

利发展。孙中山的"总体战略"型发展模式,把进行民族革命、推翻清朝,作为经济发展的一个重要政治前提提了出来。他强调说,中国的经济发展必须以推翻清朝统治为先决条件。在"中国的觉醒以及开明的政府之建立"以后,"全国即可开放对外贸易,铁路即可修建,天然资源即可日渐富裕,他们的生活水准即可逐步提高,对外国货物的需要即可增多,而国际商务即可较现在增加百倍"。①

在当时的中国,不仅封建主义统治势力严重束缚了经济的发展,而且,帝国主义侵略势力也不允许中国独立自主、积极主动地发展经济。孙中山的"总体战略"型发展模式,把争取民族独立、排除帝国主义统治对中国发展的阻碍,作为经济发展的另一个重要政治前提提了出来。他指出:"我们国家的土地有这样大,矿藏有这样富,农产有这样多,为什么还弄到民穷财尽,人民日日受贫穷的痛苦呢?最大的原因,是受外国经济压迫。"②他还强调,清政府与外国列强订立的不平等条约是"卖身契",由于"卖身契还没有收回,所以现在还要做各国的奴隶"③。如果不推翻帝国主义的殖民统治,不废除不平等条约,不收回外国列强所控制的中国国民经济命脉,中国就不可能实现真正独立自主的经济发展。因此,他提出了中国"民族自求解放"④的反对帝国主义的纲领,提出了"废除不平等条约"的口号。

由于孙中山生前"革命尚未成功",没能建立一个独立自主的国家政权,因而不可能为近代中国的经济发展提供必要的政治前提,"总体战略"型发展模式也只能是空中楼阁。但是,他的思想主张作为中国近代经济发展思想的理论总结,把近代经济发展思想所具有的进步倾向提到了最大可能的限度,为中国人民留下了一份十分珍贵的历史遗产,是深值得我们重视和研究的。

如果用西方发展经济学的范畴体系作为衡量标准,中国近代经济发展思想也许还不是严格意义上的发展经济学。但是,从林则徐、魏源到孙中山,多角度、多层次地探求在经济上摆脱落后、跻于先进的道路,也即是发展中国、富强中国的道路,提出了各种各样的发展模式,进行了理论说明和论证,这些内容都是属于发展经济学的范畴的,是当代中国发展经济学的思想前驱和理论渊源。中国近代先进人士认识到,中国的经济发展包括两个方

---

① 孙中山:《孙中山选集·中国问题的真解决》上卷。
② 孙中山:《孙中山选集·女子要明白三民主义》下卷。
③ 孙中山:《孙中山选集·中国工人所受不平等条约之害》下卷。
④ 孙中山:《孙中山选集·中国国民党第一次全国代表大会宣言》下卷。

面:发展途径和发展的政治前提。他们把发展与"师夷"、"变法"紧密联系在一起,学习西方、实行改革是为发展服务的,是推动近代中国发展的两个车轮。他们不仅仅着眼于经济的发展,而且重视经济发展基础上的社会全面发展,将经济发展与政治、社会、文化诸方面的发展同时并重等。这些思想认识和主张,为具有中国特色的发展经济学的产生和发展奠定了基础、指明了方向。

思想制胜的新世纪营销*

我们走进了新世纪,无论是跨国大公司还是中小企业都迎来了数不清的大大小小的新机遇和新挑战。企业置身于市场营销的惊涛骇浪之中,要观察市场、把握机遇,要分析需求、战胜挑战,固然离不开市场调研和市场细分,离不开产品开发和定价,离不开分销渠道的设计和促销组合的运用等,但最重要的则是营销思想的变革、开拓和创新。营销思想并不像商品销售额、市场占有率、顾客购买力那样可以用数字来表示,但正确、积极、创新的营销思想却可以对启动、引导和创造市场产生无比的力量,对适应、激发和满足消费者需求具有无穷的魅力;反之,错误、消极、守旧的营销思想却会给企业带来耻辱、倒退甚至败亡,给广大消费者造成说不清、道不完的烦恼、痛苦甚至灾难。可以毫不夸张地说,新世纪的市场营销,关键在思想,决胜靠思想。

一

历史给思想以食粮,给思想以驿站。源远流长、博大精深的中国传统文化中蕴涵着光彩夺目、颇具特色的营销思想遗产。春秋末期的范蠡(陶朱公)、战国时代的白圭都是著名的大商人,他们在经商活动中都十分重视市场预测,首先强调的都是一个"时"字。范蠡的经商之道是"与时逐"、"任时"[①],白圭的经营特色是"乐观时变"[②]。他们所说的"时",与孔丘说的"使民以时"、孟轲说的"不违农时"、荀况说的"不失时"不同,不是指"农时"即农业季节,而是市场行情变化的"时机";并且他们强调的"时",主要也不是观察眼前的市场价格和供求状况,更重要的是着眼于未来的商品价格波动和市场供求变化。"乐观时变"、"与时逐"也就是善于预测并利用市场行情

---

* 本文原载于《北京大学学报》2002 年第 4 期。
① 司马迁:《史记·货殖列传》。
② 同上。

变化的趋势和规律性,主动地投身市场,以捕捉、掌握贱买贵卖的有利时机。

范蠡、白圭预测市场行情的思想和方法主要有以下几方面:

其一,周期性变动预测。从气候和自然条件的变化来说明农业收获丰歉的周期性规律,以预测商品供求及价格的周期性变化趋势。

范蠡说:"岁在金,穰;水,毁;木,饥;火,旱……六岁穰,六岁旱,十二岁一大饥。"①这里将古代天文知识与五行学说结合起来,认为岁星即木星12年间分别经过金、木、水、火等方位而绕太阳一周期,同农业生产由丰年到灾年的一个周期是相吻合的,农业丰歉的周期性变化又引起了市场供求和价格的周期性波动。丰年农产品多,价格低;灾年农产品少,价格高。农产品供求和价格的高低变化势必影响其他商品的供求和价格的上下波动。白圭也有类似的市场预测,也是把木星运行所到的一定方位,同当年的气候变化和农业丰歉联系起来,把农业丰歉看做一种周而复始的循环现象,从推测农业收成的丰歉进而预见商品供求和市场物价的变化。

农业生产是当时社会经济中主要的、决定性的部门,大部分商品是由农业生产出来的,大部分的手工业原材料也是由农业提供的。农业生产受气候和自然条件的影响很大,在古代,人类征服自然的能力很低时,农业收获状况尤其突出地带有靠天吃饭的特点。因此,范蠡、白圭都是从气候和自然条件的变化来探求农业丰歉的周期性循环规律,以便掌握未来不同年份的农产品尤其是粮食产量的增减趋势,在此基础上预测商品供求多寡和市场价格高低的周期性变化,这包含有一些合理的合乎科学的成分。

其二,季节性变动预测。通过预测每年中不同季节之间商品供求和价格的变化情况,根据不同的季节,吞吐不同的商品。

白圭认为经营各季节商品的重要原则是:"岁孰取谷,予之丝漆;茧出取帛絮,予之食。"②从市场预测来看,就是当季商品价格低,不当季商品价格高。当粮食收获季节,谷物大量上市,价格就会降低,应收购谷物,出售丝织品等物资;到蚕桑成熟的季节,帛絮纷纷上市,价格必然走低,就收购帛絮,抛出粮食。春秋时期的商贾参考也提出了类似的经营思想:"夏则资皮,冬则资缔,旱则资舟,水则资车,以待乏也。"③夏季或旱季时应提前准备冬季或雨季到来时将会因大量需求而缺乏的商品皮或舟,而冬季或雨季为夏季

---

① 司马迁:《史记·货殖列传》。
② 同上。
③ 左丘明:《国语·越语上》。

或旱季到来时将会因大量需求而缺乏的商品绨或车早作准备。显然,"待乏"原则与市场预测的原理是相通的。

其三,一般性变动趋势预测。先秦商人不仅注意农业丰歉的周期性变化和商品供求的季节性波动对市场预测的影响,而且重视在比较正常的情况下,对市场供求和价格的变化进行预测。

范蠡将有关供求、价格的一般性变动趋势的市场预测概括为:"论其有余不足,则知贵贱;贵上极则反贱,贱下极则反贵。"①一方面,可以从市场供求状况来预测价格的上下波动。如果某种商品有余则供给大于需求,价格就会跌落;如果某种商品不足则供给小于需求,价格就会上涨。另一方面,还可以从商品价格的高低会影响供求的多寡,来预测价格自身会向相反的方向转化。如果某种商品的价格上升到了极限,经营者都能得到高利润,就会刺激这种商品的供给不断增长,最终会造成供过于求而引起价格反跌,由贵到贱;如果某种商品的价格下跌到最低点,就会引起需求的增长和供给的萎缩,最终会出现供不应求而导致价格回涨,由贱到贵。

对预测市场行情的一般性变动的趋势或规律,要相应地加以利用。范蠡在"与时逐"中提出了"贵出如粪土,贱取如珠玉"②的营销方针。当商品价格上涨时,不要把高价的商品当做奇货而舍不得脱手,应该将这种商品像粪土一样抛售出去,因为商品价格昂贵,不会是一成不变的现象,而恰恰预示着将要下跌,而有毫不吝惜地迅速出售,才不会错过实现较高利润的大好时机。当商品价格下跌时,不要随大流而竞相抛出,应看准有利时机,把降低的商品像珠玉一样大量收购进来,因为商品价格不可能一直下跌,一旦跌到极限,正是将要回升的征兆,只有贱取的越多,才能贵卖得越多,获利也越大。

白圭"乐观时变"后作出的营销决策是:"人弃我取,人取我与。"③一方面,当某种商品在市场上供过于求、价格下降时,顾客不愿购买,商人争相抛售,白圭却与众不同地趁着价格低贱时买进,即所谓的"人弃我取"。因为,他预测到了这些冷背商品的价格变化趋向是"贱下极则反贵",价格过低使人们不愿经营,势必带来供给的缩减和需求的增长。到一定程度,这些冷背商品价格低的情况,就会转向反面,变成供不应求、价格猛涨的热门货。另

---

① 司马迁:《史记·货殖列传》。
② 同上。
③ 同上。

一方面,当某种商品成了热门货,供不应求而价格看涨时,人们纷纷争购,商人也竞相购存,故意囤而不发,以期价格进一步上涨。但是,白圭反其道而行之,他"人取我与",将自己手中存贮的商品以高价卖出。他是以"贵上极则反贱"的预测为依据的,敏锐地看到了热门货价格高而且继续上涨的行情,不会长期保持下去,将会转向供大于求,价格猛跌,所以应该及时出售。

与现代营销学相比,范蠡、白圭关于市场预测的理论、方法是较为原始、肤浅的。但对于两千多年前的古人来说,能有上述的思想认识,是难能可贵的,并且不乏一些生动、精彩的论点。

二

现代营销学认为,营销管理过程就是识别、分析、选择和发掘市场机会的过程,也就是企业与它的最佳市场机会相适应的过程。中国古代营销思想中当然不可能有"分析、选择市场机会"之类的提法,但在议论经营行业、方式和地点的选择问题时,实际上包含较多的分析、选择市场机会等方面的内容。司马迁的有关论述就很有代表性。

司马迁认为"富无经业"[1],就是说选择农、虞、工、商任何部门以及其中任何一种行业均可发财致富,每个行业都存在着市场机会,而不是只限于某种或某些特定的一成不变的行业或职业。尽管如此,这并不是说对经营行业、方式等就不需要进行选择了。在司马迁看来,个人选择什么致富机会、从事什么行业、采取什么经营方式,是很有必要加以认真分析的。不同行业的市场机会具有各自的特点,并且与个人的条件密切相关。主要考虑以下几个因素:

1. 风险

司马迁指出:"本富为上,末富次之,奸富为下。"[2]在三者之间,属于"奸富"的各种行业如赌博、盗墓、抢劫等,是"弄法犯奸"、危害社会的,无疑不应作为致富机会来选择。"本富"通过占有封建地产以经营农业来榨取地租而致富,在封建时代既受社会尊重,又比较稳定可靠,风险性小,因此选择这种机会是"为上"的。"末富"即靠经营工商业致富,也是正当的,但有较大的风险,因而是"次之"的致富机会。

---

[1] 司马迁:《史记·货殖列传》。
[2] 同上。

2. 效率

司马迁又认为,从风险角度来选择致富机会,本业优于末业;但从效率角度来分析,末业有其优越性:"用贫求富,农不如工,工不如商,刺绣文不如倚市门,此言末业,贫者之资也。"①意思是说,工商业尤其是商业,远较"本业"是更容易、更迅速的致富机会;对贫者来说更是如此,最便利、最有效的致富机会莫过于经营商业了。

3. 盈利

司马迁还强调,选择经营的行业应该了解各行业的盈利率,这是分析致富机会时所必须考虑的。他观察了当时各行各业的盈利情况,发现不管经营什么行业,一般都能得到20%的盈利。如果有100万钱的本钱,一年即可得利20万钱,他说:"佗杂业不中什二,则非吾财也。"②如果没有20%的平均盈利率,就是不值得经营的行业,就不是做生意的机会了。

4. 资本

究竟采取什么样的经营方式来选择、寻求致富机会,要根据个人的条件。司马迁把个人条件主要归结为"财"即资本的有无和多少。战国时有"长袖善舞,多财善贾"的谚语,比喻说有了长袖才能"善舞",本钱多才易于经营致富。司马迁在这个基础上,提出了更为深入具体的见解:"无财作力,少有斗智,既饶争时。"③没有本钱的人,只能靠劳动取得收入;有了一定数量的本钱,就可以选择有关的行业、职业,运用自己的经营才智,在市场上与别人展开竞争;如果是财力雄厚的人就可以利用大本钱,操纵市场,逐时争利,以获取大利。

5. 环境

在分析、选择市场机会的过程中,环境因素起着重大的作用。古代的富商大贾对此是较为重视的。司马迁记述了他们这方面的经验,"令后世得以观择焉"④。范蠡选择陶作为经商致富的地点,原因在于"以为陶天下之中,诸侯四通,货物所交易也,乃治产积居"⑤。卓氏在秦破赵时被强制由赵迁蜀,同行的迁虏贿赂押送者求迁近处,卓氏却认为"此地狭薄"而要求远迁,

---

① 司马迁:《史记·货殖列传》。
② 同上。
③ 同上。
④ 同上。
⑤ 同上。

在有铁矿的临邛安顿定居,"即铁山鼓铸"①,成为巨富。司马迁认为,各地区不同的环境状况,对人们的经商活动会产生较大的影响。他列举了好几个地方:"其民犹有先王之遗风,好稼穑,殖五谷"的关中地区,雍、栎邑、咸阳等几个都城,"四方辐凑并至而会,地小人众,故其民益玩巧而事末","亦多大贾";"犹有周公遗风,俗好儒,备于礼"的邹鲁之地,"颇有桑麻之业,无林泽之饶。地小人众,俭啬,畏罪远邪,及其衰,好贾趋利";"江陵故郢都,西通巫、巴,东有云梦之饶。陈在楚、夏之交,通鱼盐之货,其民多贾";"南阳西通武关、郧关,东南受汉、江、淮。宛亦一都会也。俗杂好事,业多贾";"齐、赵设智巧,仰机利"②……可以看出,古代商人在寻求致富机会、选择经营地点时,对经济、资源、人口、交通、文化等环境因素都是有所考虑的。

中国古代的营销思想和实践,还包括商品质量、价格、广告等一些内容,也很值得重视。范蠡把"务完物"、"腐败而食之货勿留"③,作为经营致富的原则之一,强调在商品买卖中要讲求货物的质量,对容易变质的商品不能在手里存留,以保持商业信誉、增强市场竞争力。苏州孙春阳南货铺从明万历年间到清代乾、嘉时的二百三四十年中,能够长盛不衰、闻名天下,就是靠质量取胜的,其商品"选制之精,合郡无有也"④。白圭主张"欲长钱,取下谷"⑤,"下谷"是广大民众消费的商品,价格低,利润少,但由于市场需求量大,经营这种商品能"长钱"即得到较大的利润总量,这体现了薄利多销的定价原则。司马迁提出的"廉贾归富"、"贪贾三之,廉贾五之"⑥,说的也是这个道理。唐代商人李珏在经营粮食时,就是坚持廉价销售,"不计一时之贵贱,一斗只求两文利",而"岁月既深,衣食甚丰"⑦,成为富有的粮商。早在春秋战国时就已出现了幌子等原始的广告形式。在漫长的岁月里,商家设计、制作了千姿百态的幌子和招牌等:有成衣铺、肉铺等以实物做幌子,有鞋店挂起特制大木鞋、卖油的吊着大葫芦等模型幌子;有题字酒旗的招牌,还有匾联式、坐地式的招牌等。不过,比较正规、成熟的商业广告始于北宋济南刘家针铺,其内容是:版上端横排刻有"济南刘家功夫针铺"八字,正中是白兔标记,两旁各竖排一行文字"认门前白兔儿为记",下方还有一组竖排的

---

① 司马迁:《史记·货殖列传》。
② 同上。
③ 同上。
④ 钱泳:《履园丛话·孙春阳》。
⑤ 司马迁:《史记·货殖列传》。
⑥ 同上。
⑦ 李昉:《太平广记》卷三一。

文字说明:"收买上等钢条,造功夫细针,不误宅院使用,客转为贩,别有加饶。"此广告的版面设计鲜明生动,文字说明简洁清楚,具备了现代广告应有的主题明确、印象深刻、信息完整等基本要素。还有,范蠡在"十九年之中三致千金,再分散与贫交、疏昆弟"①,多次将经商得来的财富分给穷朋友、远亲戚。明清徽商不仅在家乡热心公益事业,而且随着他们经商足迹所至,还积极参与和赞助经商社区的各种社会公益活动,如办学、修路、建桥、筑堤、救灾、赈荒等。这些事情不能单纯地看做是一种善行,在古代缺乏信息传播手段的情况下,通过能聚能散、广结善缘的办法有利于扩大商家在社会上的声誉,建立和保持良好的经商形象。这与现代营销学主张的企业将公共关系活动作为促销手段之间具有某些共同点。

三

市场营销,一头连接着深广、厚重的珍贵历史遗产,另一头更通向日新月异、与时俱进的现代社会。20世纪初,美国的若干大学开始讲授有关市场营销的课程,经过几十年的发展,到20世纪50年代形成了真正的现代营销学。在西方发达国家的营销思想和实践的发展历程中,生产观念、产品观念、推销观念、市场营销观念、社会市场营销观念依次占据了主导地位。

生产观念始于18世纪60年代至20世纪20年代,当时市场的主要矛盾是供不应求,企业的营销活动以生产为中心,其主要任务是提高效率、扩大生产、减少耗费、降低成本。由于产品结构单一,替代品很少,消费者几乎没有选择的余地,在20世纪二三十年代就出现了产品观念。它与生产观念都属于以生产为中心的营销思想,都没有把市场需求放在首位,只不过生产观念强调的是产品的数量,产品观念注重的是产品的特征,认为产品的质量、品种、功能、造型、包装、商标和价格等对营销具有决定性的指导意义。20世纪20年代末开始的经济大危机,使西方国家的市场发生剧变,大批产品供大于求,销售困难,竞争激化,销售取代生产已成为企业最头痛、最关注的问题了,推销观念在企业的营销思想和实践中逐渐起支配作用。尽管从生产观念发展到推销观念是营销思想的一个重大的进步,但其实质仍然是以生产为中心。因为推销观念的出发点是既定产品的推销,企业的目的是千方百计地将已经生产出来的产品推销给消费者,而对如何适应、满足消费

---

① 司马迁:《史记·货殖列传》。

者需求,则很少加以考虑。很显然,这种营销思想仍局限于"以产定销"。

20世纪50年代后,市场营销观念逐渐产生、形成,标志着营销思想出现了革命性的飞跃。与以往的生产、产品、推销等传统观念不同,市场营销观念从以卖方需要为中心转向了以买方需要即消费者需要为中心;从工厂作为起点即产品生产出来后才开始经销活动,转向了以市场为起点来组织生产经营活动;从销出产品获得利润为终点转向了高度重视售后服务和消费者意见的反馈、通过不断满足顾客的需求以取得利润作为终点;从主要采取广告等促销手段想方设法推销既定产品转向了通过整体营销的手段、使消费者物质和精神上的需要得到充分满足;从"生产者主权论"即决定生产何种产品的主权在于生产者转向了"消费者主权论"即左右生产经营活动的主权掌握在消费者手中,生产者要根据消费者的意愿和爱好来安排生产。这一系列深刻的变革,将营销思想与实践推进到了一个全新的阶段。

20世纪70年代以来,在能源短缺、失业增加、通货膨胀、消费者保护运动盛行等大背景下,针对单纯的市场营销观念,人们的怀疑产生了,不满越来越多,批评越来越严厉。由于单纯的市场营销观念忽视了满足消费者个人需要与社会长远利益之间的矛盾,从而造成了资源大量浪费和环境污染等社会弊端。因此,社会市场营销观念应运而生,其内容是正确处理消费者需求、企业利润和社会整体利益之间的矛盾,使三者统筹兼顾、协调发展。也就是说,市场营销不仅要迎合、满足消费者的欲望和需要,并由此使企业获得利润,而且还必须符合消费者自身和整个社会的长远利益。社会市场营销观念是市场营销观念的补充、修正和发展,促使营销思想更加完善和成熟,提升到了更高的水平。

四

我国在1979年实行改革开放后,才正式引进市场营销这门新的学科。二十余年来,越来越多的企业关注营销,思考营销,运用营销,将市场营销提高到举足轻重的地位。随着新世纪的到来,国内外的营销思想和实践出现了一些新变化,呈现出一些新的发展趋势。

一是"学习"营销。人类正在进入学习社会即学习意识普遍化和学习行为社会化的社会,企业正成为"学习型组织"。市场营销是"学习"营销,主要包括两个层面的内容:第一层面是企业向消费者和社会宣传其产品和服务,推广普及新技术。由于产品的技术含量高,专业性强,功能复杂,消费者不可能具备足够的百科知识来识别自己的需求,从而难于购买和消费。在这种情况下,企业就必须进行"传道,授业,解惑",实现产品信息的共享,消除顾客的消费障碍,从而扩大市场需求,"把蛋糕做大"。第二层面是企业向消费者、同行和社会学习。企业在进行营销的过程中不断地向客户及其他伙伴学习,发现自己不足,吸取好的经验方法,补充和完善自己的营销管理过程。因此,学习营销是一个双向过程,互相学习,互相完善,最终达成整体的和谐。

二是"合作"营销。和平、合作与共存是21世纪的大主题,这就要求企业在进行营销活动时特别注重与同行及客户、供应商的合作,在合作中竞争,在竞争中合作。大家通过合作型竞争,共同开发市场,创造良好的营销条件,而不是像过去那样互相拆墙,互相攻击。高度发达的信息系统和因特网为这种合作提供了良好的物质技术基础,企业进行营销可充分借助这些高科技手段主动与客户交流,真正做到对客户关怀备至。在合作营销中,企业与消费者的关系已经突破了传统营销的主动和被动关系,二者通过因特网可直接交流和沟通,实现完全的信息共享。企业建立消费者信息档案,根据消费者需求来生产,实行"定制销售"和"零库存销售",既满足了消费者的需求,又节约了社会资源。因此,合作营销是实现社会资源优化配置的必然要求,是21世纪营销的新特点。

三是"绿色"营销。21世纪是"绿色世纪",人与自然的共同发展问题越来越深入人心,环保成了最时尚的字眼。"绿色"营销,顾名思义就是在整个营销过程中贯穿着一种"绿色"概念,在设计生产、包装销售、服务经营、广告宣传等营销的各个环节,不断地体现浓厚的环保意识。若要赢得21世纪的市场,企业就必须从绿色出发,全面改造自己。众多商家们开始积极行动起来,纷纷推出绿色产品,开发绿色市场,开辟绿色渠道,实施绿色公关,进行绿色宣传,树立绿色形象。从企业自身来说,也要在内部建立绿色文化,对员工进行绿色教育,树立起绿色观念,努力提高市场营销的绿色水平。

此外,还有网络营销、关系营销等新理念、新方式,共同谱写着营销思想和实践发展进程中的新世纪篇章。

面对21世纪营销思想和实践发展的新趋势,我国一大批优秀企业谋势而动,顺势而发,得风气之先,取得了非凡的业绩;经过不懈的探索和创新,逐步形成了一些营销新思想、新模式,卓有成效,各具特色。但总体上,与发达国家相比,我国的市场营销还存在着相当的差距,如何奋起直追、后来居上?首当其冲的是,思想要解放,观念要更新。思想是求索、是创造,思想是市场运行的脉搏、是营销活动的灵魂;缺乏思想,市场营销也就没有了轨迹,迷失了方向。因此,我国企业在新世纪的市场营销中,一方面,要以积极的态势放眼世界、走向世界,虚心地"师夷长技",从西方现代经济学、管理学、营销学的理论及实践中汲取营养、博采众长,以充实、提高和发展自己,使之具有时代气息;另一方面,要坚决避免盲目地全盘西方化,而要坚定不移地走中国化的道路,扎根中华民族文化的深厚土壤,认真地挖掘、研究历史遗产,取其精华、弃其糟粕,并且要高度重视和大力提倡对当代中国企业的管理思想、营销思想及其实践的总结、提炼和升华,使之更加丰富多彩、更加生机勃勃。只有中西合璧,熔于一炉,取长补短,扬长避短,才能使中国式的营销思想和实践显示出独有的特色和魅力,才能使我国企业在21世纪的国际经济大舞台上,各显身手,思想制胜,夺取并掌握市场营销的主动权。

企业家学

——中西合璧　懒者"智"胜

中华文化和海外华人实业家[*]

一、问题的提出

20世纪60年代以来,新加坡、中国香港、中国台湾和韩国的经济出现了高速度增长,引起了全世界的瞩目,被誉为"亚洲四小龙"。它们迅速腾飞的奥秘何在?很多人在探讨、在争论,众说纷纭,莫衷一是。基本观点可以分为两大类型:其一是经济派,从经济发展战略、经济管理体制、产业结构、引进外资模式等方面入手,来研究"亚洲四小龙"超速发展的成功经验;其二是文化派,强调文化因素的作用,寻求文化方面的动因,认为以儒家思想为核心的中国传统文化,对"亚洲四小龙"的突飞猛进具有决定性的意义。

上述观点都是富有启发性的,产生了很大的影响。但是,这些论述却遗漏了一个十分重要的角色——企业家。如果没有企业家,"亚洲四小龙"的经济发展是无从谈起的,中国传统文化也是难以发生作用的。正如美籍奥国经济学家熊彼特所说过的那样,理应成为舞台主角的企业家却不出场,这与演出《王子复仇记》而王子不登场一样可笑。

除了韩国,推动新加坡、中国香港、中国台湾经济车轮前进的主要力量,都是华人实业家。当前正在崛起中的泰国、马来西亚、印度尼西亚、菲律宾等国家,华人实业家也扮演着重要的角色;在欧、美及大洋洲的一些国家,华人实业家的力量也在不断增长。因此,我们的研究焦点将对准海外华人实业家。

经营管理思想是企业家行为的先导,也是企业活动的灵魂。企业经营管理的科学与否、成效如何?其根本保证不在于经营管理的方法、手段和工具,而在于经营管理思想。可以说,企业家的一切成功,最重要的是经营管理思想的成功;企业家的一切失败,最根本的是经营管理思想的失误。如果经营管理思想落后或者出现了偏差,再先进的技术和工艺,再完美的规章和

---

[*] 本文摘自《港台企业家经营管理文化》,北京出版社1994年版。

制度,也只能是毫无意义和用处的东西。正是基于这种原因,对海外华人实业家的研究,我们将其经营管理思想作为理论分析和论述的中心内容。

应该说,有关海外华人实业家的著述不少。然而,运用经济理论对其进行探讨的却为数不多,以经营管理思想作为研究出发点的则更少了;大多数是以传记文学的形式出现,仅仅限于介绍海外华人实业家的奋斗史及其企业的发展史。我们将从经济与文化互动的角度,突破传记文学的框框,来研究、论述海外华人实业家卓有成效的经营管理思想。

海外华人实业家的经营管理思想,被深深地打上了中华民族文化的烙印,具有异于其他民族的个性和特色。经营管理是人所进行的活动,其对象不仅是物,更主要的是人,离开了人,经营管理也就不存在了。而人总是社会的人,生活在一定的社会、文化环境中,是有思想、感情、信念的,根据一定的风俗、习惯、伦理、道德、宗教、信仰等来界定自己的行为取向的。任何超民族、超文化的经营管理在世界上是找不到的。因此,中华民族文化制约着、影响着海外华人实业家的经营管理。中国的台湾、香港就不用说了。在新加坡、泰国、马来西亚等许多国家和地区,虽然绝大部分华侨在第二次世界大战后都已加入了所居国国籍,成为了外籍华人;他们的经济基础从中国转向了外国,政治认同从祖籍国转向了所居国,思想心态从"落叶归根"转向了"落地生根"。但是,散居于世界五大洲、不论居住在哪个国度、拥有哪个国家的国籍的华人,都是中华民族的一员,都是属于中华民族文化圈;中华民族文化所包含、体现出来的精神、气质、情操、智慧、思维方式以及表达方式等,是几千年的历史代代相承下来的,为全世界的华人所共有,已经深深融入不同国家的亿万炎黄子孙的民族特性、心理素质和风俗习惯中。中华民族文化对海外华人实业家经营管理思想的产生、运用和发展,起着非同一般的作用。

中华文化对海外华人实业家经营管理思想的影响是多方面的,在这里不拟展开全面的论述,而只是重点研究中华文化中最有特征的几个内容,这些内容对海外华人实业家经营管理思想的影响也是最广泛、最深远的。

二、刚健有为

刚健有为的思想渊源于孔子,他"发愤忘食,乐以忘忧,不知老之将至"[①]。为了实现自己的政治抱负,五十多岁了仍率领众门徒周游列国,历

---

① 《论语·述而》。

时十多年,奔波数千里,为儒家学说寻求支持者。这种刚健有为的精神到了战国时代,在《周易大传》中形成了明确的思想主张:"天行健,君子以自强不息。"在中华民族的历史上,刚健有为、自强不息精神的具体表现可谓比比皆是、不胜枚举。多少文人墨客所吟诵、描绘的青松、翠柏、红梅、猛虎、雄鹰、骏马等,表现出中国人民英勇豪迈、一往无前的气概;汉武帝、唐太宗、岳飞、文天祥、李自成、王船山、洪秀全、康有为、孙中山等无数的政治家、军事家、思想家,都是刚健有为的精神所哺育出来的。仅举一例,康有为在著名的《公车上书》中,提出的变法主张就是把《周易大传》的刚健自强思想作为理论依据:"自强为天行之健,志刚为大君之德,《洪范》以弱为六极,《周易》以顺为阴德。"

刚健有为、自强不息的精神,对海外华人实业家的创业和发展,起到了极大的激励鼓舞作用。他们辛勤向上、吃苦耐劳、艰苦奋斗、勇于迎接挑战、敢于战胜困难,在挫折面前不退缩、不为逆境所压倒,从而创造出非凡的业绩,取得了惊人的成功。有两位香港地区学者在一篇文章中提出:东南亚华人实业家的"成功因素是华人与生俱来的勤奋、节俭的个性。……这种忘我工作的精神放在自己所创的企业上往往产生巨大效果。即使企业获得了成功,他们还是照旧工作,没有休闲之刻。这种艰苦奋斗的精神是中华民族优良的特质,历代不衰。而且具体表现在东南亚及其他海外华人身上。"①另两位香港学者就"国人管理特色"问题,对46家香港厂商进行了调查,有45人非常同意或尚同意"工作认真勤劳"是企业者最重要的特质之一。② 台湾地区学者以台湾地区(自1978年至1987年)十年间选出之"青年创业楷模"88人为样本,进行资料分析,显出在成功创业者的内在因素方面,占首位的是"与精神有不可分的关系。几乎所有成功的创业者都具有坚强、不折不挠的精神。"③

确实,海外华人实业家的成就是来之不易的。他们中的不少人曾在社会底层饱尝苦难和辛酸,但以卧薪尝胆的奋斗精神,横下一条心,向命运挑战,搏击风雨,历尽沧桑,而迎来了"宝剑锋从磨砺出,梅花香自苦寒来"。

---

① 饶美蛟、刘可复:《东南亚华人企业的经营与管理》,《中国式企业管理的探讨》,经济管理出版社1985年版,第177页。
② 段樵、黄锡楠:《香港小型厂商的创业及管理观》,《中国式企业管理的探讨》,经济管理出版社1985年版,第193页。
③ 谢祖寿:《台湾企业家成功的个人与环境因素分析》,《论企业家精神》,经济管理出版社1989年版,第172页。

经济强人霍英东生于一个穷苦的水上人家。一家6口常年住在漂泊的小船上,靠父亲摇着一叶舢板搞驳运小业为生,尽管终年劳碌,到头来还是难得温饱。当他7岁时,一场暴风雨使他父亲船毁人亡,家中生活几乎陷入了绝境。挣扎求存的霍母白天惨淡经营先夫遗留下来的那份驳运小业,晚上则替人缝补衣裳,勉强养家糊口。

霍英东在凄风苦雨中长到17岁,开始踏入社会最底层寻找工作。第一份差事是在轮渡上当加煤工,后来在日本人扩建机场工程里当苦力,日报酬是7角钱和6两配给米。每天只能喝一碗稀粥配一块米糕,肚子老唱"空城计"。此后,他又当过船上的铆钉工和实验室的试糖工,到外打零活。童年的穷苦家境和成年后的生活坎坷,并没有把他压垮,他以顽强的意志与命运抗争。第二次世界大战后,他筹措了一些钱,参与经营运输业和转卖战后剩余物资,积累起一笔资本,这可算是他白手起家的开端、艰苦创业的起步。

接着,他以奋发有为、拼搏不息的事业心谋求更大的发展。20世纪50年代初,他凭着过人的胆识,决然涉足香港房地产业。他打破了同行建成新楼后,再陆续出售,或安坐收租的常规,开创了大楼分层预售的先河,加速了资金周转,可以用一当十,事半功倍,使房地产生意不知扩大了多少倍。经过数十年风风雨雨的创业和发展,如今霍英东的事业仍在不断地扩大,成为现代香港社会最有代表性的经济强人之一。

香港的李嘉诚、蒋震、曾宪梓,台湾的吴火狮、王永庆、张国安等一些著名企业家,走的都是一条踏平坎坷、刚健自强的创业之路。由于我们有专门研究他们经营管理思想的论文发表,这里就不评述了。对于身居异国他乡的海外华人实业家来说,赤手空拳闯天下更是加倍地艰难。"龙的传人"远离故土,移居国外,所面临的第一件事,就是图生存、求发展。由于处在一个陌生的社会环境中,又几乎一无所有,就只有靠自己的拼搏奋斗,才能走出一条成功之路。

林绍良是当代印度尼西亚籍最著名、资产最多的华人实业家,是当今世界十二大银行家之一,被称为"亚洲洛克菲勒"。他对自己的创业历程总结说:"创基立业,一半靠运气,一半靠自己努力。"他还说:"勤俭苦干是华人的美德。方向、意志和策略是第一要素,不怕失败、奋斗不懈、运筹帷幄、出奇制胜和深思熟虑是成功的必备条件。"他正是以这种努力进取、奋斗不懈的精神开创出一番事业。

他1916年生于福建省福清县,1938年因为要逃避抓壮丁,决定离家到南洋闯世界,来到了印度尼西亚爪哇岛古突士镇。他在叔父的杂货店中当了约四年的学徒,生活相当艰苦。为了打开创业的局面,他刻苦学习印度尼西亚语和当地爪哇方言,积极了解和熟悉当地环境、风土人情,开始了自己的小贩生涯。每天起三更动手加工咖啡粉,紧接着又要骑上自行车奔往离家六七十公里的三宝垅出售,从早忙到晚,一年到头很少休息。

二战后,日本侵略者退出了印度尼西亚,荷兰殖民者卷土重来。在印度尼西亚人民的抗荷战争中,林绍良的事业得到了发展。印度尼西亚是群岛之国,海上交通是经济交流的大动脉。荷兰军队占领了爪哇、苏门答腊的大多数大中城市以及沿海地区,林绍良住的中爪哇则是印度尼西亚共和国所在地,这里由于荷军的封锁,物资极为匮乏,许多生活必需品都通过海上偷运进来。当时,中爪哇以生产丁香烟而闻名遐迩,丁香烟厂如雨后春笋般地建立起来,但丁香原料奇缺。有过多年小贩经验的林绍良已练就了善于捕捉机会、敢于拼搏的过硬本领。他看到了丁香生意大有可为,就冒着风险从印度尼西亚东部的香料产地购买丁香,然后经新加坡转口,通过荷军占领区的封锁线,历经周折,转运至古突土镇,再发售各地。大力经营这种丁香买卖,使他获得了相当大的利润,为后来的事业起飞奠定了良好的基础。

1950年,印度尼西亚共和国政府全部接管了政权。林绍良于1952年将他的企业总部从古突士迁往首都雅加达,以进一步发展实业经营。他由商转工,工商并举,向多元化方向发展。先经营纺织厂,又制造铁钉和自行车零配件,并从事进出口贸易。在频频告捷之际,他没有停步,而是发起了新的冲击。1957年,他集资创办中央亚细亚银行,任董事长,进入了金融界。1967年苏哈托执政及他所制定的经济政策,更为林绍良的事业开辟了一条通往成功的坦途。他决心大展宏图,全面展开攻势,以建立梦寐以求的企业王国。他投资经营冶金、水泥、汽车、面粉、木材、医药等,也经营房地产业和酒店业,但主要业务是金融和贸易。经过数十年的自强不息,精心经营,林绍良功成名就,人们公认他是现代东南亚最杰出的华人实业家。

三、注重和谐

中华文化具有注重和谐的特点。《易经》设计的八卦结构,就体现了阴阳总体上的和谐、平衡。它用乾、坤、震、巽、坎、离、艮、兑这八卦,来分别代表天、地、雷、风、水、火、山、泽,以此去包罗世界万物。八卦的互相重叠组合,又推演出六十四卦,再以此去说明纷纭复杂的自然现象及其相互关系。而八卦又是以阴爻和阳爻互相重叠而成的。这样,《易经》就从宇宙万物中抽象出了阴阳两个基本范畴,认为阴阳的交感即互相组合与相互作用,是万物生成变化的前提。阴阳的交感和趋于平衡,是自然界和人类社会获得和谐发展的根本条件;反之,阴阳失和,必然招致祸乱。《黄帝内经》也是根据阴阳交感和合的原理建立起自己的医学理论体系。它认为,生命就是阴阳二气在人体内和谐循环的过程,一旦阴阳失调,破坏了气的和谐循环,疾病就会发生。因此必须运用药物治疗,调理阴阳,重新恢复气在体内的和谐循环,身体才能恢复健康。可以看出,从宏观的宇宙世界到微观的人体世界,我们的祖先都十分强调"和谐"二字。先秦儒家是把"和"作为最佳的理想境界来追求的。孔子学生有若说:"礼之用,和为贵,先王之道,斯为美。"①孟子说:"天时不如地利,地利不如人和。"②荀子指出:"和则一,一则多力,多力则强,强则胜物。"③还有,墨家主张"尚同"、"非攻",道家提倡"不争",都与儒家强调的"和"有着相通之处。

海外华人实业家生活在异域的土地上,无疑在"天时"、"地利"两方面都处于劣势,就只能在"人和"上狠下工夫,重视人的因素,强调人际关系的协调、和谐,谋求"和为贵",以建立和加强自己在经济竞争中的优势地位。

上面刚提到的林绍良经营实业的成功经验之一,就是重视人才,招贤纳士。他常说:"个人的能力有限,孤掌难鸣,再大的本领也需要人的合作和支持。"他还认为:"经营管理上最大的困难是寻找合适的人才,用人得当最为重要"。因此,他不惜重金聘请有专业技术知识和业务能力的人才。1972年在前往香港的客机上,林氏见到刚辞去泛印银行总裁职务的莫达·里加,晤谈之下,便邀请这位精通金融的银行家入股自己的中亚银行,并担任总经理,主持日常工作。在林绍良领导的企业集团中,聘用了许多大学生、工程师以及中等技术学校毕业生。很多重要企业公司中的总经理、副总经理、经理、部门主任等,都由一批干练的专业人员担任。中层管理干部则采用从基层选拔或从劳动力市场招聘、考核的办法来委任。

林绍良很重视员工的归属感和成就感,喜欢全心全意投入事业并对公司忠心耿耿的职工。对待属下,他做到恩惠有加,赏罚分明。有功者论功行赏,有错者不分亲疏,按规章制度办理,令出如山,决不通融。他强调较好的福利待遇,以吸引人才。职工的升迁、加薪、奖金及退休费等都是比较优厚

---

① 《论语·学而》。
② 《孟子·公孙丑下》。
③ 《荀子·王制》。

的。如他主持的中亚财团是印度尼西亚首先实行超龄职工（工龄在25年以上）全薪退休制。由于林氏的知人善任，不少经营管理和金融贸易的干将聚集在他的麾下，为他冲锋陷阵。对这些人才，他委以重任，信用不疑，将他们合理地安排到最能发挥才干的岗位上，为他们提供更多施展才能的机会，使其为企业的发展贡献更大力量。

如果说林绍良谋求"和为贵"，以增强公司内部的凝聚力和向心力。那么，洛杉矶美籍华人金融家黄仲元则在银行外部对客户提出了"家庭式气氛，现代化经营"的响亮口号。

黄仲元1929年出生在上海，1948年随父迁往台湾。1952年于台湾大学毕业后，他赴美入俄勒冈州的一所大学改读会计，业余还在一家会计事务所兼差。1960年，他自行开业，设立了会计事务所。1974年，他创办了全美第一家在联邦政府立案的华资银行——远东国家银行。

作为董事长兼总经理的黄仲元，并不像一些银行大老板一样，雇有荷枪实弹的贴身保镖，坐在警卫森严的办公室里，对普通客户俨然以救世主自居。他恰恰相反，经常亲临业务第一线，在柜台前的穿堂上与广大客户亲切交谈，详细询问、了解情况，掌握第一手资料。他说："对前来银行存款的或是借款的，都要一视同仁，竭诚接待。尤其对小商家、小客户丝毫不能怠慢无礼。"他要求银行职员对客户的服务要周到热情，真诚相见，使"家庭式气氛"真正落到实处。

有些银行是"只认钱，不认人"。远东银行的放款原则是"先人后物"，也就是首先考虑借款人的品格是否端正，信誉是否可靠；然后再看其资金多寡，注意其运转率，究竟有无偿还力等。对平时信用好的一些中小客户，如果生意上一时资金周转不灵，或个人生活遇到特殊困难，急需融通一笔款项时，黄仲元总是体谅他们的处境，急他们所急，尽快地给予支持，使他们抱着希望而来，带着满意而去。在一般情况下，客户向美国的一些银行申请贷款，手续繁杂，必须先向总行登记候批，往往迁延时日，真是"急病人遇到慢郎中。"而远东国家银行对于客户的申请贷款，总是争取当日办理清楚。如果对方信用昭著，款数不多的，最快的，一个电话就敲定了。因此，客户们把远东国家银行当做自己的"家"，有困难就到银行来商谈，温馨脉脉，充满了人情味，与一些银行的铜臭气形成鲜明的对比。

为了使客户处处方便，远东国家银行经常加班加点，当日办不完的事，职员们就赶一下，争取"当日事，当日毕"。全美国没有一家银行星期六办公的，而远东国家银行是惟一的例外。黄仲元说："我们的服务宗旨是一切为了顾客的方便。"他不但对客户给予资金上的融通、便利,还在银行开办咨询服务。银行聘有熟知经济理论和工商实务的专家学者,他们有专业知识、经验和技能,可以帮助客户的企业发展生产、提高质量,降低成本,开拓业务网络。至于客户生意安排上需要银行辅导,它也是乐于帮助的。这些都使银行与客户的关系—如鱼水之交融,不能分离。

黄仲元所提出的注重人和的"家庭式气氛,现代化经营",使远东国家银行的营业额连年上升,建起了新的营业大楼,还在海外设立办事处,多年被美国联邦储蓄银行评为"成绩优异的银行"。

海外华人实业家在企业之间以及企业与政府之间,也很强调本着"和为贵"的精神,来调节、处理各方面的关系。著名的"亚洲糖王"、"酒店大王"、马来西亚籍华人企业家郭鹤年,有一条重要的经营原则:永不独占。他和马来西亚、新加坡、中国等国家的政府官员和著名商人都保持着融洽、友好的关系,几乎所有的企业都与政府部门或其他公司合作经营。试举几例:在马来西亚,他为最大股东的玻璃市种植有限公司,合伙人是玻璃市州政府;他负责经营管理的吉隆坡香格里拉大酒店,城市发展局是股东之一。在中国,他分别与外贸部、五金矿产进出口公司合资,经营国际贸易中心、香格里拉酒店。在香港,他与邵逸夫合资经营香港电视广播公司和电视企业,与林绍良联手投资九龙香格里拉酒店。

合作经营的好处是便于筹集资金、经营规模易于迅速扩展,同时在经营管理过程中,可以得到有关各方的大力支持,更好、更顺利地克服困难、解决一些矛盾。其弱点是如果合作不愉快,公司发展容易遭受挫折和阻断,从而造成重大损失。郭鹤年凭借其讲求和谐、善于合作的优势,正好扬合营之长,而抑其短。他以待人诚恳、珍视友情、注重信义而著称。他所信奉的格言是:"多留一点好处给别人"、"临事让人一步,自有余地;临财放宽一分,自有余味"。因此,人们愿意与他合作,在合作中对他有信任感,这样保证了合营企业能够顺利发展。

四、仁、智、信

在中华文化中,特别重视个人道德素质的培养、陶冶和完善。《大学》强调说:"自天子以至于庶人,一是皆以修身为本"。只有"修己",才能"安人"①。首先提高自身的修养,建立、坚持正确的道德规范,然后才谈得上齐家、治国、平天下。

儒家认为,君子尤其是从政者所应具备的道德素质是:仁、义、礼、智、信。《孙子兵法》提出,统兵的将帅要有"五德":智、信、仁、勇、严。先秦商家代表人物白圭将培养经商人才的素质标准概括为:智、勇、仁、强。不同的领域,对人的素质要求有着不同的侧重点,但又存在着共性。政治、军事、经济这三个领域,对人的素质都提出了"仁"、"智"。儒家、兵家又都强调"信",商家的"强"也包含有坚持信用之意。我们就来分析"仁"、"智"、"信"这三个字对海外华人实业家的显著影响。

孔子说:仁者"爱人"②。在西周宗法制时代,他是把对贵者、亲者的爱摆在优先位置的。同时,他又提出:"泛爱众"③,其爱的对象也包括有贱者、疏者,只不过有等级差别。他的学生子贡问道:如果有人"博施于民而能济众"④,可以算仁人吧?孔子回答说:不仅是仁人,简直是圣人了。在这里,"仁"就是博施济众,给社会公众带来好处,为广大民众提供帮助、解决困难。孙子的"仁",主要体现为"爱兵"。他认为,将若"视卒如婴儿","视卒如爱子"⑤,士卒就会与他生死与共,跟随他赴汤蹈火。王晳对此注解说:"仁者,惠抚恻隐,得人心也。"⑥商家对仁的论述是:"能以取予。"⑦就是要求商业经营者为了事业的发展,要处理好取与予的关系。既要"与用事僮仆同苦乐"⑧,在物质上舍得对自己的助手和劳动者给予较优厚的报酬,在精神上给他们一种"同甘共苦"的感觉,以这种"予"来调动他们的工作积极性;又要以合理的价格、优质的服务对待顾客,这样的"予"有利于"取",即有利于吸引顾客,扩大市场占有份额;还要对社会公众有一定的"予",以各种形式回报社会,如陶朱公"十九年中三致千金,再分散于贫交、疏昆弟"⑨。这已不仅仅是一种善行了,而是通过这种"予"的办法,宣传自己的经济实力,提高自己的商业信誉。这与儒家所说的"博施济众"是相类似的。

---

① 《论语·宪问》。
② 《论语·颜渊》。
③ 《论语·学而》。
④ 《论语·雍也》。
⑤ 《孙子·地形篇》。
⑥ 《十一家注孙子·王晳》。
⑦ 《史记·货殖列传》。
⑧ 同上。
⑨ 同上。

海外华人实业家继承、发扬了中华民族"仁"的传统美德。他们中虽然也有少数"为富不仁"的人，但更多的是以仁义立身、以仁义为重。他们关心、爱护企业员工，选拔、重用人才，使大家和谐地合作共事，从而有力地推动了企业的发展，这方面的事例上一节已经论述过了。同时，他们遵循"仁"的道德准则，积极地承担、履行自己的社会责任，为社会尽义务、作奉献，把企业的发展与社会的进步紧密地结合起来，通过博施济众，取之社会，用之社会，而赢得了广大公众的赞许和支持。

马来西亚华人最大的政党马华公会于 1975 年组织了马华控股有限公司，由华人认购大部分股票，到 1985 年底它的股东已有四万六千余名。该公司投资经营范围包括种植业、金融、贸易、制造业、旅游业等。但由于公司领导人经营不善，1987 年造成严重的财务危机而濒临被有关方面接管的厄运。这一事件不仅威胁到广大股东的利益、关系到公司的兴衰存亡，而且也影响到马华公会政党的声誉及未来的地位。在这个关键时刻，公司原有的 10 名董事全部辞职，由马华公会总主席林良实出面邀请，郭鹤年等 4 名华人实业家挺身而出，组成了新的董事会，由郭氏担任公司董事会主席。在他们的主持和领导下，公司立即筹款偿还了原来的 2 000 万美元债务，渡过了难关。他们完全是以为广大公众、为华人社会服务的献身精神，知难而进，肩负起此重任的，个人没有进行任何新的投资入股或进行股权转让。这一仁义之举，博得了当地社会的广泛好评和支持。《南洋商报》专门刊登了社论和专论，指出郭鹤年等人出任马华公司新董事，"既不是为利，更不是为名（他们的名望已超过国界）……是为了献身于一项神圣的任务——为马华集团广大股东，以及为了民族的事业，贡献他们的力量"。报纸还特意赞扬了郭鹤年是"名重国际、富甲一方的企业家，和其他董事携手合作，马华控股有限公司可说是深庆得人，并已产生振奋人心的积极意义"[①]。

海外华人实业家捐资兴办教育事业、赞助支持体育运动的发展、热心慈善事业等事迹举不胜举，这里就不一一详述了。

儒家、兵家、商家所讲的"智"，指的就是智谋，表现为预见、谋略、灵活机变等多方面。《十一家注孙子·五智》中说道："智者，先见而不惑，能谋虑，通权变也。"白圭认为，"智"要"足与权变"[②]。

对于海外华人实业家来说，"智"是最重要的素质之一。任何一个有成

---

① 《南洋商报》1987 年 2 月 15 日。
② 《史记·货殖列传》。

就的海外炎黄子孙,面对复杂的市场环境、激烈的竞争和变化莫测的行情,要生存、要发展,就必须善于预测发展变化的市场趋势和掌握有利时机,及时采取正确的经营战略和策略,多谋善断,以智取胜。他们深有体会地说,事业的成功,不仅要用双手,更重要的还要用脑子。有的学者评价说,东南亚华人企业家的"适应力与洞察力强。华人一般有一股坚毅的精神,能够适应一些不利的环境,同时有敏锐的洞察力,很快攫取赚钱机会"。[①] 还有的学者指出,香港的企业家具有"远见"、"把握时机"、"果断力"等主要特质。[②] 欧、美国家的华人企业在强手如林的竞争环境中能够脱颖而出,关键也在于具有过人的眼光和高超的应变决策能力。

美国电脑大王王安在事业征途上的各个阶段,就像田径比赛中的"三级跳"。第一跳是决定开发案头计算器。20世纪60年代初期,许多大公司都在从事开发"分时"技术(从一个大型中心的计算机的终端分支来扩大它的使用),或者制造专门用途的小型电子计算器。王安见微知著,在用户新的需求仍处于朦胧状态之时,决定开发电子计算机领域低端的市场。他大大简化了电子计算机的程序,使案头计算器成为当时市场上富有生命力的产品。从千万家公司结账用的计算器,到小学生做算术时用的计算器,应有尽有。并且轻便小巧,使用简单,操作者无须进行特别训练,因此深受用户欢迎。

第二跳,在产品销路尚好之时,王安主动将案头计算器向上发展为小型电子计算机。当时如果由案头计算器向袖珍计算器市场转移,只需要做一下产品改装,费力少、见效快。而开发小型计算机,技术相当复杂,有很大的风险。王安却敏锐地意识到,袖珍计算器是样式急剧变化的消费品,并不能长期占领市场。而小型电子计算机以其先进的性能和广泛的用途,将会使顾客更乐于接受,市场潜力很大。事后证明他的应变决策是正确的,获得了巨大成功。

第三跳是王安又将小型电子计算机转移发展为文字处理机。这种带有指令的美妙打字机,加上适当的软件,显著提高了人们的资料汇集、文字编辑等工作的效率。随着社会信息化步伐的加快,它迅速进入大大小小的办公室和千千万万的普通家庭。人们赞叹说:"王安设计制造的产品,能随着

[①] 饶美蛟、刘可复:《东南亚华人企业的经营与管理》,《中国式企业管理的探讨》,经济管理出版社1985年版。

[②] 闵建蜀:《香港的华人企业家:过去、现在、将来》,《论企业家精神》,经济管理出版社1989年版。

时代的脉搏一起跳动"。

中华文化有着"信"的优良传统。孔子十分重视取信于民问题,他把"民信之"即取得百姓的信任看得比解决民食问题还更重要。当他的弟子问:如果取信于民和解决民食两者难以兼顾时怎么办?孔子毫不犹豫地答道:"去食。自古皆有死,民无信不立"!①《孙子兵法》所讲的"信",就是赏罚有信,言行一致,令出必行,该赏就赏,该罚就罚,言必信,行必果,以"信"治军,才能战无不胜。正如《十一家注孙子·杜牧》中指出:"信者,使人不惑于刑赏也"。商家把"强"的含义解释为要"有所守"②,即能够有所坚持,坚持包括许多方面,其中很重要的一点就是坚持守信用。

海外华人实业家非常重视自己的信用,十分珍惜自己的信誉。他们最害怕的一件事是,如果失去了信誉,没有了信用,就会举目无亲,寸步难行,事业就无法干下去了。他们认识到讲"信",胜过百万资本,是自己的力量所在,谁不讲"信",谁就会被市场淘汰。海外学者的研究成果表明:东南亚华人企业家的一个成功因素是信用。货物的销售一般都是靠信用方式进行,先取货,过一段时间再付款。华人企业深明信用之道,一方面是信任他人,另一方面是被人信任,凡失去信用的人,生意一定失败。由于获得信用,资金得以周转,企业经营得以扩充。③ 一位台湾教授指出:台湾企业家成功的个人因素有一点很重要,待人诚信。④ 一位香港教授分析说:香港华人企业家的精神充分表现了中华文化传统的"信"的特点。⑤

印度尼西亚著名的华人银行家李文正的经营格言是:"银行并不是买卖金钱的行业,而是买卖信用。取得某人信用之后,再授予他人。"他原籍福建省,1929 年出生在印度尼西亚,1947 年曾在南京中央大学学习,1950 年返印度尼西亚后,先后从事商业、外贸、航运等工作。从 60 年代起,他投身银行界。当时有一家华人经营的"繁荣"银行,因经营不善而濒临倒闭,他便四处游说几位有经济实力的华商注资进行解救,自己也投入了一些资金,并转到"繁荣"银行工作。在他的精心经营下,银行的业务不仅扭亏为盈,而且蒸蒸

---

① 《论语·颜渊》。
② 《史记·货殖列传》。
③ 饶美蛟、刘可复:《东南亚华人企业的经营与管理》,《中国式企业管理的探讨》,经济管理出版社 1985 年版。
④ 谢祖寿:《台湾企业家成功的个人因素与环境因素的分析》,《论企业家精神》,经济管理出版社 1989 年版。
⑤ 闵建蜀:《香港的华人企业家:过去、现在、将来》,《论企业家精神》,经济管理出版社 1989 年版。

日上。后来,他又应聘拯救了陷入困境的雅加达宇宙银行,担任该行的董事、总经理,被人称为医治银行疾病的能手。1971年,他和一些华人企业家共同集资,收购、合并了一些小银行组成了当时印度尼西亚最大的民营银行——泛印银行,并担任董事长兼总经理。经过几年的努力,泛印银行成为印度尼西亚首屈一指的华人银行。1975年,他应林绍良之邀,入股中亚银行,担任董事、总经理,又使该行的业务突飞猛进,跃居印度尼西亚私人银行之榜首。

　　李文正经营银行业的成功秘诀在哪里?很重要的一条就是十分重视信用,把信用作为银行存亡发展之至宝。他强调说:"开办银行不一定是有钱人的专利,存放款之间,完全取决于'信用'二字。"因此,他提出了"骑马找马"的经营哲学,认为"人用脚来追马,永远追不上,必须骑马追马。办银行,全靠信用,要追'信用',则靠'信用'来追"。他在与其他实业家谈判时,重信笃行,以信用为基础而提出了"双胜共赢理念"。他多次说:"做生意,眼光要摆远,争千秋而不计较于一时。""如果双方为利便争,你想你的利益,我打我的算盘,生意不可能长久。"所以,他主张双方谈判,不一定要分出胜败,要互相取信于对方,互惠互利,共同合作,皆大欢喜。

五、弃其糟粕

　　建立在社会化大生产基础上的近、现代企业诞生于西方,关于企业经营管理的制度、方法和理论,也首先在西方国家形成了一套比较完整、系统的科学体系。海外华人实业家生活在特殊的环境中,更直接地面对现代世界潮流的冲击,对西方现代经营管理的了解更为全面、深入。他们在优胜劣汰的激烈市场竞争中,要战胜各种环境的挑战,要顺应时代的潮流才能求得生存和发展,才能赢得竞争的优势,这就需要学习、借鉴西方先进的经营管理制度、方法和理论,从中汲取有用的东西。同时,还应该看到,中华传统文化中既有精华,也有糟粕,这些糟粕与现代化的经营管理是格格不入的。因此,海外华人实业家一方面继承、弘扬中华民族优秀的传统文化;另一方面,摒弃、克服中华文化中消极、落后的内容,学习和移植西方先进的东西以取而代之,把西方现代化的经营管理与中华民族优秀的传统文化有机地结合起来。

　　在中国古代社会,农业是主要的生产部门,一家一户为一个生产单位,男耕女织、自给自足的封建个体经济,是农业生产的主要形式。这种生产水平低下、经济结构极其简单的生产方式,长期把人们束缚在一种隔离或半隔离的状态中,过着一种日出而作、日入而息的单调生活方式;在文化观念形态上则表现为:随遇而安、听天由命、安贫乐道、不思进取、安分守己、与世无争等,用现代的话来说,就是缺乏竞争意识。因为小农经济的分散性、封闭性,使相互之间不可能展开积极的竞争,自给自足的生活也使人们安于现状、易于知足而难以产生竞争精神。此外,在古代社会的城市,同行或手工相近的手工业者组成各种行会,不但阻止外来手工业者的竞争,而且限制本地手工业者相互间的竞争。

竞争是近现代社会经济活动的一个鲜明特点,竞争为企业的发展注入了活力和生气,从而有力地促进了社会经济的高速度增长。市场就是战场,竞争作为商品经济的必然产物,把价值规律转化为外部的强制力量,迫使每个企业服从它的支配和制约。任何一个企业家要想在市场上站稳脚跟,就必须认清竞争形势、讲求竞争策略、提高竞争素质、增强竞争能力,简而言之,要有竞争意识,才能在众多的竞争对手面前不打败仗而胜人一筹。因此,海外华人实业家毅然抛弃了传统的安于现状、与世无争等陈旧观念。他们具有强烈的竞争欲望、旺盛的竞争斗志,既有敢于竞争的气概,又有善于竞争的谋略,从而在激烈、无情的竞争中成为胜利者。

因循守旧是传统文化的糟粕在观念形态上的又一表现。在自然经济条件下,千百年来的农业呈现一种单循环的样式,春种、夏管、秋收、冬藏,年复一年,周而复始,基本上是简单的再生产。这样,世世代代循环反复的生产活动,必然导致生活方式也是简单的重复和循环,从而人们的思想认识也带上了因循守旧的色彩。前一代人的理论和经验,也像前一代人的生产、生活那样,几乎不加任何修改、变化,照旧适用于后一代人。这种重因循而不图改作、主守旧而不思革新的传统思想观点,是由孔子肇端的。他说:"殷因于夏礼,所损益可知也;周因于殷礼,所损益可知也;其或继周者,虽百世可知也。"①他认为,后代对前代的礼制,不应实行根本性的变革,而只能在"因"即沿袭、继承的总前提下,稍加增减、损益。因此他对春秋时代的政治家们变革"周公之制"的行为大多持敌视、否定的态度,不赞成废旧更新,只主张对旧制实行一些枝节性的修补。因循守旧的传统观念与现代社会的发展是背道而驰的。一个民族、一个国家,最宝贵的财富是创新的精神,这远比物质财富要重要得多。如果因循守旧,失去了创新精神,再丰富的物资也会贫

---

① 《论语·为政》。

乏、枯竭,整个社会就会停滞不前。如果反对因循守旧,坚持创新,即使物质财富暂时较少,但很快就会增长、富裕起来,整个社会将越来越发展、越繁荣。熊彼特就认为,创新推动了社会的发展,承担、完成创新任务的正是企业家。发展经济学理论也认为,创新精神必然要体现在企业家身上;不发达国家的落后,与其说是由于缺乏资金,不如说是由于缺乏创新的企业家;创新是企业家的本质属性,有了肩负创新重任的企业家,不发达国家才有可能实现经济的变革和腾飞。

海外华人实业家正是名副其实的创新者。他们认识到,在经营管理中因循守旧、故步自封,总是实施同样的经营战略,使用同样的管理方法,缺乏新思想、新方案,是难以打开局面的,只能步人后尘,最终走进死胡同。只有致力于创新,制定新的经营战略,采用新的技术工艺,寻求新的市场,开发新的产品,才能闯出新路子、开辟新天地。

泰国籍华人杨海泉是世界"鳄鱼大王",他走的就是一条创新之路。他一开始创业,就盯上了其貌不扬却浑身是宝的鳄鱼,看到了只有人捕鳄,却无人养鳄,决心投身于这项无人敢干的单行独市的养鳄事业。他在无师可承的情况下,人工繁殖鳄鱼,悉心观察幼鳄的生活习性,探索出科学的饲养方法,终于创造性地解决了繁殖、驯养鳄鱼的难题。1971年,国际保鳄会议在纽约召开,他作为泰国的惟一代表出席会议。与会者公认说,当时世界各地的捕鳄家很多,但像杨海泉这样的畜鳄家却难找到第二人。

在耀眼的成功面前,杨海泉的创新脚步没有停止。他又把养鳄业与观光旅游业结合起来,进行综合经营。自养鳄湖开放后,游客络绎不绝,现在已成为泰国的一个旅游胜地。人们对杨海泉的创新精神无不交口称赞。

中华文化的思维方式有一明显特征,就是带有模糊性。不少概念、范畴往往缺乏规定性和确指性。天、道、理、气等,都没有明确的界定和含义,各有各的说法,其意义含混不清、各不相同。当然,这不等于说中国传统文化不存在任何精确性。实际上在天文历学、中医用药、建筑结构等方面都有着惊人的精确性,只不过不占主导地位。从总体上看,模糊性是主流。

思维方式的模糊性是不利于现代化经营管理的,使科学、严格的经营管理规章制度难以奏效。西方科学管理的原则、方法、条例等,是对人类经营管理思想和实践发展的重大贡献,也是西方之所以能够首先创造现代化大生产的基本因素之一,其主要特点是它的精确性和规范性。而模糊性则违背了这一关键之点,思维的模糊,概念的模糊,造成管理归管理,制度归制度,两者风马牛不相及。这必然使科学、严格的经营管理规章制度和方法等,难以发挥其作用。

　　海外华人实业家积极地摆脱传统思维方式的束缚,坚决克服经营管理的模糊性、随意性。他们从经验、放任、个人的管理走向了科学、规范、组织的管理,力求经营管理的精确化、标准化和制度化,建立起科学的经营管理程序和制度,从而取得了显著的效果。

　　世界塑胶大王、台湾著名的企业家王永庆,被人称为"经营之神"。他在经营科学化、管理合理化上下了很大功夫。他认识到自己所领导的是一个庞大的塑胶企业集团,没有一系列合理、科学的经营管理规章制度和方法是不行的。他强调说:"企业规模越大,管理越困难,如果没有严密的组织和分层负责的管理制度,作为规范一切的人、事、物运用的准绳,据以彻底执行,其前途是非常危险的。因为企业在小规模经营阶段,组织小、单位少、人少,事少,比较容易联系,容易做好经营管理。但是发展到一定程度,规模大了,人多事杂,单靠人力来管理是不够的,就必须靠制度规章的力量来管理,靠组织的力量来推动,以弥补人力的不足。"

　　他为台塑企业设计、完善了一套切实可行的经营管理制度和方法,使员工依照操作规范与事务流程去做,主管职能部门也依"法"考核与追踪。工作量可以计算,工作品质可以衡量,从而达到人与事的公平、合理。仅从"施工规范"和"品管作业规范"来看看吧。

　　"施工规范"是台塑对工程建设施工管理的法规。其规定可谓巨细无遗。如土木部分就有9大本,从钢筋如何结构、怎样存放、绑扎,到使用什么工具等全部有详细的图文说明规定。全部规范从人工、物料、技术、操作无一不井井有条、一板一眼。任何主管、工种、岗位、员工都休想舞弊和偷工怠工减料。

　　"品管作业规范"为一总册,依据各工厂企业岗位工作性质的不同,分别设计、装订成分册,任何现场员工都要做到人手一册。手册内规定了其工作的全部内容和具体细节,只要严格按照手册执行,工作品质就能得到保证。

六、新的学科

　　美国是现代管理科学的发源地,也是管理理论的输出国。从泰罗的科学管理到梅奥的行为科学,再到第二次世界大战后"管理理论丛林"的出现,美国的管理思想对其他国家具有巨大的吸引力。加上美国雄厚的经济实力和领先地位,更增加了其管理思想的魅力。许多国家和地区都纷纷学习、借鉴美国的管理思想。

但是,20世纪七八十年代以来,随着日本经济的迅速崛起、后来居上,刮起了一阵"日本旋风"。面对日本的强有力挑战,美国的有识人士开始潜心探讨"日本的成功和美国的复兴"这个问题,对日、美两国的经营管理方法、模式进行比较。他们发现,美国企业的落后是管理思想的落后,日本企业普遍重视共同价值观、精神信仰、行为规范之类的文化因素。据此,美国管理学界提出了企业文化理论,掀起了"企业文化热",并进而影响到世界各国。时至今日,"企业文化"仍然是管理学界持久不衰、相当热门的研究课题。

海外华人实业家的经营管理思想及其指导下所取得的巨大经济成就,实际上已经形成了既不同于美国、也不同于日本的独树一帜的海外华商文化——既包括他们所创造的生产资料、消费资料等物质文化,还体现在经营机制、组织结构、管理规章等制度文化上,还蕴涵着价值观、企业精神、经营管理思想、道德规范、行为准则等精神文化。在海外华商文化的这三个层次中,物质文化是基础,制度文化是中坚,精神文化则是灵魂和核心。正是价值观、经营管理思想、道德规范等方面所呈现出来的民族特性、文化传统,成为海外华商文化与美国、日本等国家、地区的企业文化之间相互区别的明显标志,最典型、最集中地反映了海外华商文化的独有特色。

美国、日本的企业文化已得到学术界、企业界的普遍认可,并进行了大量调查研究,有不少著述问世。遗憾的是,世界上对海外华商文化的研究却是极为薄弱的,至今尚未引起人们的重视,这与海外华人企业家在现代国际经济中所占据的重要地位、发挥的显著作用是很不相称的。我们认为,只有把"海外华商文化"作为一门单独的新学科进行开拓和建设,展开深入的研究和探讨,才能充分揭示和展现海外华商文化的意境、魅力和风采。具体地说,其意义有以下几点:

第一,发展经济学有一个重要的理论观点:企业家和他们身上体现的精神,是中世纪后期从西欧社会产生和发展起来的。它是经济、政治、社会、文化、宗教等多方面力量起作用的产物。西方资本主义社会继承了这一社会遗产,因此有着较多的企业家。而发展中国家缺少这样一种社会遗产,所以企业家人数太少,而且他们也没有足够的力量作出创新的决策。

上述观点虽然有一定的道理,但在其影响下,人们对企业家和企业文化的研究,重心主要放在发达国家。对发展中国家企业家的研究是很不够的,对其以价值观、企业精神、经营管理思想为核心内容的企业文化的研究就更为欠缺了。创建"海外华商文化"这一新学科,组织力量加强这个领域的开拓性研究,可以修正发展经济学的上述观点,弥补企业家及企业文化研究的不足;为发展中国家企业家的成长以及他们提高自身素质、改进经营管理、培育企业文化等,提供有益的借鉴和良好的楷模。

第二,改革开放的当代中国在建立市场经济体制与国际经济接轨的进程中,需要学习、吸收人类文化的精华,其中包括其他国家和地区的先进经营管理。而海外华商文化则是最值得研究和学习的。它是中华民族优秀传统文化与西方现代化经营管理相互交流、融合的智慧结晶,但又绝不是两者板块式的简单拼凑、对接,而是有机地结合起来,融为一体,从而产生、形成了新的与众不同的海外华商文化。

海外华人实业家一方面顺应历史发展的潮流,在中华民族传统文化注入了现代化经营管理所需要的新内容,使之具有时代气息;另一方面,他们对西方先进的经营管理不是盲目地全盘照搬,而是紧密结合中华文化的特点,加以必要的改造、充实和发展,使之不脱离中华民族文化的深厚土壤,具有生命活力。因此,这种体现出炎黄子孙的智慧、风格和价值追求的海外华商文化,对于中国的企业家来说,"心有灵犀一点通",显然是更直接、更切近的参考和借鉴,也更易于被理解和接受,实际运用起来也会更加自觉和得心应手。

第三,全球经济正迈向 21 世纪,有人说新的世纪是亚洲人的世纪,也有人说新的世纪是华人的世纪。虽然这些说法还有待于未来的检验和证明,但有一点是不容置疑的:21 世纪将是炎黄子孙龙腾虎跃、大显身手的黄金世纪,"龙的传人"在新的世纪将作出震惊世界的卓越贡献。

面临着跨世纪的机遇和挑战,海外华人实业家所创造、发展的海外华商文化将以更丰富多彩、更生机勃勃的风貌展示在世人面前,海外华商文化也将哺育、培养出新一代的奋发有为、青胜于蓝的海外华人实业家,海外华商文化对于海外华人经济活动、企业经营管理的巨大作用将日益强烈地表现出来。这促使人们为了迎接新世纪的到来,不得不重视海外华商文化的存在和影响,不得不探讨它的生成和发展规律。因此,创建"海外华商文化"这门新学科,进行开拓性的探索和研究,是有其必要性和迫切性的,是跨世纪的需要,是时代的呼唤。

陈嘉庚的企业经营管理思想[*]

一、陈嘉庚的企业经营管理思想很值得研究

陈嘉庚(1874—1961),又名甲庚、字科次,出生于中国福建省同安县仁德里集美社(今厦门市集美镇)的一个华侨世家。他是中国近、现代史及华侨史上最著名的华侨领袖,在东南亚历史上也占有相当重要的地位。他不仅是毕生倾资兴学、支援祖国抗战、促进祖国统一富强的著名教育事业家和伟大的爱国主义者,而且是为侨居地及东南亚经济的开发和发展作出巨大贡献的名震中外、卓有成就的华侨实业家。

关于陈嘉庚的研究,过去大都侧重于政治、教育和社会活动方面,而从企业经营管理角度来入手,则为数不多。由于陈嘉庚有关企业经营管理的思想主张,散见于文稿、演讲、函电以及谈话之中,有些还是从其管理实践中体现出来。这就造成了对陈嘉庚企业经营管理思想的探讨相对更少了。我们应该看到,陈嘉庚首先是一个实业家,然后才有可能成为政治家、教育家和社会活动家。他没有百万家产可以继承,也没有权势人物做靠山,只有凭借自己经营实业所获得的财力、物力,然后才能倡导教育、报效祖国和服务社会。他自己就说:"先有营业而后能服务社会。继而后得领导南侨襄助抗战工作也。"还应该看到,陈嘉庚的影响超越了国界。他从1890年赴南洋辅佐父亲经商到1904年独立创业,再到1934年公司收盘结束,共有44年时间在新加坡、马来西亚地区经营实业,有力地促进了新加坡以及东南亚的经济建设和社会进步。"他是东南亚千百万华人中最富有传奇性的一位伟大人物。他个人事业发展成功的过程,迄今犹为各界所津津乐道……陈先生创业的魄力与眼光,不但使他个人事业成功,得以尽量发挥其博爱人群的伟大怀抱,而且更大大地促进了本邦的经济发展与社会繁荣。"因此,如果跳出原来的圈子,在企业经营管理思想方面,加强和重视对陈嘉庚的研究,或许

---

[*] 本文摘自《历史与企业家对话》,改革出版社1992年版。

会更全面、更深入些,也会更有意义。

陈嘉庚从1904年的7 000元资本起家创业,经过30年艰苦曲折的奋斗经营,成为新加坡"历史上第一位大实业家,及最早与最伟大的工业开拓者与先驱。当他事业全盛时期,他的各种企业机构所雇用的职工超过万人,其规模的庞大,直到现在还没有第二人能和他相比拟"。这绝不是偶然的,而是与他卓越的富有特色的企业经营管理思想分不开的。陈嘉庚的管理思想究竟有什么独特之处?有什么值得重视的遗产?这是需要我们特别加以发掘和研究的,这对建立具有东方特色的现代化管理科学无疑会有十分宝贵的参考和借鉴作用。

陈嘉庚在《南侨回忆录弁言》中把"诚信果毅"作为处事为人的重要原则提了出来。实际上"诚信果毅"四个字集中反映了他的企业经营管理的指导思想和主要特点。我们就此四个方面来展开论述。

二、陈嘉庚企业的价值观念——"诚"

每个公司或企业都在有意无意之间、有形无形之中形成了自己的价值观念。企业如何认识自身的价值,如何确定自己的价值目标,这是企业能否成功的根本。陈嘉庚在企业经营管理中把"诚"字摆在首要的位置上,以此作为企业全体成员的价值观念和目标追求。

陈嘉庚所极力倡导、强调的"诚",其核心内容是忠诚国家、真诚服务社会。他说:"对于轻金钱,重主务,诚信果毅,嫉恶好善,爱乡爱国诸点,尤所服膺向往,而自愧未能达其万一,深愿与国人共勉之也。"他还说:"自廿岁时,对乡党祠堂私塾及社会义务诸事,颇具热心,出乎生性之自然,绝非被动勉强者。"

他在《陈嘉庚公司分行章程》的第一章总则的第一条就开宗明义地指出:"本公司以挽回利权,推销出品,发展营业,流通经济,利益民生为目的。"他反复强调,企业应该以振兴中国经济为己任,"战士以干戈卫国,商人以国货救国。店员不推销国货,犹如战士遇敌不奋勇"。

企业价值观是导向仪,也是动力源。陈嘉庚的"诚",把实业的生存和发展与社会的前途,祖国的命运、公众的利益紧密结合起来了。这种爱国、爱社会的价值观,启迪、培养了全体职工对企业的忠诚和热爱,激励、增强了企业的同心力和凝聚力。他语重心长地说:"厦集二校之发达,本公司营业之胜利,其责尤全系于同事诸君。诸君苟奋勉所事,精勤厥职,直接兴教育实业,间接福吾群吾国矣。"他认为,每个职工都应该依赖于企业的发展,企业发展了就能影响和推动国家的振兴、社会的进步。因此,公司成员要有工作事业心,社会责任感,为企业作贡献,也就是为国家、为社会作贡献。"为本公司多谋一分利益,即为国家多培养一个人才"。"热心为社会服务,未有不热心为本公司服务"。"在公司能为好店员,在社会便为好公民"。他通过大力宣传、教育和灌输,使这种社会至上、国家至上、企业至上的价值观深入人心,启动和激发了企业成员的积极性、主动性。他再三指出,职工只有通过自己在企业内的努力工作,才能使报效祖国、服务社会的价值追求得以实现。"不为教育奋斗非国民,不为本公司奋斗非店员"。"尊重本公司之职守,即为图谋社会之公益"。"本公司是一社会之缩影,服务于本公司,即服务于社会"。这样,陈嘉庚的"诚"成为维系、团结企业全体成员的精神支柱,忠诚地热爱国家、真诚地服务社会成为陈嘉庚公司上上下下整体认同的价值目标。企业经营者和生产者有了共同信仰和奉行的崇高价值观,就形成了强大的动力,使企业呈现蓬勃发展的局面,"思想集中,步趋一致,实收指臂相使之效,宏建事业发展之功"。

陈嘉庚的"诚"的企业价值观也引起了社会各界人士的共鸣,受到了广大公众的赞许和支持,这种社会效应对他的实业发展所起到的推动作用是无法以金钱计算的。例如:陈嘉庚企业的橡胶制品巧妙地以"钟"为商标,寓意警钟长鸣、唤醒民众,并以"钟"牌胶鞋奖励职工、捐献社会。广大民众怀着特殊的感情热烈欢迎这种体现中国人民爱国图强愿望的"钟"牌产品,陈嘉庚公司的声誉传播海内外,产品销路大增,生产势头蒸蒸日上。

三、陈嘉庚企业的道德规范——"信"

与"诚"的企业价值观相适应,陈嘉庚又突出强调"信",以作为公司调节、处理各方面关系的主要道德规范。

陈嘉庚的父亲晚年经营实业失败,债台高筑,处境艰难。在这危难之际,陈嘉庚接手了这个烂摊子,经过一番努力,终于稳住了阵脚,开始了自己的事业。按照新加坡的法律,父债不累及儿子,父亲死亡或破产,儿子不必承担债务。但陈嘉庚却暗下决心:"立志不计久暂,力能做到者,决代还清以免遗憾也。"在创业的最初几年,他年年估量自己的财力情况,为早日还清父债而努力。

这消息一传出,许多人都表示怀疑,因为法律早就规定,父子债不相及,况且还是二十余万的巨债,甚至有人认为陈嘉庚不是吹牛皮,就是大傻瓜。但陈嘉庚却确确实实做到了。他认为,信以处世,诚以待人是中华民族的固有美德,经营实业要以信义为本,做到守信如潮。虽然父债按法律可以不还,但讲信义却不容拖欠,绝不能失信于人。于是,他与债权人议妥,很快就结清了欠债,陈嘉庚清还与己无关的父债,震动了整个新加坡,在具有中国传统美德的华侨中,被认为是一件了不起的义举。陈嘉庚由此在东南亚社会获得了出乎意料之外的信誉。

就是在企业之间的激烈竞争中,陈嘉庚也是以"信"为道德准则,来从事自己的经营活动,他的格言是:"与同业竞争,要用优美之精神,与诚恳之态度。"1923年,为了避免橡胶业内部的相互竞争而导致两败俱伤,陈嘉庚的"谦益"胶厂与主要竞争对手"信诚"和"振成丰"两家公司合作,共同在律师处签订为期三年的契约。三方约定:建立平衡基金,不论哪一家,每采湿胶一担,抽利1元,隐瞒不报实者,每担罚款10元,按月核算提交后将总款数均分为10份,以资本额大小的比率分配:"谦益"得六份,"振成丰"得2.5份,"信诚"得1.5份。此外还共同出资租下新加坡的五家胶厂,关闭起来停止开工,通过限制生产来减少市场供给,以保证三家的高额利润。合同生效后的头四个月,"谦益"采胶较多,陈嘉庚信守协议,逐月支出1万余元以还两家得利。再后三个月,"振成丰"、"信诚"采胶更多,应支出2万余元给"谦益",但未见核算,陈嘉庚派人前去查问,此时,"振成丰"怀疑"信诚"减报,要查其账簿,"信诚"不许,只承认减报五千担。于是,三家发生裂痕,"振成丰"认为按合同规定"信诚"应罚款5万元,抵支本号应给"谦益"之款而有余,拒不提交盈利。而"信诚"则背信弃义、极力抵赖,闹成僵局。又过三个月,"振成丰"、"信诚"采胶仍然居多,核算两家应再分给"谦益"四万余元。"信诚"不但继续赖账、分文不支。而且,得寸进尺,为了毁约,竟唆使"振成丰"将公租的一家胶厂作为私产重新开工。陈嘉庚认为这是违反合约的做法而出面制止,他们反而扬言要上法庭控告。陈嘉庚感到没有必要打官司,既然毁约已成事实,赖债不还也就作罢。后经商会斡旋,以"信诚"出5 000元了结。在这场风波中,陈嘉庚虽然吃了大亏,但他的"宁人负我,我不负人"的做法却被当时的人们传为佳话,陈嘉庚以信义立身、以信义为重的名声更大了。

陈嘉庚认为,公司外部关系的主要对象是顾客。要有良好的顾客关系,就必须在经营服务上,确立起"信"的道德规范,取信于顾客,这是企业兴旺发达的重要条件。

他着重抓两个基本环节。第一，品质优良的商品，是取信于顾客、建立企业信誉的物质基础。他指出，在产品质量上弄虚作假，坑害顾客，只追求盈利而不顾消费者利益，企业本身将成为最终受害者，"以术愚人，利在一时，及被揭破，害归自己"。他规定："如新出货品，买客有用不久，致自然破坏者，准其来换新货。""凡贩客或零售，如因货办不合，或大小不适用，若用污点或褪色者，切宜换之，不可因退款困难，借口拒绝不换，致损前途营业声誉"。他认为，要把自己的产品为广大顾客所接受，质量就要经得起检验，要让顾客有挑选、取舍商品的自由，"货品损坏，买后退还，如系原有，换之勿缓"；"货物不合，听人换取，我无损失，人必欢喜"。这样才能吸引顾客，招来更多的用户。他还强调，在价格问题上，要按质论价、保质保量，坚守信用，绝不能以次充好、让用户上当受骗。"待人勿欺诈，欺诈必取败"。"货真价实，免费口舌；货假作贱，招人不悦。"

第二，开展文明礼貌服务，与顾客相互尊重和信任，是取信于顾客的可靠保证。陈嘉庚主张，要把顾客当做亲友，诚恳谦让地为顾客提供第一流的服务。"待入门顾客，要如自己亲戚。""招待乡人要诚实，招待妇女要温和"。他认为，职工的一言一行都代表企业的形象，他们讲文明、有礼貌、守信用等，会给广大顾客留下美好的印象。"店员衣履须整洁（切戒踝足拖鞋与穿汗衣等）顾客入门，应即向前招待，辞令要谦谨，容色要和善"。他批评说，恶劣的服务态度会带来严重的危害，"对客勿怠慢，怠慢必招尤"。"隐语讥人，有伤口德，于人无损，于我何益"。对此，他提出：企业领导要加强监督检查，有错就纠、有功就赏，以坚持服务质量标准和职业道德规范。"店员之如何贩卖，如何招徕，经理应时时视察，善为招徕顾客者，应奖励之，傲慢顾客者，切惩戒之，功过分明，俾知奋勉"。他的看法是，只有坚持顾客至上、待客以礼，才能取信于顾客，赢得用户的信赖。不仅能使老主顾关系稳定巩固，而且还会争取来更多的新顾客。"肯努力，多推销，未见利，利不少。""谦恭和气，客必争趋"。

陈嘉庚认识到，一个企业组织直接面对而又最接近的是全体员工，他们是企业赖以生存的细胞，与企业的目标和利益关系最密切。因此，建立、坚持"信"的道德规范，首先得从内部做起，以获得企业全体职工的理解和支持，并付诸实施、为之努力。只有遵循"信"的道德原则，企业上上下下求团结，形成相互信赖、相互合作的融洽气氛，才能成功地外求发展。他说："本公司之营业，托力于全部店员"。"各职员店员，宜以互相敬爱为心，职务虽有高下，人格原是平等，凡侮慢倾轧种种恶德，皆宜屏除"。尤其是企业领导对基层职工,要"以和婉态度,恳切指导,俾知所感,乐于任事"。

陈嘉庚认为,作为企业经营者,取信于顾客的先决条件是取信于职工,要依靠"信"来协调、处理与职工的关系。也就是说,企业经营者要讲信用,要积极、自觉地履行其对职工所承担的道德责任和义务,做到"言必信,行必果"。

不难看出,陈嘉庚的取信于职工,不仅着眼于讲求"信用",而且突出强调"信任"的重要性,也就是说,重视职工在企业中的地位和作用,致力于职工素质的培养和提高,为职工的成长和发展提供机会,挖掘人的潜力,发挥人的积极性,使职工服务于企业犹如置身于家庭之中,既感到自身的工作有家庭人情味,又感到自己的事业有干头、有奔头。

陈嘉庚认为:企业组织与职工个人之间的信用、信任,应该是双方面的。每个职工也要做到取信于企业,"视人委托之事,一若自己之事,办本公司之事,亦若办自己之事"。应该以"信"的道德规范来指导、约束自己的工作行为,"受人委托,即当替人尽力,受本公司委托,即当替本公司尽职"。他很强调职工的信用感、责任心,认为"为本公司店员,有发展营业之责"。如果"做事敷衍",则"是不负责任之表现",陈嘉庚批评说:"无是非之心非人也,无责任之心亦非人也。"他指出,作为企业成员,应该确立"信"的道德信念,自觉地完成本岗位所规定的职责,积极承担职工的应尽义务,"不负委托,惟在尽职";"不能尽职于公司,又何能尽职于自己"。

陈嘉庚还把每个职工信守企业的规章制度,作为"信"的道德规范的重要内容提了出来,"好国民守法律,好店员守规章"。他强调规章制度的严肃性、权威性:"公司之规章,同于国家之法律";"法规为公共而设,非为一人而设"。他认为,制定明确、严格的规章制度,能使企业人人责任分明、恪尽职守,也便于检查监督、了解情况,及时处理好企业经营中的有关问题,"法律济道德之穷,规章作办事之镜"。他再三指出,职工有了信奉、遵守规章制度的自觉性,就会各司其职、各尽其能。在本岗位上最大限度地发挥作用,提高工作效率,取得出色的成绩。"规章新订,人人宜阅;不阅规章,规章虚设"。"命令出于公司,努力在求自己"。"人类有服从法律之精神,即有创造事业之能力"。

四、陈嘉庚企业的竞争精神——"果"

在商品经济条件下,企业的经营活动离不开竞争,每个企业都要在竞争中求生存、图发展。作为实业家,要认清竞争形势、讲求竞争战略、提高竞争素质、增强竞争能力。他认为,市场即战场,竞争如战争,经营企业实际上也是在进行一种战争即"商战"。在这场角逐中,"当存有竞争之心,乃有进步之效。……不可不时存优胜进取之念是也"。他还多次指出:"临事畏缩,丈夫之辱。""有事要赶紧做,不要慢慢做"。"动作迟缓,事事输人,商战中必为败兵"。

在陈嘉庚开始创业的时候,他看到了菠萝是新加坡的特产,质量优良、采购方便,加工成罐头产品,生产周期短,白糖、白铁等有关原料还可以赊账,无需过多的流动资金,并且销路较好,远销欧美各国。因此,他当机立断地选择菠萝罐头业为市场突破口,火速上马。他起早摸黑、亲自督工、日夜兼程,机器买旧的,厂房用木料茅草搭成,仅费资金7000元,只用两个月的时间,赶在夏天菠萝罐头生产旺季之前建成了"新利川"菠萝罐头厂,初步打开了局面。他又考虑到,菠萝"数年后生产退化,采买困难"。为了保证罐头厂的原料供应,他抓紧时机,用2500元在"新利川"附近买了荒地500亩,取名"福山园"。紧接着就积极组织力量,开荒种植菠萝,于一年内完工。当时各家经营菠萝园,一般二三百亩,分作两三年栽种,"未有如福山园于一年间完成之多",充分显示了陈嘉庚过人的胆识和魄力。

陈嘉庚"果"的竞争精神,并不是轻举妄动、随意冒险,而是建立在善于预测行情和掌握有利时机的基础上,用他自己的话说:"要有经济的眼光"。他指出,要准确、可靠地掌握市场信息,在没有摸清行情、看准时机之前,绝不能武断决策、仓促行事。新产品"在初次试销,切知按算,勿贸然多办"。对商品供销的预测,"勿以一时批发误为好销,而竟发电多办,须候调查买客该货果能推销,方可派单按定"。

他认识到,市场环境是不断变化的,竞争对手的情况也在不断变化,要及时把握市场脉搏,通过详细的调查研究,取得充分的信息和情报资料,尽可能做到"知己知彼"。在"知己"方面,"得从何处得,失从何处失,要明其底蕴,全仗统计力"。"本公司之货品,推销情形如何,推销员应时常调查";"本公司货品进步或退步,推销员宜时时考查";"对于货品之优劣,推销员应知辨别,如本公司之货品发现有何缺点,须将其情形报告经理,并函告总行"。在"知彼"方面,"同业货品物质如何,推销员亦须时时考查";"对于同业进步之原因若何,推销员应探其究竟";"同业出品之货物,推销情形如何,推销员应时常考查,报告经理,而谋改进方法"。他强调指出,如果对市场供求状况和企业竞争态势"茫然不知"、"听天由命",就只能"一身命脉,均操纵于外人,而不克自振"。若想"居商战之地位,执其牛耳",就要"洞若观火,而具有世界之眼光"。

最能说明问题的,莫过于陈嘉庚审时度势、果断决策,率先投资经营橡胶业的成功事例。

在南洋一带,最早大规模种植橡胶的是华人陈齐贤、林文庆,他们先投资20多万元,在马六甲种植橡胶3 000英亩,数年后卖出2 000英亩,得款200万元,获利竟达10多倍。1906年夏天,陈嘉庚从某洋行的一个英国人口中听到了这个消息,立刻引起了注意,他预感到橡胶业前途大有可为。于是,他即速探查到陈齐贤出售橡胶种子,赶紧花了1 800元,买进18万粒,套种在"福山园"的菠萝丛边,整整花了两个月才全部种完,这是陈嘉庚经营橡胶业的第一步。从这以后,他开始积极收集大量的信息资料,利用各种场合虚心向人请教,力求尽快、全面地掌握经营橡胶业的有关知识。他认识到,投资橡胶业利多弊少,不仅"获利之厚",而且橡胶树"兼其寿命之长,下种数年,可成大树,市佳即采液"。如销路不畅,则停止割胶,"不至重招损失也"。星马地区的土壤、气候也特别适合于种植橡胶。他又了解到,橡胶具有极佳的弹性、可塑性、防水性和耐磨性,在工农业生产、国防战备和人民生活等各方面有着广阔的应用前景,"与铁无异。将来供不应求,价值之高,可增数倍。……无论海洋大陆,无不用树胶,尤以文明国尤甚。即东亚而言,交通路政,方在萌芽,他日需用之巨,实意中事"。他还看到了,在星马地区,除了陈齐贤等人经营的橡胶园初具规模,大多数人对刚引进不久的橡胶种植持观望态度,不敢大胆投资,"所有者不外百余亩,仅几处而已","每年产出不到上万吨"。橡胶业还处于萌芽状态,尚未普遍发展起来。经过对市场供求状况的分析和预测,陈嘉庚决心走在别人的前面,其主攻方向越来越明确了,逐渐把投资经营的重点从菠萝业转向了橡胶业。后人指出:"陈嘉庚虽然不是在马来亚种植橡胶的第一人,但却是当地看到橡胶有无限发展前途的第一人。"这个评价是恰如其分的。

陈嘉庚的果断、果敢,是与他独具特色的企业经营战略联系在一起的。人们评论说:"嘉庚先生所经营的这许多事业,不是为于人初为少为之时,便是为于人不敢为或未曾为之日。在新加坡与马来亚甚至整个东南亚来说,他的确有先见,他的确是先导,而予后来以深远的影响"。陈嘉庚认为,经营实业不能"有勇无谋",经营战略一般化,没有新点子,想不出新主意是难以打开局面的,只能永远步人后尘。他强调,作为实业家要"智勇兼备",要敢于打破常规,善于创新,以出奇制胜。他说:"我不主张保守,专好进取;不主张寄人篱下,专好独当一面,开辟新世界。"

　　陈嘉庚生产杂庄菠萝罐头的故事脍炙人口,表现出他别开生面、不同寻常的经营本领。他初营菠萝罐头厂时,比起新加坡的其他十几家同业,实力相对较弱。他没有硬碰硬地展开竞争,而是进行市场摸底,寻找缺口。他独具慧眼地发现,这些厂家的产品,都是把菠萝切割成方形、圆形或菱形的小块,称为方庄、圆庄或旗庄,而切成各种花形小块的杂庄罐头却没人愿意生产。因为,在新加坡收购菠萝罐头的欧洲、美国和加拿大等洋行,对方庄、圆庄和旗庄的订货约占收购总量的80%,而杂庄的收购总量只占20%。所以,各厂家都争着做方庄、圆庄和旗庄的大路货,对制作难、费时多、销路少的杂庄罐头都不屑一顾,陈嘉庚反其道而行之,集中力量专做杂庄活。他的弟弟和他的助手都感到不理解,担心这样做销路成问题而造成亏本,一再加以劝阻。陈嘉庚毫不动摇,坚持在杂庄罐头这小生意上下功夫。他每天上午九点都同一助手,分别跑遍新加坡的欧、美、加各洋行,探询商情,凡遇到杂庄订货,就立即承揽下来。杂庄虽然较费工,但收购价格也较高,两者相抵,利润率还是稍高一些。其收购量虽少,但因只有陈嘉庚独家制作,销售量非但不少,反而比别厂更多,常常应接不暇。结果,陈嘉庚的菠萝罐头厂异军突起,在与其他厂家的竞争中居于领先地位。仅3个月,就获利3.9万元。许多人深感惊奇和佩服,向他请教经营秘诀,他答曰:"人弃我取,人争我避。"

　　后来,在橡胶业发展的关键时刻,陈嘉庚又一次巧妙、大胆地采取了"人弃我取"的经营战略。由于第一次世界大战期间,橡胶价格上升,经营橡胶业可获巨利,因此,人们竞相投资,盲目扩大生产,逐渐出现了供过于求、生产过剩的畸形现象。自1920年开始,胶价便连连下跌,竞争日趋激烈,一些中小胶厂和胶园多半亏损,纷纷倒闭或出顶,橡胶业一片恐慌。1922年,陈嘉庚从国内一回到新加坡,就面临着这严峻的形势,他没有惊慌失措,而是沉着、冷静地对情况作了认真分析。他考虑到,橡胶业当时已成为南洋地区的经济命脉,英国政府为了维护殖民政府的利益,可能会颁布法令,限制橡胶生产以维持橡胶价格。他还认为,20世纪是橡胶的时代,目前虽然不景气,但这只是暂时的现象,橡胶业的前途仍无可限量。经过一番深思熟虑,他做出了与众不同的战略决策,不仅不打退堂鼓,反而人退我进、主动出击,趁机扩大自己公司的规模,增强竞争实力。他亲往马来亚各埠探察,廉价买下了别人因处境困难而急于抛售的九所橡胶厂,只费去三十余万元。并投资对这些新购厂的厂房车间、机器设备进行扩充、改造。还在新加坡恢复、扩大已经停闭两年的槟城橡胶厂。以上十厂,均于当年改造竣工、投入生产,逐月可绞各类胶布三万余担,生产能力可与英国人最大的橡胶厂相匹敌。另外,对橡胶熟品制造厂也增资十多万元,加以扩充。

果然不出陈嘉庚之所料,这一年的11月1日,英国政府为了抑制橡胶的盲目种植、生产,以法令形式颁布了限制橡胶产量的《斯蒂文逊计划》,胶价开始从下跌逐渐转向回升。在1922—1923年,陈嘉庚经营的橡胶厂,每年盈利都达100万元左右,1924年得利增至150万元。很显然,他在收买、扩充企业方面的"人弃我取"起到了积极的作用。

即使在日常的企业管理活动中,陈嘉庚也不习惯于走老路。他不安于现状,不墨守成规,能够对人们习以为常的现象提出挑战,多问几个为什么?从而发现别人未曾注意到的问题,加以革新、改进。例如,1905年秋季,他新办了"日春"菠萝罐头厂,同时兼制冰糖。当时新加坡的冰糖厂有十多家,全部由潮侨经营,熬糖均用大锌锅,以木柴为燃料。陈嘉庚认为这样成本过高,就有所创新。他的冰糖煮锅改用导热性强的内铜外铁制成,与罐头厂同用一个蒸汽炉,一炉两用,既制菠萝也炼冰糖,燃料也改用锯木屑。这一改革,使燃料成本每担节约两三角,每日煮制冰糖共需二百余担,计可降低成本数十元。对菠萝罐头生产的管理更是如此。当时各厂采购菠萝,历来都按百枚论价,只看大小,却不注意质量。陈嘉庚提出了疑问,认为这不合理,因为菠萝的大小、生熟程度不同,有些还掺有烂坏的,议价时不计重量、质量,全凭眼力,必然存在漏洞。因此,他独采用先看质量、再按重量的办法计价收购。还有,各厂通常都是一个生产季节完成后,才进行总核算。陈嘉庚认为这不科学,因为每天采购、生产的情况心中无数,即使亏损也无从发现。于是,他对这种粗放式管理进行了改革。逐日核结得失,规定当日购进的菠萝必须当天制完,当夜就结算盈亏。这样,避免于生产管理的盲目性,既能及时计算成本、利润,又能发现当天生产中的问题、"研究剖工损失",还可以为次日采购提供议价标准。有了这一套独特的企业管理方法,陈嘉庚的菠萝罐头产品以物美价廉而渐有名气。他把所产菠萝罐头商标,定名为"苏丹"(阿拉伯语,意为"君主"或"国王"),志在夺取菠萝罐头之王的宝座。经过数年的努力,他的产品终于跃居新加坡菠萝罐头业的首位,占全新加坡产量的一半,成为名副其实的菠萝罐头"苏丹"。

五、陈嘉庚企业的经营风格——"毅"

陈嘉庚经营实业并不是一帆风顺的,而是充满了曲折和坎坷。可贵的是，面对一个又一个的挫折，他不灰心，不动摇，刚毅不屈，百折不挠，坚持到底。他说："人能经得起挫折，受得起打击，吃得起苦头，才是好汉。"他"最反对无毅力之人"，认为"难字乃愚人之字典"，"世上无难事，惟有毅力与责任"。只要矢志不渝、坚定不移地走自己的路，就没有克服不了的艰难险阻。他强调指出，企业竞争风云变幻、波涛莫测，失败在所难免，但绝不能由于失败而丧失信心和勇气，悲观失望、一蹶不振。而应该具有前仆后继、失败了再干的顽强毅力，在挫折面前咬着牙坚持下去，最终就会战胜失败而成为强者。他说："畏惧失败才是可耻。""假如你想成功，就得准备克服千重障碍，经受各种失败和挫折"。很显然，如果用一个"毅"字来概括陈嘉庚企业的经营风格，是再恰当不过了。

1914年，第一次世界大战爆发，海运受到战局的严重影响。英国作为主要参战国，新加坡等殖民地的船只被大量征用，非战时军需品及日用必需品的运输限制极严。菠萝被认为是奢侈消费品，不让运输，后来由于航运受阻，连熟米的客户也没有了。陈嘉庚赖以营生的，占全新加坡50%的菠萝业和60%的熟米业，一时出路阻塞，公司里存货堆积如山，各厂被迫停止生产，经济来源中断，分文现金都收不回来，但索债者却接踵上门，真是"银根困苦不可言喻"。在这度日如年的紧要关头，陈嘉庚没有畏缩后退，用关闭工厂、解雇工人的办法来转嫁危机，而是想方设法，艰难维持，硬是挺了过来。拖至冬天，航运稍松，存货渐销，形势才有所缓和。但仍有相当困难，运输常常乏船，很不便利。为了彻底打开受制于航运业的局面，陈嘉庚决心化被动为主动，冒着风险发展航运业。头脑清醒的他，在困境中看到了希望，认定战时的航运业大有作为。一则，它是兴办和维持实业的生命线，可以为本企业运输原料、产品等，解救因战争影响而出现的运输告急。二则，战争打乱了原航运业的格局，英国政府和其他客户的货物，必须寻找新的船主承运，时机十分有利。因此，陈嘉庚在旧航运业的不少人改弦易辙时，偏偏顶着世界大战的枪林弹雨开拓他的新航线。1915年初，他先租了两艘货轮，主要运输米谷，航行于东南亚及印度各地。由于经营较为顺利，他又租了两艘货轮，不但运输本公司的货物，还为英国政府承运枋木片到波斯湾。当年航运业获利20余万元，加上其他企业收入，共获净利45万元，为他独立创业11年来岁入最多的一年。陈嘉庚再接再厉，从租船发展到买船。1916年，他以30万元自购了一艘载重3 000吨的"东丰"号货轮。1917年，他又花42万元，再购一艘载重3 750吨的"谦泰"号货轮。两轮近行南洋各线，远航欧非各国，先自己经营，后承租于法国政府，两年竟获利80余万元。这样，皇天不负有心人,在许多人由于战争影响而毫无建树,甚至破产倒闭时,陈嘉庚却坚毅、沉着地应战,毫不气馁,使实业又跃上了一个新台阶。

以上事例令人信服地告诉我们,陈嘉庚在经营实业的道路上,历尽艰辛、义无反顾。挫折没有消磨他的意志、扼杀他的实业,从困境中冲杀出来的他反而把意志锻炼得更加坚强,往往以失败为转机,重整旗鼓、东山再起,取得了比原先更大的成就,做到了他自己所说的那样:"有坚强之精神,而后有伟大之事业"。

他认为,要办好一种实业,就必须努力使自己成为这种实业的内行,要下决心、花工夫去认真钻研和掌握这种实业的有关知识,精通其内部事务和外部联系,熟悉其生产技术和经营方式,摸清竞争对手的底细,深入了解市场行情和各种信息。而这一切都离不开"毅"字,即对这种实业的专心致志、坚持不懈,他说:"业如不专,艺必不精"。正因为他有耐心、有毅力、专心致志地从事菠萝罐头业,作过艰苦细致的调查研究,仔细考虑、分析过企业的内外部条件,他才能"人弃我取",善于运用自己的局部优势,选择杂庄罐头作为拳头产品,比较顺利地打开了局面。并且能够及时地发现当时各罐头厂普遍存在着缺乏经济核算的弊病,采取有力措施加强这个薄弱环节。从而降低了生产成本,取得了较好的经济效益。

陈嘉庚还强调指出,经营实业要有重点,作出决策,选对目标后,绝不能任意更换、轻易变动,而应该锲而不舍、精心经营。如果看到某种产品供不应求、容易获利,就不顾一切地随便放弃自己的经营阵地或者不问条件地盲目扩大经营范围,跟着别人一哄而起、一拥而上,就会碰钉子、吃大亏,甚至连自己原有企业也丧失了优势,被挤出了市场。他告诫说:"好多便不精,好博便不纯。""见兔猎兔,鹿既难得,兔亦走路。"他所推崇的是:"为人有道德毅力,便是世界上最第一难得之奇才。""毅力勇为,可进尺而不可退寸。"

陈嘉庚投资发展橡胶业的全过程,典型体现了这种"毅"的经营风格。他从1906年开辟橡胶园开始,二十年如一日,目标始终如一,一步一个脚印,向着橡胶王国迈进。1916年,在橡胶园的规模日益扩大的情况下,他敏锐地看到橡胶种植业已逐渐饱和,就向有发展余地的橡胶制造业进军。先将土桥头菠萝罐头厂改造为橡胶加工厂,机器重新安装,楼房改为吊胶房,每月可绞胶五六千担。接着又将"恒美"熟米厂改为"谦益"制胶厂,自购湿胶片加工制造成胶布。并通过一美国广告公司经纪人,与美国胶业协会经理人建立了联系,所产胶布大半直接销往美国市场,而不假手于他人。1920年,鉴于生胶厂只是为熟胶厂提供原料,而熟胶制造业的巨额利润,均为工业发达国家的厂商所得。为此,陈嘉庚又有所前进,函告其胞弟陈敬贤,嘱将土桥头制胶厂改造为橡胶熟品制造厂,开始大量制造橡胶鞋底,1921年更扩展到马车轮、手车轮、手车腿踏垫、面盆塞、汽车电扇带、煤气灯管、童子自由车、放水汽喉管、包铅钢线喉管、抽风管、食品罐头粘胶、调和橡胶等众多商品的生产。1924年,由于橡胶新产品较多,销售不畅,陈嘉庚决计先在马来亚和荷属印度尼西亚的各大商埠,开设分店十几处,自行推销。后来又先后在欧、亚、美、非洲及大洋洲数十个国家的主要大中城市建立了八十多家分行和有一百多家直接代理商。东至日本东京,西至英国伦敦,南至巴西、阿根廷,北至阿尔及利亚及苏联的海参崴等地都有他的公司分行及经销店。在中国也设立了19家分行和25家特约代理处。陈嘉庚的胶鞋等产品,畅销世界,名震遐迩。他指出,为了促进生产的发展,取得较大的市场占有率,公司在如此广泛的国家和地区遍设分行以推销产品,是十分必要的。"若推消(销)机关不备,则失效力。……盖我若不如此作法,则不能与老资格之洋货竞争"。这时,陈嘉庚公司同时经营橡胶种植业、生胶加工业和熟胶成品制造业,集橡胶方面农、工、商三业于一身,成为原料供应、工业生产和对外销售一条龙的一家新型大企业。对此,人们给予了高度评价:"他最早引进橡胶,进而大面积种植,被称为新加坡马来亚橡胶王国的四大开拓者之一。他首创橡胶制品大规模生产,促进了侨居地民族工业的发展。他有计划有组织地开辟了橡胶制品和其他制品直接输出的国际市场,在华侨中第一个打破英国垄断资本的垄断局面。"

六、"嘉庚风"的启示

如果单从企业经营管理思想方面来分析,以"诚"的价值观念、"信"的道德规范、"果"的竞争精神和"毅"的经营风格为主要内容的"嘉庚风",为我们提供了很重要的启示:

第一,"嘉庚风"是当代"企业义化"的雏形。

到20世纪二三十年代,梅奥等人进行了著名的"霍桑"试验,经过理论总结,形成了管理科学中的人群关系学派。他们强调管理中的人的因素,认为工人不是什么"经济人",而是有理智、有感情的"社会人",劳动生产率的高低在很大程度上取决于劳动者的情绪。40年代后,人群关系学派又逐渐发展成为行为科学理论,从"社会人"假设发展到"自我实现的人"和"复杂人"的假设,认为管人比管事更重要,对人的管理才是管理工作的中心,应该关心工人在工作中能否自我实现、有成就感和自我满足。

到80年代,世界市场上刮起了一阵"日本旋风",面对日本的强有力挑战,美国的有识人士开始潜力探讨"日本的成功和美国的复兴"这个问题,对日、美两国的企业管理方法、模式进行比较。他们发现,美国企业的落后是管理思想的落后,日本企业普遍重视共同价值观、精神信仰、行为规范之类的"文化因素"。据此,美国管理学界提出了企业文化理论,掀起了"企业文化热",并进而影响到世界各国。企业文化继承了行为科学重视人的情感、承认人的价值等理论观点,同时又加以发展,从行为科学侧重于对企业内个体(人)的研究,转移到重点对企业内职工整体的研究,不仅仅研究如何激励个别职工,而是探讨如何确立企业全体成员所共同认可和奉行的价值目标、基本信念、行为准则和经营作风等,以便每个个体团结成一个整体,从而推动企业的发展。时至今日,"企业文化"仍然是管理学界持久不衰、相当热门的研究课题。

我们当然不能把陈嘉庚的企业经营管理思想机械地归入"企业文化"的理论模式,20世纪头30年的陈嘉庚也不可能明确、系统地提出企业文化问题。但是,我们应该承认,以"诚、信、果、毅"为主体内容的"嘉庚风",与今天的"企业文化"存在着某种相通之处,具有一些共同的东西。在长期的经营管理过程中所形成的"嘉庚风",赋予企业全体员工的日常工作以崇高的意义。人们总是希望在自己的企业中建立个人对社会的认同关系,获得归属感,并且希望以自己的才能和贡献赢得尊敬。工作不仅为了满足自己较低层次的生理需要,而且也是为了满足自己较高层次的心理、精神需要。陈嘉庚"诚"的企业价值观,较好地解决了这个问题:把企业活动与高尚的目标追求联系起来,使职工超脱生理需要的狭窄境界,给个人以动力,同时也给企业整体以凝聚力、向心力,使全体员工能够团结起来为共同的目标而奋斗。"嘉庚风"所倡导的"信"的道德规范,从经营管理的较高层次出发来协调、处理企业的内外部关系。它不是片面强调企业内部的纪律和监督,也不是单纯着眼于企业之间的金钱关系。而是突出强调信任、信用和相互之间的理解、尊重、支持,主张要取信于顾客、取信于同业、取信于职工。也正是这一点,能使企业充满活力,带来长远的利益。"嘉庚风"中所包含的勇敢果断、机智灵活的竞争精神和刚毅不屈、坚忍不拔的经营作风,对企业图生存、求发展所起到的巨大作用,也是不言而喻的。因此,不妨说,在相当程度上,"嘉庚风"已经开始具备了"企业文化"的雏形,陈嘉庚可称得上运用"企业文化"进行经营管理的先驱者。

第二,"嘉庚风"是中国优秀的思想文化遗产在企业经营管理中的成功运用。

陈嘉庚从小生长在东西方接触较早、交往较多的东南沿海地区,他的实业活动又是几乎百分之百地放在海外。这使他能够较直接、较全面地了解和学习西方先进的管理制度、管理方法和管理技术,从中吸收不少有用的东西。仅从他亲手制定的《陈嘉庚公司分行章程》就可看出,他很注意借鉴和推行西方式的经营管理。《章程》分为"总则"、"职权"、"服务细则"、"营业"、"货物"、"财务"、"报告"、"薪金及红利"、"视察员服务规则"、"推销员服务规则"、"广告"、"保险"、"罚则"、"附则"等14章,对企业的管理是较为科学的,包括计划管理、技术管理、物资管理、质量管理、财务管理、人事管理以及广告管理等。但是,值得重视的是,陈嘉庚并不是离开中国的历史文化特点而盲目地全盘照搬西方式的经营管理。恰恰相反,他在经营管理实业的过程中,把西方的管理制度和方法与中国的文化传统、历史特点结合起来,在继承、弘扬中国优秀历史、文化遗产的前提下,学习、引进西方的某些先进东西。

陈嘉庚少年时期曾在集美家乡的南轩私塾就学9年,对中国传统文化"略有一知半解"。赴新加坡后,他一边经商,一边孜孜不倦地自学进修,中间还返集美从塾师补习中文,从而打下了较好的中国传统文化基础。独立创业后,他仍然十分好学,抽空就读书,最喜欢看的书是《三国演义》。在被选为怡和轩俱乐部(会员多为华侨社会上层人物)总理后,他设立图书室于会馆中,购置了《四部备要》、《万有文库》和《东方杂志》等书刊,供会员阅览。由于中华民族传统文化的熏陶和影响,陈嘉庚能够较自觉、较长期地运用中国思想文化遗产来进行经营管理,"嘉庚风"就是典型的例证和明显的标志。

在中国几千年的悠久历史中,有着"精忠报国"、"天下兴亡,匹夫有责"、"先天下之忧而忧,后天下之乐而乐"的优良传统,"嘉庚风"中以忠诚祖国、服务社会为核心的"诚"的企业价值观,就是这种优良传统的继承和发扬。陈嘉庚所确立的"信"的道德规范,也正是先秦儒家"自古皆有死,民无信不立"的思想,在企业经营管理中的具体体现和运用。战国时代的商人思想家提出过一系列商业经营管理原则,如"乐观时变"、"人弃我取、人取我予"、"趋时若猛兽、鸷鸟之发"、"智、勇、仁、强"等。两千年来,这些著名的经商原则成为经营管理思想的传家宝,尤其是到了近代,更为一些民族实业家所吸收、运用,并加以丰富和发展,陈嘉庚就是这样的代表人物。他在"乐观时变"的基础上,敏于"趋时"、果断决策,先后选择菠萝业、橡胶业为经营重点;专门生产杂庄菠萝罐头和在市场萧条时趁机收买亏损企业的"人弃我取";不论是实业发展顺利还是遇到挫折,都表现出来的恒心和毅力……无不充分表明,他不愧是创造性地把中国优秀思想文化遗产应用于创办、经营实业的楷模。

第三,"嘉庚风"是东方式管理的典范。

"嘉庚风"作为早期的、初具规模的"企业文化",作为中国历史文化遗产在企业经营管理中的体现和运用,毫无疑问是具有鲜明的中国特色的。如果把视野更开阔些,还应该说,"嘉庚风"具有东方特色,不仅对中国,而且对东亚的某些国家和地区,都有着不可忽视的价值和意义。现代经济大国日本,亚洲"四小龙"(中国台湾、中国香港、新加坡、韩国)以及东南亚各国,都是西方人所说的中国文化"覆盖区"、中国文化影响的"大圆形地带",上述国家和地区都颇为重视中国思想文化遗产在现代管理中的作用的研究。陈嘉庚运用中国历史上的优秀思想文化来进行经营管理的成功经验,为这些国家和地区提供了有益的借鉴,也为东方式现代化管理科学的建立和发展作出了重要的贡献。

特别需要指出的是,"嘉庚风"是海内外华人的共同精神财富。陈嘉庚经营实业的奋斗发展史,是海外华侨华人经济发展史的一个侧面或缩影,具有典型性和代表性。第二次世界大战后,虽然很大部分的华侨都已加入当地国籍,成为当地籍华人。然而,"嘉庚风"所包含、体现出来的精神、气质、情操、智慧、创造力以及思维方式和表达方式,是中华民族几千年的历史代代相承下来的,为海内外华人所共有,已经深深融入亿万炎黄子孙的民族特性、心理素质和风俗习惯中。因此,"心有灵犀一点通",陈嘉庚的管理思想遗产,广大华侨华人必然更易于理解和接受,实际运用起来也会更加自觉和得心应手。从这个意义上说,陈嘉庚的企业经营管理思想和实践,为今日华人经济的发展起了不可磨灭的榜样作用。

郭鹤年领导的郭氏兄弟集团暨经营管理思想[*]

一、成功者的足迹

在海外华人实业家中,最著名的有香港地区的李嘉诚、包玉刚,台湾地区的王永庆等。在马来西亚,只有郭鹤年的地位可与李、包、王等并驾齐驱,还有的人把他与日本的松下幸之助、美国的艾柯卡相提并论。身为马来西亚首富的郭鹤年,现任马来西亚郭氏兄弟有限公司、中国香港嘉里有限公司董事长,素以"亚洲糖王"和"酒店业巨子"享誉世界。他所领导的企业集团,是东南亚数一数二的多元化的跨国性大企业。近年来,郭氏集团对中国的投资呈迅猛增长之势。然而,关于郭鹤年本人的生平、创业史尤其是经营之道,世人所知甚少。这也许出于两个原因:其一,他是地道的马来西亚籍华人,出生、成长于马来西亚,创业也是在马来西亚,人们对他的了解,比起李嘉诚、包玉刚、王永庆来,显然要少得多;其二,他一向行为低调,平时不爱宣扬,极少在公众场合露面曝光。笔者有幸两次拜访郭鹤年,并对他在东南亚各国和中国北京、上海、深圳及香港的公司、工厂、酒店等进行了调查研究。对郭鹤年及其领导下的企业集团有了一些初步的了解。

郭鹤年,祖籍福建省福州市盖山郭宅村。其父郭钦鉴于1909年18岁时泛海到马来西亚新山谋生。初时靠开咖啡店为生,后来参与管理他兄弟创办的东升有限公司。该公司主要经营大米、大豆和糖,可以看做是郭氏兄弟公司的前身。由于郭钦鉴经营有方,且勤劳节俭,生意越做越大。郭鹤年之母郑格如于1920年从国内家乡赴马来西亚和郭钦鉴结婚,生有三个儿子,郭鹤年排行第三。

郭鹤年于1923年10月6日出生于马来西亚柔佛州新山市。幼时因家庭经济状况较好,自小就受到良好和系统的教育,先后在新山英文学校和新加坡莱佛士学院就读。这些教育为他日后的创业打下了必要的基础。后来

---

[*] 本文摘自《商战之魂——东南亚华人企业集团探微》,北京大学出版社1997年版。

他又学了18个月的华语,加上家庭的长期熏陶,郭鹤年能说上一口流利的中文,在他后来与中国做生意的过程中派上了很大用场。

1948年,郭钦鉴因长期劳累,不幸病逝。郭家的财产被分成七份给其家属。此时,郭鹤年的母亲郑格如为了郭氏家族未来的生计和事业的发展,建议将各人的所得遗产集中起来,并约请堂兄弟们,以每人入股的形式组建郭氏兄弟有限公司。郭鹤年因学识杰出、才能超众而被推举为公司董事长,时年仅26岁。

50年代初,郭鹤年到英国伦敦侨居数年,主要研究当地商品交易所的操作情况及经营管理办法,同时也对糖业的期货贸易进行深入的观察和分析。这段时间,可视为郭鹤年养精蓄锐、伺候良机的时期。

50年代中期,郭鹤年返回马来西亚。基于对当时马来西亚整个形势的判断,他采取了两个重要步骤:一是在新山市成立民天私人有限公司,专营商品贸易,并借1957年马来西亚脱离英国殖民统治而获得独立这个绝好机会,大力扩展其在马来西亚境内的商品分销网;二是大举向糖业进军。当时,马来西亚的制糖业还是一个空白,食用糖全都依赖进口。郭鹤年看准时机,从50年代后期开始,与马来西亚联邦土地发展局合作,在靠近槟榔屿的北海创办了第一家制糖公司,入股投资一家白糖提炼厂,即马来西亚糖厂。郭鹤年还从泰国购入粗糖,在糖厂加工提炼后运销各地,包括通过香港地区的万通有限公司销往中国内地。几年间,他的糖业经营发展迅猛,获得了巨额利润。

年仅39岁的郭鹤年即获得"亚洲糖王"的美称。说起"亚洲糖王"这个称号,还有一段有趣的故事。60年代初,我国经贸部为了出口创汇,决定向马来西亚输出食糖。当时,大马的食糖市场基本上被郭鹤年控制,他见形势不对,立即从印度进口更为廉价的食糖,大量倾销到马来西亚,使中国不得不撤出大马食糖市场。自此之后,郭鹤年声名鹊起,商场上人人都称他为"亚洲糖王"。我国在这次商战中虽败给了郭鹤年,但从此双方由商业对手成了商业伙伴。我国经贸部通过在香港的商业机构与郭鹤年合作经营食糖生意,并委托他的集团作为中国相机、颜料及电冰箱在大马的总代理。这以后,郭鹤年与我国的商业交往从未间断,并日渐密切。

1968年,郭鹤年组建玻璃市种植有限公司,旨在进一步发展他在马来西亚的制糖业。该公司向大马联邦土地发展局租到14 600英亩土地,开垦成甘蔗种植园。同时,他在种植园附近与联邦土地发展局共同建立了玻璃市综合糖厂有限公司,炼制种植园所产的甘蔗。除此之外还与印度尼西亚首富林绍良合作,在印度尼西亚南邦设立了印度尼西亚最大的古隆马都甘蔗种植公司。

经过几年的努力,郭氏糖业的糖产量迅速增长,使马来西亚走出了砂糖自给的第一步。在这期间,郭鹤年赶在世界糖价上升之前收购大批原糖,并投资糖的期货贸易。世界糖价的大幅度上扬使他赢得数百万元美元的收入。随着制糖业的迅猛发展,郭氏集团的糖贸易范围渐次扩展至英国、美国、中国、中国香港等国家和地区。据报刊报道,到 70 年代初期,郭氏家族集团控制了世界糖业贸易的 10% 和马来西亚的 80%。

郭鹤年把经营食糖的手法用在经营面粉和棕榈油上,利润也十分可观。郭氏集团从北美、澳大利亚进口小麦,在巴生港联邦面粉厂等多家工厂加工成面粉销售。同时,经营范围还扩展到棕榈食用油的提炼工业。80 年代中期,由郭氏兄弟公司控制的玻璃市种植有限公司在东马的沙巴购置大片土地,以种植油棕。此外还利用面粉厂和棕榈油厂等的副产品建立了连锁的饲料工业。

1969 年 8 月,受马来西亚和新加坡两国政府之邀,郭鹤年出任新马航空公司董事部主席。这一任职使郭鹤年看到世界旅游业的广阔前景,导致他决定向酒店进军。1971 年,郭氏集团在新加坡建成第一家五星级豪华大酒店——香格里拉大酒店。"香格里拉"取诸藏语,意为"世外桃源"。该酒店长时间以来一直是新加坡盈利最高的酒店。经过二十多年的发展,香格里拉酒店集团已成为亚太地区最大的酒店集团之一,遍及新加坡、马来西亚、泰国、斐济、加拿大、中国、菲律宾、中国香港等国家和地区,已有 29 家开业,计有近两万间客房可供租用,另外还有二十多家,分别都在施工筹建。值得一提的是,新加坡香格里拉酒店最初是由美国西雅图的西方酒店集团管理,以后转由郭氏家族自己培训和组建的"香格里拉国际酒店管理集团"接手管理,成绩不凡,现每一香格里拉酒店均由该集团自己管理。

香格里拉集团的辉煌业绩为郭鹤年带来了巨大的利润和声誉,使之在冠以"亚洲糖王"美称之后又被加誉为"酒店业巨子"。

随着香港地区经济的飞速发展以及自由港、国际金融中心地位的日渐提高,郭氏集团的总部逐渐移师香港。1974 年,郭鹤年在香港成立嘉里有限公司并自任董事长。目前,郭氏集团的许多海外投资通过嘉里贸易公司来进行。郭鹤年进驻香港初期并未引起世人的关注,真正引起轰动效应是在 1984 年及以后的时期。1984 年正值中英谈判前景不明,整个香港投资气氛淡薄之时,然而,郭氏领导的嘉里公司及香格里拉酒店集团偏偏在众人观望的情况下大举投资于房地产和酒店,先后与印度尼西亚的林绍良在尖沙咀兴建九龙香格里拉酒店,与黄廷方在尖东建造写字楼,与中资的侨光置业合资发展杏花村住宅,与中国华润集团合资兴建港岛香格里拉,另外耗资4亿港币投资于深水湾游艇俱乐部,还投资货仓、保险等。

除房地产等投资外,郭氏集团近年来又对传媒业表示出了极大的兴趣。目前分别持有香港电视广播公司和电视企业国际有限公司等上市公司32.1%和31.4%的股权。1993年郭鹤年又从世界传媒大王梅铎手中收购了香港最大的英文报纸《南华早报》,成为该报的董事会主席。

在马来西亚政府与中国恢复邦交关系之前,郭鹤年便与中国有着十分密切的商业往来。他在70年代后期移师香港主要基于两点考虑:一是看好香港作为自由港和国际金融中心诸种优越条件,二是寄希望于中国未来的经济腾飞并为此做准备。郭鹤年对中国经济发展的前景一直持有乐观的态度,是最早投资中国的海外华人实业家。他首先在北京建成了香格里拉酒店。更令人称道的是,在80年代中期,他与中国经贸部合资投下5.3亿美元兴建中国国际贸易中心。这是我国80年代改革开放时期最大的外资项目之一。1989年,正在兴建中的中国国贸中心面临超支近亿美元的严重困难,此时郭鹤年非但没有退缩,反而追加数千万美元的投资,使国贸中心最后得以竣工。上海波特曼酒店项目也面临过类似的困境,郭鹤年开始并非投资者,最终以入股形式挽救了该项目,使之顺利开业。

90年代以来,郭鹤年对中国的投资计划更是雄心勃勃,大有将业务重心移师内地之势。除投资酒店业外,郭氏集团还广泛涉及棕榈油提炼、饲料加工、饮料、房地产、石油化工、码头等许多领域,无论项目数量还是投资金额,都名列外资企业前茅。其中如占地达6万平方米,总建筑面积52万平方米,总投资金额高达9亿美元的"上海嘉里不夜城",不仅是郭鹤年继北京中国国际贸易中心之后,在中国的又一次规模宏巨的投资,而且也是中国城市建设历来最庞大、精致的发展计划之一。又如,80年代末投资、90年代以来几经扩容的深圳南海油脂(赤湾)有限公司以一流的技术,一流的资信,一流的产品和管理而在中国粮油界独占鳌头;该公司已连续多年被评为"中国十大外商高创汇、高营业额、高人均利税企业"而名扬四方。

郭鹤年1949年出任郭氏兄弟有限公司董事长的时候还只是一个名不见经传的中小企业家。然而,就在三四十年的时间里,郭氏集团由糖业起步,渐次扩大其经营规模和范围,终于发展成一个资产价值超过六十亿美元、雄视一方的企业王国。郭鹤年为什么能获取今日如此引人注目的事业奇迹？这自然是人们关注的问题。让我们追踪探求郭鹤年不断进取，不断成功的足迹吧。

二、中西结合的儒商大师

20世纪六七十年代以来，世界经济发展出现了一个十分引人注目的现象，即以日本及亚洲"四小龙"为代表的东亚地区的经济获得空前发展。而这些国家和地区都有一个文化共同点，即都深受中国儒家思想的影响。其中经济发展最快，实力最强大的日本一向被欧美人士称为"儒家资本主义"。自明治维新以来，日式的经营管理就有"《论语》+算盘"的称谓。至于其他国家和地区，也出现了一批具有儒家文化背景，重视儒家伦理的经营大师。于是，"儒商"一词被人们频频提起。

现在人们经常谈到"儒商"，指的是知识分子投身商海、经营实业、办公司、搞生意等。倘若有更广、更深的内涵，儒商应该不仅仅是指以知识分子的身份，去从事经商活动；而应该是指知识分子运用其所具备的科技、文化本领，遵循、信守其所应有的价值观、道德规范、行为准则，去进行经营管理活动。从这个意义上看，郭鹤年可算是儒商的卓越典范。他在数十年的实业生涯中，熔中西文化于一炉，将中国传统价值观、道德准则与西方现代化经营管理制度、技术有机地结合起来，并突出中国儒家文化的精神，堪称当之无愧的儒商大师。

（一）中西交融，情法合一

由于历史、文化以及社会制度、经济发展水平的原因，在管理思想上，东西方曾长期存在极大的差异。有人甚至干脆用所谓"东方重人情，西方重制度"对此进行概括。然而，随着经济发展水平和人的文化水平的提高，加上信息技术的高速发展，东西方的管理思想已不可避免走向取长补短、扬长避短的契合阶段。这一点，我们从郭鹤年身上可以找到明显的痕迹。

郭鹤年的中、小学教育都是在英文学校完成的，20世纪50年代又曾侨居英国数年，因此对西方文化尤其西方管理哲学，包括社交礼仪等都有较多的了解。同时，他受父母的教育和熏陶，从小就接触、学习中华优秀传统文化。这里需要特意指出，郭母郑格如女士对他的关键性、决定性的影响。郑格如女士学识渊博，尤其有着较深的中华传统文化的知识和修养。郭鹤年自幼事亲至孝，侍奉左右而聆听谆谆教诲；成为郭氏集团掌舵人后，虽然事务繁忙,不得不经常来往各地之间,不过不管他身在何处,都会与慈母电话谈心,而且一有机会就要回去探望。因此,郭母对郭鹤年潜移默化的影响和启示,比起他在校求学的心得无遑多让。笔者亲眼所见,在郭鹤年及其儿子的办公室中,都摆放着郭母用华文手书的儒家思想式的处世警言,以此作为座右铭。

郭母的教育和中华传统文化的熏陶,使郭鹤年继承、发扬了中华民族"刻苦耐劳"的传统美德。他说:"我们华人经常讲要刻苦耐劳。这句话的意思是要能够克服艰难和困苦。"①在别人问及经营实业获得巨大成功的秘诀时,他总是回答:"没有什么能取代若干,惟有一个人付出了劳动的成果是最甜美的。"他自己确实一直以刻苦耐劳自律,不论是在艰难的创业初期还是在成为超级富豪的今日皆是如此,每日工作12小时以上。

很重要的是,郭鹤年将中华民族刻苦耐劳的优良传统,注入了现代经营管理所需要的新内容即竞争意识。他说:"创业之初,竞争是很激烈的,所以如何在竞争中求生存,这是我们学到的第一课。……当时我们并没有太多的资本,而且从银行得到帮助也不容易,因为他们往往只对拥有巨额资本的商人感兴趣。我们拥有的一个'资本',就是这样一种朴素的哲学——努力工作。这种哲学使我们渡过难关,并使我们保持在竞争中的领先地位。"②他强调指出,多少年来,刻苦耐劳、努力工作都是郭氏企业集团竞争制胜的重要法宝,"我们所有的员工每天都非常紧张地工作很长时间。我们每个人都信仰这样一种观念,即不浪费时间,并要以有用、高效的方式利用每一分钟。"③

在海外华人实业界中,郭鹤年是其中一位最早把西方现代化管理制度、方法应用在企业行政管理的人,他学习、借鉴西方的制度管理,对企业的发展起到了很大的作用。有人认为,郭鹤年事业的成功,是因为他懂得企业管理并加以制度化。④ 他自己也指出:"严格的制度、良好的纪律,对维持一家公司的正直作风及向前、向上发展大有裨益。"⑤正是严格的制度管理,才使众多的香格里拉酒店不约而同地向客人提供第一流的服务,能在旅游业、酒店业中成为骄人的金字招牌,每年的"全世界十大最佳酒店"评选都名列金

---

① 摘自笔者与郭鹤年先生的两次晤谈记录,以下未注明出处者均此。
② 译自郭鹤年先生寄给笔者的《英文自述》,以下简称《自述》。
③ 《自述》。
④ 周少龙:《郭鹤年传》,香港明窗出版社1993年版,第68页。(以下引文只注书名,页数。)
⑤ 同上书,第201页。

榜;也正是经营管理的制度化,使中国深圳、厦门等地的精炼食油厂和马来西亚的糖厂、面粉厂等企业,狠抓质量控制,以各种优质名牌产品赢得了越来越多的顾客,占有了较大的市场份额。仅举一例:深圳南海油脂工业(赤湾)有限公司的名牌产品金龙鱼高级食用油自1991年底进入北京市场后,迅速被北京市民认可并形成消费热潮。1993年8月,北京50家副食商场统计显示,金龙鱼食用油在竞争强手如林的情况下,售出占有率达到42%。

值得注意的是,郭鹤年的经营体验是制度管理应与情感激励紧紧联系在一起,努力做到"以法服人,以情感人",两者密不可分,缺一不可。郭母经常教导郭家的每一个人,不管大小,都要牢牢记住"家和万事兴"的古训。她认为,一个家庭或家族,只有每个成员和气相处、互相帮助、合作无间、精诚团结,才会兴旺发达、富足如意。郭鹤年将中华传统的"家和万事兴"深深印在脑海中,他不仅把家族的全体成员团结在一起,共同开始艰苦的创业,共同推进事业的不断发展,而且他把"家和万事兴"推广、应用于企业的全体员工,在公司中创造、培育一种家庭式的氛围,以使情感激励真正发挥作用、落到实处。他说:"很多事情道理很简单,经营管理不能只靠制度,更重要的要靠人。制度是人定出来的,也要人去执行。我经常讲,公司中的员工像兄弟姐妹一样,甚至更亲密于同胞兄弟,因为公司的人天天在一起。……只有上上下下有感情,合作得好,才能调动每个人的才能,发挥他的最大的潜能。"

以法服人,使人有法可依;以情感人,使人怀恩图报。这样的理念,郭鹤年身体力行,加上任人得当,结果上行下效,形成了各个公司进而整个集团难得的和谐团结的氛围。这是儒家所提倡的"泛爱众"①的"爱人"哲学和"得其心斯得其民矣"②的"得人"思想在他身上的体现。

(二)诚信为本,不贪为宝

诚者不伪,信者不欺。古往今来,"诚信"一向被中国士人视为修身之本,是待人处世的道德规范。这也是中国传统的管理思想中,所重视的"贤能"的一个重要标准。儒家强调"民无信不立"③,宣扬"货真价实,童叟无欺",要求商人要"笃实至诚"④"不要欺凌"⑤。

---

① 《论语·学而》。
② 《孟子·离娄上》。
③ 《论语·颜渊》。
④ 《士商要览·十要》。
⑤ 同上。

除了倡导诚商信贾的传统外,儒家还提倡"廉贾",即不"贪饵丧生"、不"贪赃枉法"、不"贪财害义"、不"贪小失大",总之是不做"贪贾"。把"不贪为宝"运用到经商中,既是经商谋略问题,更是经商道德问题。它与诚信一样,已成为中国社会所推崇的经商法则。我们把郭鹤年称为儒商大师,亦是因为这些儒家文化中注重诚信等道德品质的思想对他具有很深的影响。

由于重视自身的道德修养,以"诚信"为行为圭臬,郭鹤年在东南亚商界具有很高的信誉和声望,这使他不论是人际交往还是商业合作,都能左右逢源,无往不利。有人更因此称他为"人际关系专家"。

20世纪二三十年代,西方管理学家梅奥等人进行了著名的"霍桑"试验,经过理论研究和总结,他们强调经营管理中的人的因素,认为工人是有理智、有感情的,劳动生产率的高低在很大程度上取决于劳动者的情绪,从而形成了管理科学中的人际关系学派。郭鹤年是否在经营管理中有意识地运用西方人际关系学派的管理思想,我们未可臆断;如果说这种管理理论对他是有所影响的,这也许不是过分夸张之词。需要强调的是,从郭鹤年的经营管理思想和实践中看,他不仅是调节、处理人际关系的高手,更重要的是,他对协调人际关系的认识、方法具有鲜明的中华传统文化特色。他在长期的经营实业活动中,一直把人的因素放在极为突出的位置上,一直致力于创造一个有利于企业发展的良好、和谐的人际环境。他深深认识到:要使公司的每个员工和每个部门团结一致,拧成一股绳,汇成一股劲,自身的道德素质具有举足轻重的影响和作用;自己具有优良的道德品质,对公司员工才有感召力和影响力,才能获得企业成员的信任和尊敬,并愿意为其效力。他说:"孔子说得好,'其身正,不令而行',公司的领导要正,下面才正。"他还说:"持续实行的良好管理需要来自高层管理人员作出榜样。"[①]他认为,凡是成功的企业家都需要以身作则,严于律己,宽以待人;他时常用"以责人之心,责己则寡过;以恕己之心,恕人则全德"这两句话来自勉。

郭鹤年视野内的"人际关系"概念比西方人际关系学派要宽泛得多,后者主要是局限于公司内部的管理人员和职工。郭鹤年一方面注意选拔和培养得力的管理"将才",谋求全体职员对集团的拥护和支持,另一方面还特别注意发展公司外部的人际环境。从创业到现在,郭鹤年从未间断过与政界、商界的密切合作,其中很少有不愉快和失败的例子。

郭氏集团能发展到今天的规模,离不开郭鹤年长期苦心经营和维护的

---

① 《郭鹤年传》,第200页。

人际大环境。而他的"交际秘诀"是什么呢？

在公司内部，郭鹤年的一贯做法是知人善任，诚信待人。为得到一位得力的管理人才，他从来不惜重金，而且用人不疑。对于那些为公司作出显著贡献的经理和职员，郭氏集团的传统是赠与公司的股份以示奖励；对于那些不忠于职守或贪污受贿的职员则坚决予以惩罚。郭鹤年在一次大会上发表有关管理的演说："现在假设生意已经获得成功，不管这是有赖于全部或部分因管理方面的努力所达到的，我一样建议，给予全体职工作出奖励——虽则有关奖励需基于个人贡献与表现而有所不同。我个人喜欢让资深的行政人员成为公司的股东，因为他们已把一生最好的时光献给了公司，这对中级与低级人员同样是一个很好的奖励，因他们有一个可以期待的东西。……对于那些犯下严重错误行为的人，应当给予惩罚。"①

郭氏集团一位属下曾说："郭鹤年和蔼可亲，有一种令人心悦诚服的魅力，他的管理哲学渗透到了每一名职员心中。"郭氏集团绝少给员工炒鱿鱼，非常看重职员的服务期限，服务愈久的职员加薪愈高，年纪大了亦可留职继续授薪。这种以情义为重的激励安排体现了郭氏集团对属下职员的高度信任，是对效忠尽职精神的鼓励，有助于形成和巩固公司作为荣辱与共的集体的向心力和凝聚力。郭鹤年对公司内部如何形成相互信赖、相互合作的人际关系氛围，有过一次风趣、精彩的发言："就我个人的意见认为，追寻良好的管理，必须要从个人的庭院，以及花园着手做起。相同的文化，诸多语言、举止、形态，以及教育制度，可以对建立起早期的内聚管理工作队伍，作出巨大贡献。当集体协作及团队精神建立起来后，始能引荐其他具有不同文化背景的才智之士进来。换句话说，我建议在事后才在你的花园中介绍其他的花卉。"②

在商言商，一般不参与政治活动是郭鹤年一贯的作风。与此同时，他又极重视与政界的商业合作。不仅在马来西亚，包括在新加坡、印度尼西亚、泰国以及中国，郭鹤年与政府都有持久和深厚的交往。人们也许会说，郭鹤年一定是凭借某种高超的交际手腕甚至幕后交易，来获取与政府的密切人际关系。其实，郭鹤年与政府合作的"秘诀"主要有两点：一是在政府面临比较严重的经济困境或投资环境不利之时挺身而出、知难而进，用自己的经营智慧和才能助政府一臂之力，而不像一般的商人那样畏惧不前、骑墙观望，

---

① 《郭鹤年传》，第 200—201 页。
② 同上书，第 200 页。

从而获得政府的高度信任；二是敢于让利,不斤斤计较于一时之得失,注重长远的互惠关系,因而容易博得政府的青睐。很显然,关键仍在"诚信"二字。

这方面的例子很多。譬如70年代初,马来西亚政府极想成立一家船务公司,以打破远东航线被发达国家垄断的局面,但面临重重困难,希望与郭鹤年的合作,筹建马来西亚国际船务公司。郭鹤年受邀出任董事会主席,在此艰难之际,以其惊人的魄力,招揽资金,积极筹备,到1976年便获得较为可观的盈利,到了80年代便发展成大马超级上市公司。当整个船务公司步上正轨之后郭鹤年就辞去董事会主席一职。在此之前,即1969年郭鹤年还受马来西亚、新加坡两国政府的委任,出任新马航空公司董事会主席。当时新马已经分家,原先的航空公司面临着分家,郭鹤年便是在这个困难的过渡期出任要职的。由此可以看出,郭鹤年在与政府合作中所遵循的基本准则："患难见真情",建立起相互信任和支持的关系。

纵观郭氏集团的发展史,可以发现郭鹤年经营的一大特点是永不独占,几乎所有的产业都与人合作,也包括与众多的商人的合作。与人合作便于大规模筹集资本,迅速扩展经营规模。

郭鹤年与许多国家和地区的富豪有过良好的合作关系,其中尤以新加坡、马来西亚、中国香港的大商人为多。郭鹤年与其中的一些大商人不仅是商业上的合伙人,而且还是友情深厚的至交,这对于郭氏集团的迅速崛起意义重大。下面试举几例加以说明。

印度尼西亚首富林绍良在六七十年代便成为郭鹤年的深交。林绍良拥有一家名为布洛的公司,专门经营大米和白糖的进口,规模庞大,几乎垄断了印度尼西亚整个提炼白糖的进口市场。郭鹤年经营的白糖生意直接与布洛有关。他从设在泰国的糖厂生产原糖,运到大马提炼成白糖,再通过布洛公司销往印度尼西亚市场。通过与林绍良的合作,郭鹤年在印度尼西亚建立了规模巨大的甘蔗种植园。此外,林绍良还是香港香格里拉酒店的大股东。

当郭鹤年于70年代初建造港岛香格里拉酒店时,该酒店的大股东除林绍良外,还有一位便是香港影视大王邵逸夫。80年代末期,邵逸夫看到电视业前景广阔,决定从电影业转向电视业,于是购买了香港电视广播有限公司30%的股权。郭鹤年也同样看好电视业,结果购下港视的不少股权,现在因邵逸夫让出不少股权,郭鹤年已拥有港视32.1%的股权。邵逸夫还将他领导的邵氏兄弟(马)有限公司所拥有的大量的戏院和地产转让给了郭鹤年所控制的玻璃市种植公司。

  郭鹤年与李嘉诚关系同样密切,两人不仅于1991年共同注资中信泰富,直接加入收购大昌行列,而且还联手在中国投资房地产,例如上海闸北区不夜城建造项目。郭鹤年的商业密友和合作伙伴还有曹文锦船王、陈振南及陈金友家族、邱继炳等。

  郭鹤年之所以在商界能赢得如此阵容庞大的伙伴与挚友,有着亲密、融洽的人际关系,除了因为他处理事情一向公正不阿,注重友情外,还因为秉持"不贪"的原则,具有不讨人便宜的诚恳、大度的作风。合作经营有众所周知的优点,但是如果合作不愉快,矛盾丛生,也会使生意遇到挫折和中断,这种失败的例子在商界也是屡见不鲜的。为何郭鹤年能够收到扬合作之长、避其短的功效呢？这主要应归功于他以诚信为本、以不贪为宝的企业家的品质和道德形象,应归功于他将儒家文化的精粹发扬光大于现代经营管理的实践过程。他所信奉的格言是:"临事让人一步,自有余地;临财放宽一分,自有余味。"在合作经营中,做到"好菜让别人先吃,有钱让别人先赚"。他的口头禅是:"一定不能贪,宁可自己吃亏,也不要占别人便宜,要留些好处给别人。"他曾多次对人谈到企业家的经营道德品质:"对做生意来说,最重要的是不要贪心,不要寻求什么捷径,要走正路,就是尽可能沿着有道德的路线去发展企业。"他语重心长地告诫说:"在一个企业家活跃于商场的长期岁月里,总有一些机会在召唤着他。其中一些机会可能使他卷入不名誉或不道德的行为。如果他是明智和警惕的,那么他将会拒绝这些行为。这种追求财富的捷径会影响一个企业家的道德力量。而且,由于这种行为是会养成习惯的,因此它将最终导致企业家的败坏和毁灭。"[①]可以看出,郭鹤年极为珍视作为一个企业家的道德力量和形象,这使他从来都是着眼未来,关注长远利益,光明磊落地从事经营活动,绝不为一时之利而有损于自己的道德品质和形象。也正是具有这种道德力量,郭鹤年才能把企业中的众多成员团结起来,领导和激励他们齐心协力地为企业的发展目标而努力工作。他的一些属下私下议论说:"他是一位正人君子,同时具有作为一位成功企业家的魅力。"[②]这种优良的经营道德品质还使许多合作者信任郭鹤年,愿意与他共事。有人下了这样的评语:"郭氏在商业方面建立起他个人超著的

---

① 《自述》。
② 《郭鹤年传》,第127—128页。

信誉。他向来以公平著称,也许这是一般商家喜欢与他交往及合作的原因。"①

郭鹤年还认为,作为一个企业家,不仅要有经营道德品质,而且还要有社会道德品质;也就是说,企业家对整个社会的文明、进步和发展负有道德责任。他的会客厅中挂着徐悲鸿的书法作品:"济众博施。"他的办公桌上有郭母亲笔书写的座右铭:"不为自己求利益,但愿大众共安宁;诸恶莫做,诸善奉行。"这些格言时时鞭策着郭鹤年,要有社会责任感,要为社会大众作贡献;不能贪得无厌,而应回馈社会。

郭鹤年深深懂得企业的利益存在于社会利益之中,绝不能为了赚取更多的利润而将公司置于社会之外。他一直致力于把公司兴旺发达与社会的繁荣昌盛紧密联系起来,取之社会,用之社会,应所在国经济之所需,补所在国经济之所缺,推动所在国经济的起飞。

郭鹤年所具有的优良的社会道德品质,使他在马来西亚投资糖业、面粉业、房地产业、酒店业等,带动了该国经济的振兴,并且早在1970年,郭氏家族就建立了慈善基金会,大力资助教育发展和公益事业。他大举投资中国的同时,亦没有忘记对中国灾区、残疾人事业、亚运会的支持和赞助。投资区域既包括沿海发达地区,也包括广西等一些落后省份。他在东南亚各国的投资也有力促进了当地经济的发展。以上种种所产生的社会效应是看不见的无形资产,也是郭氏企业集团不断取得成功的基石。

儒家文化中有关"诚实"、"信用"、"仁义"、"谦让"、"不贪"等道德劝诫,不仅对于人们日常生活中的为人处世具有重要意义,而且对于雄才大略的企业家也极具吸引力。原因就在于企业家一旦在人们面前树立了令人心悦诚服的道德形象,他就拥有了无法用金钱去衡量的"声誉资本",声誉之于企业家犹如商标之于企业一样重要。郭鹤年代表了整个郭氏企业集团,他个人的声誉与形象也就是整个郭氏集团的声誉与形象。凭借这无形的资本,他便能赢得商界和政界的许多朋友和伙伴,与他们长久合作,使公司下属和职员效忠于他,从而获得稳定和长久的商业利益。通过道德行为和力量积累的"声誉资本",无论对于传统式的小规模经营还是现代化大公司的经营都是不可缺少的,并且,公司规模越大,企业家的道德品质和形象就愈加重要。相对于现代管理方法和技术来说,郭鹤年所强调的道德品质和路线,实际上构成了他整个经营管理过程中的真正"软件"部分,它不依具体的

---

① 《郭鹤年传》,第184页。

管理技术和形式为转移。作为儒商大师的郭鹤年可谓深谙此道,在大力采用西方现代管理方法的同时,极力推崇儒家文化的道德观和价值观,身体力行,始终不渝,这来自中西两方面的相互交流和融合,构成了郭氏企业王国蓬勃发展的重要源泉。

(三)深谋远虑,放眼全局

儒家传统管理思想的一个重要特点是:注重长远目标,反对急功近利。儒家的创始人孔子早在2000多年前就曾对他的学生子夏说,为政要"无欲速,无见小利,欲速则不达,见小利则大事不成"[1]。在这里"大事"是指放眼全局,谋求长远的战略目标。实现战略目标往往是一项浩大的工程,不仅需要付出艰巨的努力,还要具备各种各样的主客观条件,很难一蹴而就。倘若不顾主客观条件,急于求成,斤斤计较,则必然事与愿违,造成战略决策上的重大失误。

制定长远目标是一种战略,为了使长远目标得以实现,也需要一系列战略构想。因而深谋远虑、放眼全局,便成了战略要求的基本原则。这也是兵家制敌决胜的要旨之一。长远性、全局性的原则,在军事上体现为"小利不趋,小患不避",即"军有所不击,城有所不攻,地有所不争"[2]。不论行军作战,还是创业经商,都应目光长远,不过于计较一城一池的得失、一时一事的成败。这种思想,郭鹤年可谓心领神会,并充分运用于他的经营战略中。

郭鹤年曾经说过:"我能拥有的一切,只不过是贸易自然扩展的现象。"[3]此话可以理解为郭鹤年对自己所获成就的一种自谦,但也可以理解为在正常情况下,任何一个企业家的成功都是顺应经济的自然增长趋势、敏锐地追逐和捕捉增加财富的绝好机会的结果。其中最重要的是如何利用周围的经济环境能提供的致富机会,并使其蕴涵的潜在利益全部被挖掘扩展出来。这就要求企业家具备审时度势、先人一步的战略眼光和与之相配的魄力和信心。著名的美国经济学家约瑟夫·熊彼特强调企业家的职能在于创新,在于重新组合现存的生产要素。而创新的核心条件是率先发现要素重组的经济机会与可能性,并做出有关这方面的战略决策。对此郭鹤年深有体会地说:"我深信,在每一个人的生命历程中,他都要遇到好运气和坏运

---

[1] 《论语·子路》。
[2] 《孙子兵法·九变》。
[3] 《郭鹤年传》,第180页。

气。当好运气敲他的门时,他必须能够认出它并用双手把它抓牢。"①"要顺应时代潮流。……要使自己保持高度敏锐的警觉,一看到机会,就要抓住。如有十个机会,你抓住了七八个,你就成功了。"

郭氏商业王国从形成到发展经历了几个重要阶段,在每个阶段上的战略选择都具有极为关键的意义。

首先是50年代末至60年代初,郭鹤年说服其家族成员将郭氏兄弟公司的几乎全部资产投向炼糖业。虽说郭氏兄弟公司从50年代起就经营食糖,但家族中无人懂得炼糖业务。郭鹤年敏锐地观察到:马来西亚独立之后面临的一个基本问题是如何依靠国内的力量保持和发展生活必需品的自给,糖是其中不可缺少的一项。另外一个对选择炼糖有利的因素是自马来西亚独立起,郭鹤年便积极扩展民天有限公司在国内的商品分销网,巨大而便利的销售网对保证炼糖规模及其扩大是必不可少的。尽管如此,将家族的几乎全部财产投向一个陌生的行业毕竟充满各种风险。但事后表明郭鹤年的建议是富有远见卓识的。1960年,郭鹤年成立马来西亚糖厂,其生产规模不断扩大,迅速弥补了英国商人撤出马来西亚食糖市场留下的空缺。由糖的销售到糖的制造,是郭氏家族发展史上的一次重大突破,标志着郭氏兄弟公司开始摆脱传统的家族生意,朝现代大企业转型。

随着国内市场占有率的提高和炼糖产量的迅速扩大,糖王郭鹤年顺势采取了两大经营举措:一是积极参与国际商品期货市场的角逐,通过糖的期货贸易迅速积累资本;二是组建玻璃市种植有限公司,先后在马来西亚、印度尼西亚租用大片土地,开垦甘蔗种植园。至此,一个庞大的糖业王国确立了起来。

由糖的销售到提炼、甘蔗种植,从产业经济学的角度看,是一种后向型垂直一体化的战略,其益处主要是节省交易费用和享受规模经济。这种战略尤其适合产品需求受到保护且稳定增长的场合。马来西亚政府在独立后制定的第一个五年计划中,提倡大力发展国内民族工业,对一些新兴工业实行包括免税在内的优惠和鼓励。由郭氏集团领导的马来西亚糖厂和玻璃市种植公司都属于受保护和鼓励的新兴工业。这使得郭鹤年经营的糖业不仅迅速弥补了国内食糖供应之不足而且捷足先登地占领了国内的大部分食糖市场。

进入70年代,高瞻远瞩的郭鹤年迎来了一个新的发展阶段。这个阶段

---

① 《自述》。

的战略特征是由过去的垂直一体化为主转向多角化和国际化并重。

多角化和国际化是战后发达国家大型企业广泛采用的一种经营战略。前者通过经营多种不同的产品实现投资风险的分散化并享受一定的范围经济。当企业资产规模变得十分巨大时，仅投资于单种产品的市场风险便会相应地增大，此时将资产适度分散在不同的领域是有利可图的。国际化则有助于广泛利用不同国家和地区的资源禀赋及相对优势，最大限度地谋求这些国家和地区所提供的盈利机会。

在郭鹤年创业早期，多角化经营已初见端倪。除经营糖业外，郭氏集团也涉足面粉业、食用油提炼、航运及木材业等。但真正大规模进行多角化经营还是始于70年代。标志之一是1971年率先在新加坡建造第一家豪华型大酒家即"香格里拉"。新加坡利用其天然的地理优势大力发展自由贸易区，经济增长迅速，旅游业方兴未艾，在此背景下发展与旅游业密切相关的酒店业必有光明的前景。郭鹤年洞察先机地抓住了这个机遇，并充分加以利用。事实上，等到郭氏的酒店业发展成为一个跨国性的连锁集团之后，其他商人才步其后尘，以图在此厚利中分一杯羹。多角化经营的标志之二是，1972年，郭氏集团在大马新山市创办彩虹有限公司，正式跻身于当今超级富豪热衷不已的房地产业。郭氏集团目前是新加坡、马来西亚、中国香港最大的地产开发商之一，近年来业务范围进一步扩展到加拿大、菲律宾和中国。

多角化经营过程实际上也是郭氏集团不断走向国际化的过程。五六十年代郭鹤年主要限于马来西亚境内谋求产业的发展。随着新加坡的崛起，郭氏集团的总部迁往新加坡。1974年，郭鹤年又决定到中国香港发展，并很快成立嘉里集团有限公司。70年代末和80年代初，中国香港日益成为远东重要的国际金融中心，加之法律健全、税率低、政府干预少，尤其是作为与中国发展经贸联系的前沿窗口，对商人具有极大的吸引力。郭鹤年又一次将总部迁往香港。现在香港的杂志如《资本家》、《资本》已习惯于把郭鹤年视为香港巨商，列入香港富豪排名榜。今日郭鹤年所领导的企业集团已非限于一隅的区域性企业，而是雄视一方、纵横世界商场的国际性大企业。他的企业版图，不仅冲出了马来西亚，而且超越了东南亚的范围，其目标是全球的业务。他走向世界的步伐一直在持续中，不断发起新的冲击，不断取得新的业绩，已经扩展到遥远的法国、加拿大、智利等国。在马来西亚，真正称得上国际性企业家的，可能只有郭鹤年；即使在全世界的华人实业界中，像郭氏公司这样的世界性超级集团，也是寥若晨星。

有评论家称郭鹤年是一个"不按牌理出牌的人"，这从一个侧面反映了郭鹤年战略决策的特征值得研究。这方面最好的例子：一是 20 世纪 80 年代中期郭鹤年与中国经贸部洽谈合资兴建北京香格里拉酒店和随后的北京的国贸中心。郭鹤年 1993 年在接受香港《大公报》记者采访时曾透露：在开始与中国洽谈合作项目时，困难重重，前景黯淡，但他没有泄气，认准了目标就一直往前冲，不惜六七年收获期的等待。① 即使 1989 年之后，外商纷纷撤走投资时，郭鹤年也丝毫没有动摇过投资的决心。在邓小平南方谈话前，郭鹤年就发表演讲说："中国在约十二年的短时间内，在国内大部分的地区取得惊人的经济改革。今天的中国在衣、食、住、行方面，已在衣和食中取得大幅度进展，目前仍有待改善的是人民的居住问题，然后是交通和通讯等基本设施的建设工作。……西方国家看来对中国的问题缺乏耐心，西方新闻媒介甚至对中国的行为和政策作出诸多批评。……我常到中国大小城镇走动，我发现中国人民是聪明、开通和可信赖的。……我深信中国的前途是光明的。"② 正是基于这种认识，如今他在中国投资的项目越来越多，区域越来越广，截至 1995 年，中国已成为郭氏集团投资最多的地区，总投资已近二十亿美元。主要集中在酒店及物业、粮油加工业和饮料业。其中已建成的包括北京、上海、深圳、杭州、西安等城市的近十家香格里拉酒店和众多商住楼宇、七个食油、饲料加工厂和四个可口可乐厂。此外，还有许多酒店、商住楼、可口可乐厂在建设中。③ 这都说明了郭鹤年对中国发展的信心。二是在 80 年代香港前景飘缈不定、资本纷纷撤离时大举投资香港的房地产等，收效甚丰。彭定康提出"政改"方案后，香港的一些企业家又有点人心浮动。郭鹤年发表谈话说："面对'九七'，没有什么担心……我有这个信心。当然也会有些矛盾和问题，一部分香港人不喜欢啦，这一定有。人的社会，不可能天天像今天的天气这么好，总有下雨打雷的日子。香港'九七'后一定好过'九七'以前，这句话也是自然的，因为全世界天天好起来，都在进步。……香港的前途是很好的，有希望的。"④ 三是 90 年代初对菲律宾的投资。1989 年 12 月菲律宾政府发生政变，局势动荡不安。像前两例一样，郭鹤年在外资裹足不前的时候大举进军，专门成立郭氏菲律宾产业国际公司，积极扩展业务，在菲兴建具有世界一流水平的香格里拉酒店、购物中心和住宅楼等。这些投资现已逐渐进入了收获期。

① 《大公报》1993 年 1 月 4 日。
② 《南洋商报》1991 年 10 月 5 日。
③ 《光明日报》1996 年 2 月 24 日。
④ 《大公报》1993 年 1 月 4 日。

所谓的投资禁忌向来只是平庸商人恪守的教条。对于郭鹤年这样的企业战略家来说,并不存在什么永恒不变的商业禁忌。郭鹤年的成功主要在于他经常能审时度势,洞察秋毫,同时又具有干练果断的魄力和不可动摇的信心与勇气。对于无希望获利的投资,他会采取壮士断腕的行动;对于有潜能的投资,则不计一时之得失,采取"一直向前冲"的战略。敢于犯禁恰好反映了他独具慧眼、深谋远虑的卓越才能。他自己这样说:"眼光要准,行动要快,魄力要强;一选择就干到底,不要轻易承认失败,不要怕冒风险,下了决心就全力以赴。"

事实已经证明,郭鹤年不仅无愧于"儒商大师"的称号,而且也堪称是一个具有远见卓识、恢弘气度的战略家。他的经验和成就,已成为有志创业者效仿的榜样。

谢国民领导的正大集团暨经营管理思想*

一、农牧巨子　正大纵横

1989年3月,北京、上海、福建和广东四家电视台同时播出一个由海外华人企业集团投资策划并以集团名称命名的综合性专栏节目——《正大纵横》。由于节目内容大都以观众喜闻乐见、赏心悦目的极富知识性与趣味性的国外素材精制而成,因而一经播出便引起极大反响。为了进一步提高收视效果和扩大集团的知名度,投资者又决定与中央电视台合作,并把《正大纵横》改成《正大综艺》,从而使节目的覆盖面扩大至全国六百多个城市,观众达三亿人之多。如今每逢周末,《正大综艺》已成了广大观众必看的节目之一,"爱屋及乌",其主持人也因此成了备受注目的焦点。当然,与广大观众从节目中获得美好的精神享受结伴同生的是,投资者也因此获得了巨大的效益。因为"正大"二字已经名扬四海,这是超级广告效果。其投资创意之奇妙不言而喻。

这正是谢国民领导的泰国正大(卜蜂)集团的杰作。

正大集团的前身是"正大庄菜籽行",其创始人是谢国民之父谢易初。

谢易初,1896年11月22日诞生于广东省澄海县外砂区蓬中乡一个农民家庭,童年时曾在乡里读过几年私塾。在少年时代,谢易初对农艺产生了浓厚的兴趣,因为善育草菇,曾有"草菇老"之称。1922年,谢易初怀揣8块银元,只身前往暹罗(泰国)谋生。由于勤劳好学,他很快掌握了一套种植的本领,并因此有了一些积蓄。1930年,在友人的相助下,他在曼谷的唐人街区开设了一家菜籽店,取名为"正大庄菜籽行",这一名号蕴涵着他"正大中国,振兴实业"的非凡抱负。由于经营有方,"正大庄"的生意日渐兴隆。为了扩大业务,谢易初将二弟谢少飞招到曼谷,协助他打点生意。在兄弟俩的

---

* 本文摘自《商战之魂——东南亚华人企业集团探微》,北京大学出版社1997年版。

配合下,生意更加蒸蒸日上。1941年,谢易初又在吉隆坡创办正大庄,将业务扩展到马来西亚,进而开始扬名东南亚。第二次世界大战后,为了培育、改良蔬菜品种,1948年春,谢易初毅然把"正大庄"托付给二弟掌管,自己回到中国汕头,创办"光大庄",并回家乡租地100亩作为种子农场,培植良种菜籽,以供出口,获利甚丰。

与此同时,由谢少飞掌握的泰国、马来西亚的"正大庄"继续维持生意兴隆的局面,已为正大集团的建立奠定了基础。50年代初,谢易初的长子谢正民、次子谢大民学成之后,相继加入家族生意的行列。1953年,在父亲的支持下,谢正民、谢大民在曼谷宣布成立"正大集团",泰文称"乍伦卜蜂集团",英文为"CHARONE POKPHAND GROUP"。新成立的正大集团,注册总资本只有200万铢泰币,纯属家族资本。经营的项目主要是与农业有关的生产资料,如菜籽、园肥、农药、饲料、塑料袋、麻袋等;此外,还从事改良禽畜、瓜果、蔬菜的研究。她的诞生标志着谢易初创办的"正大庄"正式跨入了一个新的历史阶段。

正大集团成立之后,谢易初并不急于回到泰国执掌家业,而是继续留在家乡培育良种,直到1965年因胃出血赴港动手术。在这十几年间,他曾任澄海县冠山实验农场副场长、国营白沙农场副场长兼技术员,他组织人员育出了大批优良新菜籽,外销各大洲为国家创汇。他还因为培植了"西瓜冬熟"、"秋菊夏开"而获得了"华侨米丘林"的美誉。毛泽东、周恩来在1958年12月品尝了他栽培的无籽西瓜后,曾给予了高度评价。50年代后期,澄海县成为中国第一个水稻年亩产千斤县,采用的正是他培育的稻种。

1965年,谢易初返回泰国料理家族业务时,正大集团的事业已有了惊人的发展。此时,其次子谢大民已于1960年在香港创办了"正大贸易进出口公司",其三子谢中民、四子谢国民也已相继进入正大集团任职。在四兄弟的通力合作下,正大集团已跃出国界,成为一家跨国公司。谢易初回到泰国,更加强了集团的凝聚力。经过三年的观察,他对四个儿子的工作能力已极为放心,为了激励年轻人的创业精神,激发集团的生命力,他决定退居二线,将决策大权转至儿子手中。通过反复的考察和征询各方意见,他认定虚心好学、富有头脑和进取精神、具有卓越的组织指挥能力的四子谢国民是掌舵集团生意的最佳人选。因而,1968年,他将正大集团董事长的大权交给谢国民。

谢国民 1939 年生于泰国曼谷。小时候,其父送他回汕头念书。中学毕业后,又到香港读大学,主修经济管理与商业贸易课程。学成之后,谢国民返回泰国,先在国营蛋类合作社等单位工作了近五年。1963 年,他才获准进入正大集团任职。在集团的经营管理中,谢国民表现出的勤奋好学,精明强干及卓越的领导能力,赢得了包括父亲在内的集团上下内外的赏识,从而顺利接掌集团大权。

　　谢国民没有辜负父亲的期望。在他的主导下,正大集团承接以前的发展势头,进入了一个更加欣欣向荣的时期。1969 年,在印度尼西亚创办了一家饲料厂和一家渔业公司。在 70 年代,又创办了多家公司,其中中国香港 2 家、中国台湾 5 家、美国 3 家、新加坡和中东地区各 1 家,至 1980 年,正大集团已拥有 41 家公司。进入 80 年代后,"正大"纵横商场的步伐开始向广度和深度挺进。1984 年,开始向工业投资,成立了一家摩托车制造厂。1988 年,拨款 30 亿铢泰币,开辟了一个面积 2 万莱(每莱 1 600 平方公尺)的养虾场。从 1988 年起,正大集团响应泰国政府提出的"绿化东北"的号召,在泰国东北部广种玉米及高粱,既绿化了东北,又扩大了饲料基地。更为可观的是,该集团推出了一项庞大的全套性种植黄豆及提炼植物油的计划:拟在泰国北部、中部和东北部的 24 府扶助农民种植黄豆,第一年种植 10 万莱,然后逐年扩大,至第十年,总面积可达 95 万莱。由"正大"提供资金及技术给农民,并负责收购。收购上来的黄豆,供正大集团的植物油厂提炼为食油。现正大集团已为此投下了不少资金,其中炼油厂耗资数亿铢,是泰国最大规模、最现代化的植物油厂。也就是在 80 年代,谢国民率领正大集团轰轰烈烈地在中国投资,其拓展之速度、纵横之气势,令世人瞩目。

　　如今,正大集团已是东南亚最大的农牧工商一体经营的公司,并位居世界第三大饲料厂家。其中,仅在中国建立的 82 家饲料厂年产量就达 1 100 万吨。到 1995 年,正大集团已在东南亚及中国、日本、美国、欧洲、澳洲拥有 300 多家涉及农、牧、工、商各业的分公司,总员工达 8 万人,其中在中国有 100 家,员工达 3 万人[①],年营业额逾 50 亿美元,已跻身世界 500 家大企业行列。与此同时,身为"正大巨轮"舵手的谢国民也赢得了"饲料大王"、"农牧巨子"的美誉,并先后荣获泰国国王颁发的泰国农业大学荣誉农业博士学位和泰国法政大学商业荣誉博士学位,1988 年被权威的《亚洲金融》月刊选为

---

① 《光明日报》1996 年 2 月 27 日,第 4 版。

"亚洲最杰出的企业巨子"称号。在正大集团的核心领导层中,除了谢国民外,还有其三位兄长谢正民、大民、中民及其叔父谢少飞的9个儿子。估计整个谢氏家族的财富超过60亿美元,其集团架构如下图:

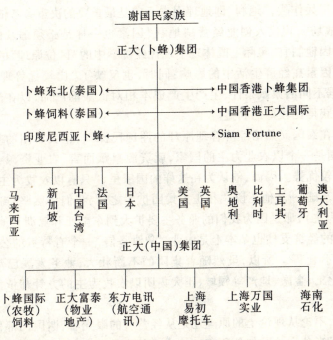

谢国民领导的正大集团架构图

二、选种、播种、育苗

面对蓬勃发展的事业和纷至沓来的荣誉,谢国民自豪而谦逊地称自己只是"播种人",泰国只是他的"播种试验地",而后又将播种范围扩大到全球各地。① 然而,"播种"之前,先要学会"选种";"播种"之后,则要懂得"育苗"。一样是"播种"者,有些人"选种"对路,"育苗"有术,结果大获丰收;有些人则选择错误,管理无方,结果事倍功半,甚至颗粒无收。这其中的分野,令人深思。

---

① 郭伟锋:《"农牧巨子"谢国民》,《当代港台南洋经济强人列传》,经济日报出版社(北京)、亚洲出版社(香港)1991年联合出版,第235页。

且让我们透过正大集团成功的足迹,看看谢国民是如何将这一"选"、"播"、一"育",一以贯之,精心耕耘,以达至"丰收"的。

第一,"选种":经营方针的选择——因地制宜、一业为主、多元发展。

因地制宜,顾名思义即是根据所处的地理环境,选择最有利的发展方向。古人用兵作战,"地利"即地理因素一向是最重要的决策参考依据之一。"商场如战场",现代人创业经营,"地利"因素也一样是必须虑及的重要一环。所谓因地制宜,实际上既体现了现代经济学中的"区位原理"的精神,即重视空间因素在经济生活中的影响;同时,也反映了"比较优势理论"的意旨,即根据不同的禀赋条件,生产生产成本相对低廉的产品,以在激烈竞争的市场中获得比较好的利益。

出生在泰国又熟谙经济管理原理的谢国民深知,正大集团的基地在泰国,而泰国是一个以农业为主的国家,就资源禀赋而言,农业资源在该国无疑最具比较优势。因而,他认为在这样的国家里,"只有以农牧为主,集团的发展才有基础"①。他还说:"在正大集团扩大之后,我们仍然坚持这一方针(以农牧为主),那是因为我们的业务主要扩大到东南亚和亚洲其他地区,而这些地区的经济支柱也基本上是农业。"②他坚信"一个有特点的公司,才有可能长盛不衰"③。所以,虽然随着集团的不断壮大,业务发展已涉及摩托车、石油化工、金融、地产等领域,正大集团以农牧为主的方针却依然没有改变。

显然,不论从理论上的原理还是从经营者的眼光看,谢国民都称得上头脑清醒,眼光独到。诚如他所言,"一个有特点的公司,才有可能长盛不衰。"这里的"特点",主要指经营内容,即经营的主干。一家公司,不论其规模大小经营多寡,要想在激烈的竞争中立于不败之地,必然要有其特色产品或主干项目,因为只有有所专注,才能集中精力(财力、人力、物力)打"歼灭战",才有可能最大限度地发展规模经济,进而获得最大利益。

当然,谢国民将农牧作为正大集团的经营核心,还不仅仅为了以此凸显该集团的特点,而更多地是从集团的发展背景和基础着眼。首先,正大集团是以"农"起家的,对与农业有关的领域知之较深,有道是"不熟不做","知己知彼,百战百胜。"对行业经营特点、市场需求是否了解,乃是事关成败的

---

① 《世界华人精英传略·泰国卷》,百花洲文艺出版社 1995 年版,第 205 页。(以下只注书名、页数)
② 同上。
③ 同上。

第一要素。长期的经营,已使正大集团在农业商品化方面积累了十分成熟的经验,这是参与市场竞争的比较优势;其次,正大集团的创业基地在泰国,发展的地区也主要在东亚,尤其是东南亚。这一地区由于人口众多,经济相对落后,农业一向是各国政府关注和倚重的产业。在这一地区投资与农业有关的行业,不仅能够发挥比较优势,而且也易于得到当地政府和民众的欢迎。

由于正大集团创业伊始便以菜籽、园肥、农药、饲料等与农业有关的生产资料作为主要的经营对象,故将集团的主要投资项目界定在各种牲畜及鱼虾的养殖和研究上。因此,在技术开发和市场营销上已积累了雄厚的实力,其产量暨营销额在世界的地位已是坐"三"望"二"。这无疑与谢国民倡导的"一业为主"的经营方针息息相关的。

然而,谢国民也深知,市场是瞬息万变的,企业由盛而衰往往只是一步之遥。产品的生命周期理论更使他始终持有危机意识。为了扩大集团的经营领域,增强集团的生命力,他一上任,在提出"一业(农牧)"为主的同时,又倡导"多角经营",推动集团朝着农牧工商全方位、多元化的方向发展。他认为,这是确保集团久盛不衰的必然指向,也是集团发展的内在规律。因此,尽管他相信以"一业为主"的方针不可改变,以农牧为主的方针不必改变,但并不恪守这一"教条",不局限于从卖种子到加工饲料的单一范围,而是不断开疆拓土,大举改革创新。

首先,谢国民实施同心多角化战略,在坚持"农牧为主"方针不变的前提下,他瞄准了与饲料相关的家禽育种行业。他凭借集团具有的供应家禽饲料的优势,与享有世界盛名的美国种鸡公司合作,在曼谷设立育种公司,专门从事肉鸡育种经营,并很快掌握了世界上两个最佳肉鸡品系、一个蛋鸡育种品系和一个北京鸭育种品系。此后又开发了三个肉猪、一个肉鸽和一个养虾育种品系。与此同时,他又自办许多有相当规模的养鸡场、养猪场和肉鸡、鸭和生猪屠宰加工厂。在系列化商品经营中,他还注意巩固和扩大原来的事业。如为了使饲料工业在竞争中立于不败之地,他又对玉米、大豆、香米的品种进行了大量的研究和改良工作,同时对加工机械设备不断改进,以提高产品质量和生产效率。

接着,从 1984 年起,正大集团又进行大规模的综合多元化拓展,将投资触角伸向了工业圈。首先以摩托车为起点。先在泰国建立了一家规模庞大的生产工厂,产品占领本国市场进而打进国际市场之后,又向日本引进本田机车的技术,在中国上海和洛阳分别制造幸福牌和洛阳牌摩托车,这些摩托车不仅畅销中国,而且已出口到南美、非洲、西亚和东南亚等地。由于经营出色,该公司曾连续5年被评为中国"十佳"合资企业和上海十家优秀工厂之一。这两家企业连同引进荷兰海尼根牌啤酒生产的"力波"牌啤酒的股票都已在美国纽约上市。

此外,正大集团还大举向房地产、石油化工、金融证券、电讯拓展业务。如1988年以来,与多家公司合作在曼谷购买土地兴建大厦,仅第一期工程就投资12亿铢,其中正大集团占60%的股份。与此同时,正大集团还开始涉足香港地区的金融证券市场。1988年4月,香港正大股票上市,年底盈利即不少于7000万港币。此后,正大集团又以每股3.49港币的价格,收购了裕华国货(集团)公司74.69%的股权。经过不断的拓展、延伸,正大集团已在香港的百货业、金融业和房地产业占有一席之地。目前,正大又在积极与在美国排名第四的沃尔玛集团一起在深圳、上海等地开拓连锁零售业。此外,属于正大电讯的"东方电讯"还与中国邮电部、航天工业部、国防科工委合作发射美国休斯公司的人造卫星等。

在经营多元化方针的指导下,结合投资中国的战略构想,1989年底,谢国民又亲率正大集团访华团到达北京,推出该集团在华投资的第二个十年发展计划,首期投资10亿美元,用于投资中国的汽车和石油化工工业。1991年,谢国民再次飞赴上海,在与当时上海市市长朱镕基就成片开发浦东房地产的意向进行商谈之后,又联合泰国富泰集团组建富泰(上海)有限公司。翌年4月16日,该公司与上海陆家嘴金融贸易区开发公司共同投资20亿美元,兴建"富都世界"。该项目位于浦东陆家嘴新外滩的黄金地带,占地达40公顷。这是正大集团在中国最大的投资项目,同时也是浦东开发以来最大的投资项目,因而格外引人注目。

在推动经营多元化的过程中,正大集团并不"为多元而多元",而是有所选择,因地制宜。比如在香港发展金融业,是基于香港作为亚太金融、贸易、航运、资讯及旅游综合营运中心及全球性资本市场的重要地位的考虑;投资中国的汽车制造业,是因为他认为中国未来的汽车市场十分广阔,并且中国生产的汽车在东南亚有很好的市场;进军上海浦东地产业,乃是看到这块投资热土的辉煌远景;至于中国雄厚的石化工业基础和潜在的消费能力,则是他在中国兴建大型石油企业的原因。

总之,因地制宜,一业为主,多元发展的经营方针,已成为谢国民及其主导下的正大集团制敌制胜的"法宝"之一,它已为实践证明是可取、可行的,值得借鉴和重视。

第二,"播种":投资战略的实施——先谋善断、敢为人先、顺势而动。

用兵之道,先谋为本。中国古代兵书说:"先谋后事者易,先事后谋者亡。"所谓"先谋",即指预先算定有胜利的把握以及预先制定取胜的具体战略与策略而后行动。只有先谋后事,才能稳操胜算。这是中国古代兵家指导战争的一个根本指导思想。"先谋"是决胜的基础,但倘若谋而不断,亦必然贻误战机,结果徒然无功。因而,只有将"先谋"与善断相结合,才能确保胜利。随着现代管理理论的发展,兵家的一些指导思想,已逐渐与战略管理理论融会贯通而形成一门专门从整体上把握管理对象,用战略思想来研究经营的科学,即企业经营战略学。不仅理论界重视对战略的研究,企业决策者也已自觉或不自觉地大量运用了兵法中的战略思想,并且演化成企业的经营谋略。谢国民便是一个典型的例子。这一点在他对中国的大举投资中表现得尤其明显。

首先,"洞察机先"和敢为人先。谢国民虽然出生在泰国,但中小学和大学教育却主要在中国和中国香港完成,这样的经历加上中华血统和热爱中国的父亲的教育熏陶,使他对中国自有一种割舍不断的情怀。并因此使他比许多外商对中国多了几分关注。然而在商言商,仅有民族感情是不足以促使他将资金大举投向这块广阔而又存在众多不稳定因素的国度的。重要的在于,在这块古老的土地上,蕴藏着巨大的商业机会。通过长期不断的关注和调查,他相信"中国的开放政策一定会长久,会使中国越来越富"。因而他"对正大集团在中国投资的前景是很乐观的"①。他对中国的政治、经济走势十分清楚而有信心,这可谓是"先谋"即"洞察机先"。而强烈的进取心加上超人的胆魄,又使他果敢善断,敢为人先。所以,当1979年中国国门渐开之际,当许多人还在犹豫不前之时,他却已先人一步,于1980年亲访中国,并毅然投资1 000万美元与美国康地谷场公司合作,在深圳创办了一个现代化的饲料养鸡场——正大康地(深圳)有限公司,从而从中国政府领取了001号营业执照,并以此为开端,揭开了正大集团大举投资中国的序幕。随着第一步的成功,该集团在中国的投资呈现排山倒海之势,"一发不可收拾"。其进展速度令经济界人士瞠目结舌。自80年代以来,正大集团已在中国兴建100余家合资和独资企业,总投资额近百亿美元,投资区域遍及除西藏、青海、宁夏外的所有省份。投资项目从饲料加工、家禽育种、肉鸡养殖、孵化和肉类产品加工逐渐扩展到石油化工、摩托车、啤酒、通用机器制

---

① 黄书泉主编:《海外华人十大富豪传奇》,黄山书社1993年版,第42页。

造、房地产和金融证券业。其中,许多公司已成为中国著名的企业,如正大康地(深圳)有限公司、上海易初摩托车有限公司、上海大江有限公司(松江)、上海万国实业公司、北京大发正大公司、北京正大饲料有限公司等。由此足见谢国民的胆识和气势。

其次,见机不让和顺势而动。自20世纪80年代以来,改革开放不断深化的中国,在给社会经济生活带来巨大变化的同时,也给广大国内外投资者创造了众多大显身手的机会。这一趋势早在谢国民意料之中,作为外商投资中国的先行者,他一步步迈得从容而踏实。由于对中国的发展态势始终抱有强烈的关注,更兼自身深具敏锐的投资眼光,在对中国的投资活动中,他往往能见人之所未见。而一旦发现机会,又总是不甘后人,及时抓住机遇。比如,1988年国务院宣布海南建省,兴建特区,谢国民马上意识到这是正大集团在中国扩大投资的又一机会。"兵贵神速"、"先下手为强",他顺势而动地于1988年9月和10月间,先后投资创办一个占地25万亩的大型养虾场和一个年产80万吨的水泥厂。他又看到,中国的5个年产30万吨乙烯的大型石化基地:东北的大庆、北京的燕山、山东的齐鲁、江苏的扬子和上海的金山,除金山石化基地位于长江口外,其余的都在长江以北。以区域经济发展需求和整体布局上考虑,他认为,江南这么一大块土地上,应当建立一个石化基地。虽然石化投资大,回收期长,但海南具有丰富的石油、天然气和石灰石资源,这对于发展石化工业是一个十分有利的原材料优势,更重要的是海南作为中国最大的一个特区,将长期享有优惠的政策待遇。因而于1988年底,谢国民见机不让地又与海南省签订合同,投资二十多亿美元,兴建海南石油化工基地。此外,正大集团还乘势而进地投资汕头、宁波等地的石化工业。

谢国民于1989年12月,亲自率团访问北京,并会见了江泽民总书记。这一次会见,使他的信心大增,他相信中国的开放政策不会改变。1990年4月国务院宣布开放开发浦东的消息后,谢国民迅速意识到又一次机会来临。这期间,他又一次亲赴北京,并拜会了包括邓小平在内的许多我国政府的高层人物,从中得到的信息进一步坚定了他投资中国的决心与信心。与此同时,他加紧了与上海市领导探讨参与浦东开发的可行性计划。1992年初邓小平的南方谈话,使大江南北闻风而动。早有准备的谢国民乘时而发地投资20亿美元,开发浦东新区,从而将他对中国的投资推向又一个高潮。如今,善于发现并利用好机遇的正大集团在中国的投资已超过了其在世界总投资的一半以上。正大集团不折不扣地成为境外投资中国的大户之一。

第三,"育苗":管理哲学的运用——人才主义、一条龙主义、未来主义。

企业的成功与其说是一个结果,不如说是一个过程。因为从策划开始,导致最终成败的可能性因素的积累便开始了。这过程中不论策划决策,还是经营管理,不论哪一环节出错都有可能导致事与愿违,功亏一篑,而其中,管理无疑是一个十分重要的一环。

管理是人对人的管理,也是人对物的管理,同时还是人对制度的管理。显然人是决定者,是根本。因此有人说市场经济是能人经济,是能人之间互相角逐的经济。萧何月下追韩信,刘备三顾茅庐恳请诸葛亮出山,无一不是为了人才。"得人心者得天下,争天下者争人才"。古代如此,今日亦然;战争如此,经营亦然。

谢国民显然深通此道。在他的集团内,既网罗了一群饲料、养鸡、养猪、养鸭、养虾、渔业、土壤、遗传、化学、机械、电脑等方面的专家;又聘请了近百名经验丰富、学识渊博的老企业家、老教授、老报人、老教育家作为集团的"智囊团"。他认为,只要每位顾问每年能提出一条有价值的建议,便可为集团带来不可估量的利益,以高薪聘用,其实是有益的"投入"。这便是人们通称的谢国民的"人才主义"。

市场经济下的竞争诚然是能人的竞争,但由于"能人市场"始终是求大于供的,难免不能尽如所愿。因此,相应的制度管理乃成必需,即由"能人"建立一套行之有效的制度、规则,由"凡人"在制度下,按章办事。正大集团在这方面的因应之道是"一条龙主义"。首先,遵循全面经营、综合发展、"产、供、销"一条龙的发展思路,将集团业务按谷物、饲料、养猪、家禽、养虾、动物健康、肉品加工、工业制造、石油化工、金融证券、地产开发等分为几个相对独立而又环环相扣的事业群,以期凭借群体力量,增强竞争力。如上海大江有限公司,引进了包括肉鸡饲养、屠宰加工、防疫与收购等配套的正大经验,不仅打破了上海一带传统的农业经济格局,而且带动了中国养殖业的迅速发展。由于经营有方,该公司投资一年零三个月就盈利,从创建到盈利的速度令人惊叹不已。其次,在管理上采取"整体规划,分层负责,逐级执行,个别计算"的方式。这样,避免了目标责任不清、成本效益不明、个人积极性低落的缺点,而发扬了计划性、规模性、联系性、分工性、灵活性及节约性的优点。

以上两大"主义"的弦外之音,其实已蕴涵着谢国民特别强调的放眼全局,着眼未来的管理哲学。这其中,另一条要旨"未来主义"是不容忽视的。谢国民曾说:"我每天的工作,有 90%以上是为了未来。一个成功的事业家应该着眼于未来。"①不论重视人才,还是建立制度,都是为这一宗旨服务的。他还说,"着眼未来的关键在于集团高层负责人要有战略眼光,能够预测未来的市场需求,否则是难以做到这一点的"②。在这里,他已将重视未来与战略构想紧密结合。未来是未知的,但却是可测的。不论是确定以农牧为主的经营方针,还是作出大举投资中国的决策,都与谢国民对未来的预测息息相关。至于成败得失,则取决于他战略眼光的敏钝。但无论如何一个期望有大作为的事业家是无法以走一步看一步,"摸石子过河"来建构其事业大厦的。

"放眼全局,着眼未来",是一种管理哲学,其内涵直接体现在企业具体的运作行为中。重人才,重制度,重未来,本身便是这种哲学的反映。三位一体紧密相连缺一不可,这正是谢国民及其正大集团制敌制胜的又一"法宝"。

---

① 《世界华人精英传略·泰国卷》,第205页。
② 同上。

陈永栽领导的企业集团暨经营管理思想*

一、身兼数"王"的企业家

在菲律宾,有一个绝不吸烟的人却拥有一个庞大的香烟王国,他就是陈永栽。作为最著名的菲律宾华人企业家,他身兼数"王",不仅是烟业大王,还是养猪大王、啤酒大王、银行大王、地产大王等。

陈永栽1934年出生于福建省晋江县青阳镇,4岁时因日军侵华而跟随父母亲逃至菲律宾避难。后又返回家乡读小学,再度来到菲律宾时,他已11岁。由于父亲在33岁时身患重病而丧失了劳动力,老弱病残的十口之家,靠着母亲蔡琼霞以坚忍的毅力和艰辛的劳动勉强支撑。清苦的家境,促使体谅大人的陈永栽不再继续读书,到一家烟草厂做了童工,以弱小的身躯帮助母亲挑起家庭生活的重担。

母亲不愿意聪明好学的陈永栽成为一个没有文化的人,她在艰难的条件下督促、指导儿子刻苦自学。陈永栽怀着强烈的求知欲发愤读书,利用晚上和业余时间修完了中学全部课程,接着又考上了远东大学化学工程系。大学期间,他坚持半工半读,如饥似渴地汲取知识,以优良的成绩完成了学业。

大学毕业后,陈永栽到一家大公司担任实验室助理。因工作努力,业务能力强,两年后就被提升为业务经理。在一般人看来,如果长期干下去,他会继续受重用,一个不错的前途在等待、在召唤着他。但是,陈永栽已经插上了理想和实践的双翅,他岂能满足于低空的飞翔,迫切渴望飞得更高更远,有一个属于自己的天地,以实现自幼就扎根心中的远大抱负。母亲深知儿子的凌云壮志,也相信他的经营才干。她想尽办法,在亲朋好友中为陈永栽筹措到了70万元港币的资本。陈氏利用这笔贷款于1959年创立了一家甘油制造厂。由于经营有方,没几年时间,这家规模不大的工厂有了较快的

---

* 本文摘自《商战之魂——东南亚华人企业集团探微》,北京大学出版社1997年版。

发展,生意越来越兴隆,不仅还清了贷款,而且积累了较多的资本。

羽翼渐丰的陈永栽开始展翅高飞。他在60年代中后期,先后投资兴办了椰油厂、电子厂等,还经营房地产业、建筑业等。其中最大的一项投资是,1969年成立福川养猪场,时至今日,这家公司已成为东南亚最大的生猪养殖基地。

进入70年代,陈永栽经过多年磨炼的事业之翅更加过硬、更加有力,他期望着飞向更高、更多的目标。70年代初期,他创建了福川烟厂,经过一番苦战,在菲律宾香烟业的竞争中夺取了大部分的市场份额,登上了"烟业大王"的宝座。1977年,陈氏进军金融业,收购了濒临倒闭的普通银行(General Bank),改名联盟银行(Allied Bank)。他亲任董事长,组成了精通银行业务的领导班子,经过周密的市场调查和准确的市场定位,仅半年时间就扭亏为盈,资产从8 000万美元增至2.55亿美元,净赚260万美元。在十几年的精心经营下,该银行于1991年跃居菲律宾商业银行的第11位,总资产达164.91亿比索。1993年,再上一层楼,成为菲律宾十大商业银行之一,资产增至291.54亿比索,营业收入为29.02亿比索。陈永栽又戴上了"银行大王"的桂冠。目前,联盟银行拥有120多家分行或办事处,遍布美国、加拿大、美国和亚洲的各大城市,并涉足保险业等相关领域。近年来,陈氏领导着该银行向中国积极挺进,不仅在厦门市设立分行,而且开办了全资拥有的厦门商业银行(联盟银行持股51%,陈永栽财团的其他公司持股49%),准备以此为基地,向中国各大城市扩展业务。

在80年代,陈永栽的企业有了新的腾飞。最引人注目的是,他于1980年创建了亚洲酿酒厂,向菲律宾啤酒业霸主生力公司发起了挑战,从此这两家企业展开了长时间的市场战,龙争虎斗、互不相让,至今战火不息,一时难分胜负。陈氏还在酒店业和房地产业中大显身手。1989年,他以850万美元收购了世纪公园喜来登酒店,这家高档酒店全年入住率近90%,每年有10余亿比索的利润,是马尼拉同类酒店中经营业绩最佳的。他在马尼拉还拥有其他两家中档酒店,在香港地区也拥有中档的逸东酒店。至于房地产投资,陈氏除了在菲律宾持有大量地皮和物业外,在中国香港、美国、加拿大、巴布亚新几内亚、文莱等地也拥有不少房地产。如他在美国关岛购置了大块地皮,兴建大型商场、休闲中心等。他在巴布亚新几内亚买下了300万平方米土地,开办种植场、畜牧场和房地产公司等。

踏入90年代,陈永栽又开始了新的起飞。1993年初,他注资41亿比索而加入了PR控股公司,间接持有菲律宾航空公司的33%股权。其中有30

亿比索是以现金支付,陈氏短短几天内就筹集到了这笔巨资,因此被菲律宾商界认为是"头寸最宽松的商人"①。作为菲律宾航空公司的董事长兼行政总裁,他表示:"我投资菲航是为名誉,不是为了赚钱。菲航亏损累累,但我有信心扭转局面。"②他指出:人是最大的财富,你如果好好照顾人,人心就会向着你。他认为,菲航的广大职工团结起来,加强合作,世间没有不治之症,只要找到药,就能解决问题。③

从80年代到90年代,陈永栽在中国香港乃至中国内地的投资呈现出越来越活跃的态势。80年代早期他在香港成立了福川贸易公司、新联财务公司等,后又于1987年成立裕景兴业集团。裕景集团目前在香港的资产已超过100亿港元,包括半山区顶级豪华住宅大厦裕景花园、港岛南区的步云轩和裕景商业中心、西九龙广场等,1995年初又以10.2亿港元投得觉士道贵重地皮。近年来,陈氏指挥裕景集团以香港为基地,积极在厦门、武汉、上海等城市投资。1994年4月,"裕景"签约在厦门海沧参与发展三个项目:兴建一个3万吨级集装箱码头及2.5万吨杂货码头,开发200公顷工业区、50公顷工商住宅区。在武汉的玻璃厂已投产。在上海承包的啤酒厂也已开始运作。

二、兵法经商的杰出代表

从中国到世界,从古代商人到现代企业家,认识到兵法对企业经营管理的重要价值、以兵法为指导和借鉴来进行市场竞争的大有人在。先秦时期的著名商人陶朱公、白圭,在实际经商活动中,就有意识地把《孙子兵法》的许多原理,移植、改造为商业经营管理的重要原则,如:"择人而任时"、"人弃我取,人取我予"④等。西方管理科学中,战略、指挥、决策等范畴,都来源于军事学。日本企业家和管理学者高度重视兵法在经营管理方面的重大意义,不仅理论上进行探索和研究,而且在企业管理实践中加以成功的运用。在海内外华商中,不少人从中国古代兵法中寻求智慧、汲取营养,以夺取商战的胜利。陈永栽就是兵法经商的杰出代表。

陈永栽爱好中国传统文化,有着较深厚的古汉语功底,他熟读中国的演

---

① 《Forbes资本家》杂志,1995年6月,第70页。
② 《东南亚信息》1995年第8期,第13页。
③ 同上书,第14页。
④ 司马迁:《史记·货殖列传》。

义小说,二十四史如数家珍,能较流畅地背诵许多中国古典散文名篇,喜欢讲中国古代故事。这些优势条件使他能比较得心应手地运用《孙子兵法》的原理驰骋商场。①

(一)并敌一向

《孙子兵法·九地篇》说:"并敌一向,千里杀将,此谓巧能成事者也。"其意思是,用兵打仗,要集中兵力攻向敌人一个方面,就可以势如破竹、长驱千里地搴旗斩将,这是"巧能成事"的重要原则。在两军交战时,战线过长、多面迎敌是兵家之忌讳,因为不可能到处都造成兵力的绝对优势,在战线的各个地段上都成为胜者。高明的指挥员善于在决定性时机和在主要突击方向上,把集中起来的优势兵力用于一点,或者使自己已有的优势变得更优,或者使自己在总体上的劣势转化为局部上的优势,以达到克敌制胜的目的。

市场竞争也要坚持"并敌一向"的原则。任何一个企业所拥有的人力、物力、财力、技术力量、销售力量、组织力量等资源都是有限的,不可能有足够的资源在所有方面压倒一切竞争对手。只有看准主攻方向、选对经营重点,管理组合并集中配置资源,提高资源的利用效率,才能通过集中起来的优势力量,以有限的资源取得较大的成功。

陈永栽在20世纪60年代末投资创办福川养猪场时,一般人对此是不敢问津的。因为菲律宾本国的猪肉已有不少,每年还从国外大量进口,所以大家都觉得很难再打入市场了,即使占有了一席之地,在竞争强手林立的情况下,也难以稳操胜券。陈氏经过调查,发现市场上的猪肉品种不一,质量参差不齐,而且饲料成本较高,配方也不太科学,造成猪肉价格比较贵。于是,他作出决策,向强手发起冲击,集中优势兵力,从决定性的方向实行突破,抓住肉猪品种和饲料这两大关键问题,重点加以解决。

陈永栽在马尼拉市郊区买下了328顷土地,开垦种植饲料,又建起了大型的自动化饲料厂,组织科研人员,采用先进技术精心配制饲料,同时积极引进国外的优良种猪,实行科学化饲养。菲律宾规模空前的福川养猪场诞生了,猪肉的质量大大提高,价格也降低了不少。陈氏根据集中的原则,确定"并敌一向"的竞争战略,"好钢用在刀刃上",以肉猪品种和饲料问题作为重点攻克的难关,在这两个关键方面取得了比竞争对手更大的优势,使原来实力较为雄厚的同业只能自叹不如。不到两年时间,福川猪便占领了菲

---

① 参见《东南亚信息》1995年第8期,第13页。

律宾各大中城市的市场。现在,这个养猪场改名为"福牧农业有限公司",每年出栏生猪超过二十万头,营业额约为六亿比索,成了亚洲最大的养猪场,其规模、存栏数、销售量均列为世界同类企业的第二位。

(二) 避实击虚

在战场上,进攻者在选择作战目标、确定进攻路线和主攻方向时,坚持避实击虚、避强攻弱,作战行动就会若水之趋下、如庖丁解牛,十分流畅、顺利,敌人则虚破实减、弱亡强消。因此,《孙子兵法·虚实篇》强调指出:"夫兵形象水,水之形,避高而趋下;兵之形,避实而击虚。"在激烈的商战中,同样要避市场饱和之实、击市场空缺之虚,避竞争对手之长处、击竞争对手之短处。具体地说,高明的企业家既要全面、深入地研究市场竞争的整个态势,又要有重点地详细考察、认真分析实力较强的竞争对手在市场上的行为,有针对性地寻找竞争对手在满足消费者需求时所实施的战略、所采用的方法与消费者最高满意度之间的差距。这个差距正是竞争对手的短处、弱点,如果企业有能力提供比竞争对手更令消费者满意的产品或服务,就要以这个差距为目标市场,攻其弱、击其虚,从而掌握市场竞争的主动权。

陈永栽在成立福川烟厂的初期,因资本有限,厂房较简陋,设备也较落后,工人只能手工操作。而菲律宾市场上各种牌子香烟的竞争相当激烈,更有不少外烟进口。烟业同行们都没把陈氏放在眼里,认为他实力弱,不是旗鼓相当的对手。

陈永栽没有自我菲薄。他几乎跑遍了马尼拉的所有商场,不厌其烦地打听、了解高、中、低档香烟的销售情况。经多方收集信息后,他发现自己虽然刚刚建厂,各方面条件较差,其他厂家在整体上是有竞争优势,但它们在局部上也存在着弱点,有空子可钻。这就是市场上的香烟供给不平衡,主要都是高档或低档的,但却缺少中档烟。并且,高档烟价格太昂贵,低档烟则原料低劣、质量太差,烟民们经常抱怨。他们希望买到中档烟,既不失身份,质量又有保证,价格也适中。因此,陈氏躲开竞争对手的强点和优势,选择市场供给的薄弱之处发起进攻,避实击虚地大量生产面向大众的中档香烟。而且,他狠抓质量关,从选烟、烤烟、切丝、配料、卷烟到包装都提出了高标准、严要求,细枝末节,无一疏漏。这样,首先推出的"希望"、"冠军"两种牌子的中档香烟一炮打响,订户纷至沓来,令人应接不暇。陈永栽由此成为声名鹊起的"香烟大王"。二十多年过去了,现在的福川烟厂是菲律宾的最大烟厂,是菲国收入最多的八大企业之一,生产的六种当地和三种国际牌子的香烟，占菲国每年六百二十亿比索的香烟市场中的60%。福川烟厂属下有五家公司专门负责推销，逐渐打入了国际香烟市场。

（三）后发制人

在战争中，有"先发制人"、"后发制人"这两种不同的用兵原则。前者是乘敌不备时，迅速集中优势兵力，先下手为强，以突然袭击的方式，对其发动强大的首次进攻，使敌人措手不及，遭受意想不到的损失，从而在交战初期就取得决定性的胜利；后者是在敌强我弱而且敌人又有所准备时，避免在不利的情况下交战，先利用时间暗中积蓄、壮大自己的力量，积极等待和寻求敌人的可乘之隙，通过后人而动，达到后发制敌，这是以弱抗强、以弱胜强的有效战策。正如《孙子兵法·军争篇》中所主张："后人发，先人至……朝气锐，昼气惰，暮气归。故善用兵者，避其锐气，击其惰归。"

在市场抗衡和角逐的过程中，实力较弱、处于劣势的企业，可以依据持重待机、后发制人的兵法原理，制定并实施以弱胜强的战略、策略。例如：面临竞争对手的强大产品攻势，不急于针锋相对地推出自己的新产品，而是以逸待劳、静观其变，等到对方产品的生命周期曲线开始下降时，乘其衰势，一鼓作气地以本企业的新产品大举进攻市场，后来者居上；可以学习和吸收先行者的先进技术，即节省自己的研制费用，又通过消化和提高，改进本企业的产品质量，降低消耗，居后反先，取得了更好的经济效益；后敌而动，从竞争者的成败得失中吸取经验教训，抓住其弱点，发挥自己的优势，乘虚而入，后发制胜。

菲律宾人嗜饮啤酒，每年的啤酒销售额有数百亿比索。从19世纪90年代以来，菲律宾的啤酒市场一直为西班牙裔菲国富商控制的生力公司所垄断。这家公司是菲律宾最大的食品饮料企业，除了生产啤酒，还有饮料、食品等业务，每年的生产总额占菲律宾国民生产总额的4%，纳税额占菲国政府税收收入的7%。1980年，陈永栽决定闯一闯生力公司所把持的这块禁区。朋友们劝说他不能轻举妄动，认为生力啤酒历史悠久，质量又不错，价格也能为顾客所接受，并享有较高的知名度和美誉度。如果陈氏开办啤酒厂，各方面都要从头开始，在市场竞争中处于不利的地位，势必永远步人后尘。

陈永栽并不胆怯，他认识到后人而动有自己的有利因素，可以学习别人成功的经验，避免别人走过的弯路，利用竞争者未发现的机会，弥补市场的不足，从而后发而先至。因此，他实行后发制人的经商战略。首先，广泛搜集世界各地的名牌啤酒,聘请专家研究,从原料、加工方法直到包装装潢、广告宣传,都作了比较分析。尤其是全面了解并掌握生力啤酒的经营管理、服务方式、采购原料和销售产品的渠道、商品价格等各种信息。然后,他兴建亚洲酿酒厂,取人之长、避人之短,大张旗鼓地闯入了生力啤酒的世袭领地,啤酒产量很快就达到了 2 000 万箱,打响了"豪绅"的牌子,通过后动制敌而结束了生力啤酒独霸菲律宾市场的局面。

"生力"遇到了从未有过的挑战,为了守住自己固有的市场份额,与"亚酿"展开了激烈的争斗。初战告捷的陈永栽不甘示弱,继续以后发制人的谋略与之较量。他看到了生力啤酒对上层市场的重视不够,在1988年与丹麦的嘉士伯公司合资,推出了"嘉士伯"牌啤酒,以其上好的质量、独特的口味大受上层人士的欢迎,不少中层人士也纷纷购买。"生力"最著名的拳头产品是"淡啤"牌啤酒,陈氏就专门组织力量分析其畅销的原因,研究、制定有效的竞争对策,不久就推出了"啤酒"牌啤酒,在质量、味道方面与"生力"的"淡啤"难分上下,价格却更为便宜,一下子就夺走了生力啤酒15%的市场。

"亚酿"与"生力"的市场大战仍在继续中,这两家公司因争夺菲律宾的杜松子酒市场又展开了角逐,"亚酿"还收购了"生力"的酒精供应厂商亚洲酒精厂,"生力"则不甘屈服地另辟新厂。双方都使出了看家本领,势均力敌、各有千秋,鹿死谁手难以预料。善用兵法经商的陈永栽在这竞争的舞台上,一定还会导演出更多、更精彩的活剧来。

懒者"智"胜*

——《懒蚂蚁企业家》丛书总论

21世纪,无疑是人类历史上发展最快、变化最多的全新世纪。

21世纪,机遇与挑战并存,挫折与成长相伴,成功与失败同在。

二十多年来,我国经济取得了长足进步,综合国力大大加强,国际地位显著提高。但是在全球经济一体化的竞争中加入WTO的中国也面临着巨大挑战,中国的企业在与狼共舞中还缺乏应有的实力与资本,与百年老店、商业巨鳄相比还存在较大差距。中国企业作为社会最重要的经济主体与组织细胞,经受着前所未有的巨大压力。

企业的地位决定了企业的领头羊——企业家的使命。21世纪,中国企业家所承受的锻炼与考验将更为艰巨,其责任也将更加重大。因此,发展壮大中国的企业是当务之急。提高中国企业家的整体素质,强化培育中国的企业家阶层刻不容缓。这不仅是中国经济发展的现实需求,也是振兴中华民族的客观需要。

企业家是当代的英雄,是知识经济时代当之无愧的灵魂人物。在市场经济的社会环境中,毫不夸张地说,企业家作用的发挥,直接影响着一个民族、一个国家乃至整个社会发展的速度。中国改革开放以来的一个重要成就,就是诞生了一个企业家阶层。随着市场经济体制的日趋完善,企业家无疑正在成为社会的脊梁。

企业家是如此的重要,如同没有英雄的战争令人不可思议一样,没有企业家的21世纪也绝对让人无法想像。

企业家是这样的不可或缺!

当代中国应当产生更多的企业家!

长期从事经营管理与企业家理论研究和教学的我,随着时间的推移,对上述认识逐步加深。责任的驱使与鞭策让我产生了一个梦想:那就是让中

---

* 本文摘自《勤脑的懒蚂蚁——中国企业家学理论解析》,中国财政经济出版社2004年版。

国产生更多优秀的企业家,让中国人自己研究总结的、富有中国特色的企业家理论为大批企业家的诞生,为中华民族的强盛与腾飞推波助澜!于是便有了这样一套凝聚了我及我的同仁多年研究心得的《懒蚂蚁企业家》丛书。我们把她奉献给中国的企业家,奉献给所有期盼中华民族与时俱进、重振雄风的人们。

一、懒蚂蚁故事的由来及其启迪

近年来,我在多种场合——大学的讲台上、经济学家与企业家对话的论坛上、各种学术传媒活动中,多次阐述了懒蚂蚁企业家理论。而懒蚂蚁理论的产生,首先是得益于大自然的启示和生物科学研究的成果。

蚂蚁之小,小得似乎不值一提,常被人忽略。然而,早在恐龙时代就有了的蚂蚁,在当今无数个物种都已消失得杳无踪影时,蚂蚁却依然兴旺地进行着生命的演进与繁衍。生物科学家一个偶然的发现让人十分惊讶:这就是蚂蚁王国中竟然存在着"懒蚂蚁"!

据生物科学家观察,在蚂蚁世界里,不管蚁群数量有多少,在辛勤忙碌的蚂蚁背后,总有一批固定比例的懒蚂蚁无所事事,游手好闲,四处闲逛。难道蚂蚁中也存在着"剥削阶级"?也存在着"剩余价值"?科学家于是将这些懒蚂蚁尽皆捉拿,蚁群全剩下了勤蚂蚁。科学家满以为蚁群的效率与公正会有所提高,然而事实并非如此。相反,在不长的时间里,勤蚂蚁中又分化出了原有比例的懒蚂蚁。这是何故?科学家迷惑不解。通过进一步观察、研究,谜底终被揭开:一旦整个蚂蚁王国即将遭遇危机,懒蚂蚁就会挺身而出,带领全体蚂蚁寻找出路,渡过难关。原来,这些懒蚂蚁并非"剥削阶级",它们之所以四处闲逛,是为了搜集生存信息,以便指挥其他勤蚂蚁更快捷而准确地去寻求生机。如果没有它们的指挥,其他勤蚂蚁只能是无事可干或无功而返。在蚂蚁王国的生存中,懒蚂蚁的作用因此可见一斑。

专司组织、思考、指挥与战略运作但什么具体事务也不干的懒蚂蚁角色与分工的存在,反映了蚂蚁王国中那种独特的生存能力和团队协作精神之精妙,是蚂蚁王国之所以生生不息的前提与基础。这种巧妙有效的制度安排真是令人叹服。

懒蚂蚁现象的存在,揭示了这样一个辩证法:勤与懒相辅相成,业兴于勤,亦兴于懒。勤有勤的理由,懒有懒的道理,懒未必不是一种生存的智慧。蚂蚁王国的生存需要勤蚂蚁,但更离不开懒蚂蚁。

懒蚂蚁现象的存在，引起我这样的哲学思考：在任何一个组织内，勤者与懒者都是不可缺少的。勤奋做事、辛勤劳作是一个组织赖以生存的重要条件，但组织的生存与发展最终需要去思考、去判断、去决策、去创造，这就需要"懒"。只有从忙碌的杂务与具体事务中得以解脱，他才会有时间去思考，才有精力去探索。没有这种"懒"，任何"勤"都会迷失方向，失去头绪，甚至越勤越乱，越勤越危险。蚂蚁王国是如此，人类社会更是如此。

蚂蚁王国中勤蚂蚁与懒蚂蚁的存在告诉了我们：懒者有智，智者有谋，谋者有成，谋者腾达。蚂蚁王国需要懒者，以高度合作为组织特征的企业，更需要懒者。这种"懒"，是有思想的人的一种必需的工作状态，是一种必要的生存智慧，是一种必然的领导行为。

二、企业家要做懒蚂蚁

知识经济时代的企业家，从身份角色到职能使命，都应该发生重大的转变。一个现代企业家最需要搞清楚的是，在领导企业过程中，哪些方面应该勤，哪些方面一定要懒，什么时候不应该懒，什么时候不需要勤。企业家的勤与懒，在企业经营中既是矛盾的又是统一的。做的多就会想的少，想的多必然做的少。一个企业家，其精力与时间都十分有限，侧重一面必然削弱另一面。试想，如果让所有蚂蚁都去奔波辛劳，就不会有懒蚂蚁了，当然也不会有蚂蚁王国的存在。所以，企业家应该做懒蚂蚁，应成为懒蚂蚁式的企业家。

所谓懒蚂蚁企业家，是指具有过人智慧、超前思维、勤于动脑、懒于杂务的经营家。提出懒蚂蚁企业家这一创新观念，是企业管理发展到21世纪的必然要求。企业家能否在新时代中成为出色的领导者，首先需要面对的是一个世纪挑战：能否成为一个懒蚂蚁企业家！

懒蚂蚁企业家首先是一个思想者。

具有创新思维，以思路决定出路，以思想制胜，是当代企业家的根本特质。懒蚂蚁企业家首先是一个思想者。

我们知道，知识经济时代是一个迫使企业必须不断寻找出路的时代，是一个要求企业家必须不断创新的时代。在新知识、新观念、新思想的冲击下，每个企业都在殚精竭虑地思考未来的生存与发展。这样一种重压的形势，客观上要求企业家必须成为一个思想者。不具有新思想的领导者，在今天是极其危险的；没有新思想的企业家，很难将企业带入优秀者行列。

懒蚂蚁企业家是这样一种新型的企业家：他们视思考为天职，把别人用于从事各种具体事务的精力，用来思考有关企业发展的大政方针，为企业的未来寻找发展的出路。他们的"懒"是懒于事务，是为决策积蓄力量，为创新做谋划与准备。他们未必不勤，他们的勤主要用于学习与思考，用于谋划与领导。所以，懒蚂蚁企业家，一定不仅要有高度的专业技术水平，而且还要有杰出的组织领导能力。他必须是一个善于思维并具有创造性思维能力和创新理论的思想者。所以说，懒蚂蚁企业家是有思想的领导者。

懒蚂蚁企业家是一位领导者。

做领导者是懒蚂蚁企业家另一个很重要的本质属性。任何一个企业家的领导艺术，都是以内在的素质与魅力做后盾的。懒蚂蚁企业家之所以不同于一般的企业家，特征之一就是具有这种特殊的领导魅力：他们抓大放小，举重若轻，勤于动脑，懒于杂务，以个性化的领导艺术把企业引向成功。

这种懒蚂蚁式的领导，不应是身入其中而应是居高临下，不该是身先士卒而应是善于指挥。

这种懒蚂蚁式的领导，需要企业家具备把握全局、整合信息、战略谋划、形势预警、组织运筹的综合能力。

当代企业要在全球化的经济中求得生存与发展，企业家若不能想他人之未想，缺乏对市场的冷静分析，缺乏对变化的深刻洞察，缺乏对未来的战略思考，没有思想，不擅领导，忙于事务，勤于实干，那么，等待他的就必然是失败。

懒蚂蚁企业家是企业扬帆远航的舵手。

知识经济时代，企业面临着新的挑战和新的机遇，曾经有效的管理经验和经营模式已经退出历史，曾经以实干、勤奋著称的领导方式早已不适应这个时代的客观要求了。懒蚂蚁企业家为当今企业开出的领导处方是：以思维求创新，以思路求生存，以思想求发展。他们理所当然地成为这个时代的灵魂人物。

懒蚂蚁企业家虽然懒于动手，却勤于动脑，他们是企业中主控局势的领导者。当企业面对颓败时，他们能够扭转局势，挽回失利，反败为胜；当企业前途渺茫时，他们能够高屋建瓴、高瞻远瞩，明确地指出前进方向；当企业遭受挫折和打击时，他们能够激发员工斗志勇往直前；当企业稳步发展时，他们能够居安思危，引导企业走向新的辉煌。他们比一般的企业家更具有独创性的思想，他们更喜欢面对未来的世界；他们更擅长结合事实、数据、希望、梦想、机会和风险，拟订出战略计划；他们更懂得利用各种方法，去研究、获知未来潮流的方向,并让部属和全体员工为目标共同努力。总之,懒蚂蚁企业家对他要做的事情了如指掌,成竹在胸:不仅要让员工去做该做的事,更要让他们主动去做必须做的事;不仅有能力影响员工脚踏实地地去奋斗,更有思想领导企业去创造和实现未来的梦想;不仅知道企业要往何处发展,更了解为什么要这样发展。这就是懒蚂蚁企业家之所以能够主宰企业命运、创造企业辉煌的原因所在。由此,我们提出:21世纪的企业家必须是一个有创新思想的懒蚂蚁,也只有懒蚂蚁企业家,才能真正领导企业成功,真正主宰知识经济时代。

三、懒蚂蚁企业家的特质

懒蚂蚁企业家首先具备勤于思考而懒于动手的特质。一个懒蚂蚁企业家,绝不对企业所有的管理事务不分主次地事必躬亲,不论巨细地亲自动手,而是把精力与时间更多地用于思考,用来为企业寻找发展的思路。这种企业家显然是与通常所强调的要勤奋实干的企业家大相径庭的。

懒蚂蚁企业家的第二个特质是富有智慧,富有思想。懒蚂蚁企业家是富有智慧与思想的企业家。他们思想新,即在不断的创新中引导企业发展;他们思想活,即以灵活多变的思想挑战市场,赢得市场;他们思想美,即在企业经营中讲究诚信与道德。

懒蚂蚁企业家的第三个特质是抓大放小,着眼未来。这是懒蚂蚁企业家区别于一般企业家的又一鲜明的特征。"将军赶路,不抓小兔。"懒蚂蚁企业家的基本职责就是抓大事,想未来,他所解决的是事关企业生死存亡的根本问题,他所为之倾尽全力的是如何领导企业同心同德实现未来的宏伟目标。

懒蚂蚁企业家的第四个特质是不断学习,思想常新。新思想都来自于新知识,懒蚂蚁企业家总是善于学习,在不断学习中不断丰富自己的思路,不断更新自己的观念。通过对各种新知识、新理念、新观念的学习,懒蚂蚁企业家保持思路开阔,思想常新。一般意义上的企业家,更多的是强调实践出真知,突出工作经验的总结,所以与懒蚂蚁企业家具有明显的区别。

四、懒蚂蚁企业家理论的灵魂与精髓

任何一种有益的理论,都不是一蹴而就的,都是在大量的新知识、新思想融会贯通的基础上建立起来的,都必须产生于实践,应用并指导实践,并随实践的检验、发展而不断完善,不断丰富。我们所创立的懒蚂蚁企业家理论当然也是如此。

懒蚂蚁企业家理论,是在综合了生物学、社会心理学、领导学和企业管理学、经济学、历史学等多门学科最新研究成果的基础上建立的,它以中国企业的实际和企业内外生存环境为客观依据,以广大的中国企业家为研究对象,以服务于中国企业家的创新经营与管理为宗旨,以提高广大的中国企业家的领导艺术与领导绩效为根本目的,是中国人自己建立的具有中国特色的企业家学。虽然这一理论体系目前还不完备,某些观点还值得商榷,但就像对待自己含辛茹苦培养的孩子一样,我们对懒蚂蚁理论还是充满自信。在近几年的教学中特别是在与全国各地企业家的广泛交流中,我们深深感到,中国企业需要懒蚂蚁企业家理论,中国企业家希望成为懒蚂蚁企业家。

懒蚂蚁企业家理论的灵魂,萌生于我多年以前便提出的"以智为本,思想制胜"这一理论,这也是贯穿于整个懒蚂蚁企业家理论的一条主线。在整套丛书中,读者会时时感到这一灵魂在字里行间闪现,懒蚂蚁企业家理论也正是以此为核心全面展开的,如"懒者智,智者兴"、"思想决定出路"、"企业家首先是思想者"、"决胜新世纪,思想是根本"等。如果抽去这一灵魂,我们认为,整个懒蚂蚁企业家理论就失去了内在价值和存在的意义。围绕这一灵魂,着力突出以下两大精髓思想:

第一,企业家一定要勤于思考。企业家只有把主要精力投入到思考企业发展出路等重大问题上来,才能洞察企业发展的未来前景,才能成为一个真正的成功者。

第二,企业家一定要做领导者。不管企业家具有怎样的良好愿望,拥有怎样充沛的体力、精力,都不能仅限于做一个勤于日常事务的管理者,而应当做一个管大局、抓大事的领导者。

五、懒蚂蚁企业家理论的基本内容

如前所述,懒蚂蚁企业家理论的研究对象是中国企业家,目的也是服务于中国的企业家。因此,我们在探索、研究这一理论时,着眼点即放在升华企业家的领导能力,为他们提供科学有效的理论指导。

概括地说,懒蚂蚁企业家理论主要有以下几个方面。

第一方面:懒蚂蚁企业家是以智为本、思想制胜、善于创新经营的领导者。

现代企业家的成功必须具备许多基本条件。当我们考查了大量的正反两方面的案例之后,感到当代企业家能否成功最重要的是看他有没有思想,有没有一个不断创新、充满智慧的发展思路,会不会当一个运筹帷幄的企业领导者。为此,懒蚂蚁企业家理论首先阐述了两个问题。一是懒蚂蚁企业家的首要特征:分析与阐述了企业家在企业中的角色与职责使命,为什么要强调勤于动脑、懒于动手,作为懒蚂蚁企业家,其首要特征是成为思想者和领导者。二是懒蚂蚁企业家的创新思维:创新经营是懒蚂蚁企业家的重要职责,而创新的思路源于创新思维。因此,善于创新思维是懒蚂蚁企业家区别于一般企业家的又一重要特征。这部分内容主要介绍了企业家通过如何抓大事、想未来来展示懒蚂蚁的思维魅力。

第二方面:懒蚂蚁企业家的经营思想。

懒蚂蚁企业家的本质属性和优势:一是懒蚂蚁企业家的经营哲学。经营哲学反映的是企业家的一种信条和一种理念,懒蚂蚁企业家信奉的是业兴于勤,亦兴于懒,懒者有智,以谋制胜的经营哲学。二是懒蚂蚁企业家的领导智慧。懒蚂蚁企业家之所以不同于一般的企业经营者,是因为他们具有超前的意识,过人的智慧,他们以新思想和新思路领导企业的经营活动,这一内容几乎体现在本丛书的每一分册之中。

第三方面:懒蚂蚁企业家的经营之道。

理论的价值在于实践应用。懒蚂蚁企业家理论具体介绍了一系列富有智慧的企业领导方法和经营之道。一是懒蚂蚁企业家的用人之道。识人用才是企业家应有的素质,而辨才御才更显出懒蚂蚁企业家善于开发人才资源的领导艺术。二是懒蚂蚁企业家的市场博弈之道。企业家从来都是把市场当做表演的舞台,但在今天的市场博弈中,最根本的是要依靠企业家的新思路与新创意来赢得市场。三是懒蚂蚁企业家的规范经营。失去法律保障的企业将处处面临陷阱,把杜绝人为的失误与法律防范相结合,便有了懒蚂蚁企业家减少风险、规避陷阱的思想智慧与经验总结。

总之,懒蚂蚁企业家理论始终围绕着知识经济时代企业家的创新思想、独特的经营理论与经营哲学、丰富的企业领导智慧与经营之道来展开分析,力求时时给人以感悟,以思考,以启迪。

六、懒蚂蚁企业家理论体系的构成

由本套《懒蚂蚁企业家》丛书所展示的懒蚂蚁企业家理论,共包括以下五个部分(即五个分册):

(一)《勤脑的懒蚂蚁——中国企业家学理论解析》

这是整套丛书的总纲,也是懒蚂蚁企业家理论的思想精华。该分册着重分析了懒蚂蚁企业家产生的时代背景,懒蚂蚁企业家的角色功能与社会使命,揭示了懒蚂蚁企业家的内涵、特征、本质属性,详尽阐述了懒蚂蚁企业家的经营理念、创新思维和经营智慧。

(二)《飞翔的懒蚂蚁——企业家的创新经营》

这是懒蚂蚁企业家理论的重点内容之一。企业家的天职是领导企业图谋发展,因而经营工作是其最基本的分内工作。在经营中持续不断地创新是懒蚂蚁企业家的高明之处,也是现代企业成功腾飞的关键所在。

(三)《思考的懒蚂蚁——企业家的营销智慧》

新世纪的市场营销,关键在思想,决胜靠思想。缺乏思想,市场营销也就没有了依据,迷失了方向。该分册集中展示了懒蚂蚁企业家怎样去创新思维,以智慧取胜市场的营销观念与营销方法。

(四)《不败的懒蚂蚁——企业家的失败防范》

任何一个企业家,都不可能永远正确,不犯错误,而企业家的任何一个错误都有可能把企业拖向深渊。懒蚂蚁企业家不败的秘密在于从自身素质上消除失败的基因。

(五)《警醒的懒蚂蚁——企业家的陷阱规避》

市场有陷阱,经营有风险。懒蚂蚁企业家的高明之处,不仅表现在搏击市场的过人胆识上,更彰显在陷阱林立的市场中采用法律武器安全避险的聪明智慧上。

以上所介绍的这些基本内容,还只是懒蚂蚁企业家理论体系中已经完成的部分,而在其后的研究中,通过中国广大企业家的实践所提供的丰富素材,整个体系还将做必要的补充。

七、懒蚂蚁企业家理论的新观点与新思维

我一贯坚持,治学要倡导"三意":即内容要有意思、意义和意境;理论创新要注重"三思":即要有自己的新思想、善于思考、发散性思维。在懒蚂蚁企业家理论中,我提出了一系列新观点与新思想:

(1) 思路决定出路,企业家是思想者;
(2) 企业家必须勤于动脑,懒于动手,要抓大事,想未来;
(3) 企业家要做领导者而不做管理者;
(4) 业兴于勤,亦兴于懒,企业家要"懒、软、散";
(5) 企业家的"四眼"与"四化";
(6) 企业家营销的三层论与三字经;
(7) 企业家的加减乘除营销法;
(8) 企业家要做报时人,更要做制表者;
(9) 企业家审"市"度势,与"市"俱进的定位思考;
(10) 企业家市场谋略的八大原则;
(11) 企业家创新经营的飞翔智慧;
(12) 企业家防范失败的必修素质;
(13) 企业家经营失败的十大基因;
(14) 企业家规避陷阱的警醒法则;
(15) 企业家降低风险的法律盾牌。

这些主要观点以及书中介绍的若干新思想,构成了懒蚂蚁企业家理论的框架和思想基础,我和我的同仁们共同合作,汇成了今天的这套丛书。这是集体智慧的结晶,也是思想交流、碰撞和融合的结果。我愿以这些思想、观点与企业家们一起共同交流,与思想对话,与时代同行。

八、懒蚂蚁企业家理论的来源

懒蚂蚁企业家理论的产生,有三个主要来源:
第一,来源于中华民族优秀传统文化中的优秀管理思想与领导智慧;
第二,来源于西方现代管理学、领导学与市场营销学等理论;
第三,来源于当代中国优秀企业家的丰富实践、优秀思想和经营智慧。

长期以来对中国经济思想史的学习和研究,给我打下了一定的学术功底;我的先辈与老师的教诲,我的同仁及学生的积极协助与支持,推动着我沿着理论创新的方向不懈追求,并逐渐形成了具有自己特色与风格的一系列新思想、新观点,形成了今天这一懒蚂蚁企业家新理论。

(一) 中国传统文化中的优秀管理思想

中国博大精深的传统文化中的优秀管理思想,为懒蚂蚁企业家理论的形成与发展,提供了深厚的文化基础和思想来源。如果仔细观察一下当代中国的优秀企业家,就会发现,他们中间绝大多数人,都具有深厚的中国传统文化的底蕴。不管他们具有怎样的出身,曾经在全球哪个地方深造过,他们都是在祖祖辈辈的文化传承与思想熏陶中,骨子里深深打下中国文化的烙印。研究中国企业家的成功,促使我们去重新思考、定位和挖掘中华文明中的优秀文化与杰出思想,促使我们从其中的文化理念和思想精髓中获得新的认识和感悟。懒蚂蚁企业家理论正是启蒙于这一认知。

在中国传统文化中,历来十分突出"思"与"智"的作用,如孔子的"学而不思则罔",孟子的"思则得之,不思则不得也",韩愈的"行成于思,毁于随",儒家的"五常"中强调"智",兵家把"智"列为将帅的"五德"之首,商家认为"智"要"足与权变"。历史上所遗留下来的传世之作,大量地论述了以智慧处世、以思想制胜的哲理,如"上兵伐谋"、"大智若愚"、"集思广益"、"深思熟虑"、"足智多谋"等,这些都为我们提供了思想来源与启示。可以这样说,没有中华优秀传统文化的滋润,就不会有懒蚂蚁企业家理论这朵新蕾。我们认为,强调企业家要有思想,要以有文化与有知识为基础,这其中当然应该包括中国优秀的传统文化和思想。当然,在继承古人优秀的文化传统的同时,也不能被其历史局限性所束缚,应当有批判地继承,在扬弃中把中华优秀的传统文化发扬光大。

(二) 当代西方先进的经营管理思想

西方管理理论和管理思想,发展至今已经十分丰富。我们在建立懒蚂蚁企业家理论的初期就曾指出,一个具有中国特色的管理理论和思想,必须坚持两个原则:一方面,要以积极的心态放眼世界、走向世界,虚心地"师夷长技",从西方现代经济学、领导学、管理学与营销学等众多理论中汲取营养,博采众长,从而充实、提高与发展自己的理论;另一方面,也要坚决避免盲目地全盘接受西方的理论，坚定不移地走中国化道路。只有熔中西方思想于一炉，取长补短，中西合璧，才能真正建立起独具特色和魅力的企业管理理论。

应当说，本套丛书，也是在借鉴与参考了大量的国外先进理论和创新思想基础上形成的，比如西方管理理论中的企业家功能观点、领导影响力观点、市场营销观点等，但更多的是"为我所用，以我为主"，在融会贯通中进行创新与发展。懒蚂蚁企业家理论虽然汲取了西方管理思想中的有益成分，但发明权属于中国，属于北大，属于我们，我愿意和广大企业家一道，使这一国产的新理论、新思想进一步完善和丰富，以造福于世人。

（三）中国企业与企业家的实践经验总结

懒蚂蚁企业家理论，不仅源于中西方的管理思想，而且更多的是对当代中国企业家的经营智慧的概括，是对中国企业家成功与失败的反思与总结。中国企业家的经营实践，为懒蚂蚁企业家理论提供了极为丰富的研究素材。在与许多优秀企业家的交流中，一种抑制不住的冲动在我们心中萌发——一定要把中国企业家的思想精华与宝贵经验介绍给世人，一定要让更多的企业家少走弯路。这是一种责任和义务，也是我们创造懒蚂蚁企业家理论的动力来源。

九、懒蚂蚁企业家理论的社会价值

21世纪是一个不断涌现创新知识和创新思想的新世纪。在知识经济时代的市场竞争中，中国企业凭借什么资本和条件去竞争？靠什么去夺取和掌握商战的主动权？以什么优势求得生存与发展？我认为，首先要靠企业家的思想，因为在这个时代中，两军相遇，智者必胜。这就要求领导企业的企业家们以思想制胜，以思想夺取市场，求得发展。懒蚂蚁企业家理论的全部意义最终归结到这一点上，这也构成了这一理论的最大特色。

作为一个懒蚂蚁企业家，不仅要具备一般企业管理者所具备的才干与能力，更要有一个富有思想、富有知识信息的智慧头脑。实事求是地讲，在中国目前的企业中，能够达到这一标准的企业家并不多，在我们的企业家队伍中像张瑞敏、柳传志、鲁冠球那样，有远见、有创造性思维、有战略构思的企业家毕竟只是少数。出于对这种现状的认识，懒蚂蚁企业家理论就是为了让更多的人成为有思想的领导者，让更多的企业家走向成功。这一套理论的宗旨在于为提高企业家的经营素质、领导艺术服务，为企业与社会培育更多、更出色的企业家服务。

勤于思考、勇于创新是今天推动整个社会进步的思想动力，也是一个人创造卓越人生、实现远大理想的必备素质。做有思想的懒蚂蚁，不仅仅是对企业家的要求，而且也是对每个追求成功的人士的人生要求。把握人生的机遇，认识生存的环境，实现美好的理想，这一切不仅仅要靠行动，靠奋斗，而且更重要的是要靠思想，靠智慧。从这个意义上讲，懒蚂蚁理论对每一个渴求成长、进步、成熟与成功的人士而言都有重大的启迪价值。

我们愿与广大的理论工作者和广大的企业家一道，创立一个具有中国特色的企业家学。懒蚂蚁企业家理论尽管尚显稚嫩，但我愿以此抛砖引玉，与更多的有识之士、有智之人共同开发这一理论上的处女地。

愿中国的企业家在 21 世纪大展宏图，愿世界市场上出现更多中国的懒蚂蚁企业家。

懒蚂蚁企业家首先是一位思想者[*]

思想值千金,谋略抵万兵。生存在知识经济时代中的当代企业,在竞争与较量中,早已以智慧谋略代替了刀光剑影。要在全球化经济竞争中求得生存与发展,就要求企业家必须富有思想,通辨古今,学贯中西,能够想他人之未想,行他人之未行。只有创新的思维,全局的思考,才是当代企业家无往而不胜的法宝。

在企业发展的道路上,充斥着许多"出师未捷身先死"的创业者的"遗骸"。总结他们失败的原因,其中之一就是缺乏对变化深刻的洞察,缺乏对市场冷静的分析,缺乏对未来战略的思考。一句话,这样的创业者缺乏思想。

懒蚂蚁企业家首先必须是一位思想者:他们知识渊博,思维敏捷;他们善于思考,敢于标新;他们立足现实,放眼未来。

一、思路决定出路,思想决定发展

企业今天所处的时代,是一个技术创新日新月异、产品创新层出不穷的知识经济时代。在这样的时代中求得发展,资本已不是关键问题,白手起家已不是神话。企业的出路决定于其思路,企业家要运筹帷幄,决胜市场,全在于思想。那种盲目扩张、只管生产不问需求的经营方式早已被以创新取胜、以思想制胜所取代。

现代企业经营的一个极为重要的前提,就是需要有清晰明确的发展思路。 有了正确的发展思路,才能看准市场变化,选择可提供的商品,找准服务对象。否则,生产的产品便难以带来利润,资本便难以实现增值,企业最终将无法健康地运营。因此,对于企业而言,缺少的不是市场,而是缺少发现市场需求的那双慧眼,缺少一种领导者高见远识、谋而后战的经营思想。

---

[*] 本文摘自《勤脑的懒蚂蚁——中国企业家学理论解析》,中国财政经济出版社 2004 年版。

思想是思路的指导,企业家有什么样的经营思想,便有什么样的发展思路。 如果说经营的成功缘于其思路的成功,那么思路的成功必然依赖于企业家经营思想的正确。多想出智慧,多想出效益。企业的发展思路就决定着企业生产经营的成败与否。

　　企业家的思想是企业经营、企业发展的灵魂,这已经被实践所证明。一个现代企业的经营思路,也就是一个企业家的经营谋略和战略思想。企业家的思想,今天越来越决定着企业的经营效率、企业的市场发展,甚至是企业的成败兴衰。可以说,一个有思想的企业家可以救活一个企业,而一个缺乏思想的庸才却可以毁掉一个企业。

　　在一个全新的不断变化的市场中,不同的企业有着不同的发展思路,企业经营能否顺应市场的变化,能否把握住市场的运动趋向,能否在激烈的竞争中保持优势,掌握市场的主动权,主要靠企业家的思想。企业家只有高屋建瓴,眼观六路,不断学习,不断创新,由历史推断未来,由未来把握现在,才能成为思想的领先者,竞争的胜利者。只有当一个企业家真正学会用脑去经营,多思多想不断产出新思路、大智慧,才可以带领企业从传统走向现代,从现在发展到未来。

　　一句话,**思路决定出路,思想决定发展。**

　　中国人引以为荣的、扬名全球的海尔电器公司,之所以能够战胜众多强手把产品成功打入国际市场,凭的就是思想制胜、观念制胜、文化制胜、服务制胜的企业战略,凭的就是张瑞敏始终强调的"以文化育人,以精神兴厂"的思想。海尔以响亮的"真诚到永远"的全方位承诺、五星级的服务使海尔与用户形成了一种亲情般的关系。以张瑞敏为代表的海尔决策层一直强调在企业运作中"没有思路就没有出路"、"只有创业没有守业"的经营理念,从而创造了海尔独特的企业精神。这种精神我们可以从海尔的市场服务意识中充分地感受到。可以说,海尔的服务不仅在国内,在全球各个国家都是出类拔萃的,"买海尔放心",海尔在赢得了信赖的同时,赢得了市场。

二、搏击新世纪:思想要新、要活、要美

　　在技术与资本都不再成为稀缺要素的今天,谁能看准市场,谁能在思路上创新,谁就能把握住主动权。**搏击新世纪的企业家,最根本的是要树立思想制胜的新观念**,没有思想的突破就没有事业的发展。要解放生产力,首先

必须解放思想。要在21世纪的竞争中创造领先于人的优势,没有超越他人的领导思想是不可能做到的。

(一) 思想要新

思想新,主要是指企业家要以创新为根本,在企业的发展中不断提出新的理念、新的思维、新的发展思路和新的战略思想。这是因为:

首先,变革的时代要求企业家角色要新,思路要新。

知识经济时代,企业家的身份与职能发生了根本的转变。他们不再是一个管理者,而是领导者;不再以经验技术管理企业,而要以知识智慧领导企业。这种角色的变化要求企业家必须根据市场的变化不断提出适合企业发展的正确思路,企业也是因为有了这些新思路才有新出路,才会在市场竞争中获得新的发展。所以,时代新、市场新必然要求企业的思路要新,思想要新。

其次,拥有新思想,企业才有新出路。

创新是企业得以长盛不衰的法宝,也是企业家不断产生新思路与新思想的动力来源。在新的市场中,企业是先发制人还是静观待变,是转移市场还是稳固防守,是拼掉对手还是合作双赢,是以技术取胜还是制度领先等,这些企业经营的基本思路,都取决于企业家的思想。思想不新必然导致出路受阻。

第三,思想墨守成规,经营注定失败。

企业发展最重要的是思想的创新、思路的创新。在创新主宰的21世纪的市场中,慢必然被快吞掉,旧必然被新淘汰。一味保守,鼠目寸光,只顾眼前利益,满足于现状的企业,不可能有思想,有出路,这样的经营者无异于自掘坟墓。

第四,新思想来自于新知识,企业家必须善于学习。

随着市场环境的变化,思想也是在不断地变化和发展的,企业家的思路和观念也需要在不断学习中不断丰富、不断更新。只有从各种新知识、新理论、新概念的不断学习中,企业家才能保持思路开阔,思想常新,才能带领企业在不断创新中发展。

(二) 思想要活

企业家的思想活,企业才活;企业活,市场才活。思想活是指企业家要根据市场变化的需要,随机应变,创新出奇,不断产生和创造出新的主意、新的点子、新的创意,从而领导企业永远走到市场的前面,使企业生机勃勃,充满活力。

第一,思想活是市场变化与竞争的客观要求。

握有市场主动权的企业,都是能在思路上领先一步,在思想上略胜一筹的企业。当今的企业经营,仅仅去被动地适应市场还远远不够。变化与竞争的市场,客观地要求企业家必须随时根据变化迅速作出反应,并采取灵活多变的发展思路,做到"人无我有,人有我优,人优我新,人新我早,人早我转"。如果一味地满足于曾经领先的优势、曾经占有的市场份额,而不思进取,不思变化与创新,势必遭到市场的淘汰。

第二,企业经营思想只有灵活多变,才能出奇制胜。

面临多变的市场、多变的竞争对手,企业家思想不活是极其危险的,很容易造成经营上贻误时机,市场上落后于人。

美国王安公司,曾以生产世界上第一台文字处理电脑而闻名于世。这个在1978年就创造了30亿美元收益记录的超级企业却于1992年宣布申请破产。其资本不可谓不雄厚,其技术不可谓不先进,它输在哪里呢?根本原因是企业领导未及时能预见到市场上个人电脑的普及,未能根据微型电脑市场的变化,灵活迅速地解决企业生产经营的潜在问题,从而导致了决策的失误,最终成为市场的失败者。可见,企业没有创新就不可能发展,而要创新,就要有活的思想。

第三,企业家要搞活企业,赢得市场,一定要以活的思想进行指导。

思想活,很重要的就是要市场创新、营销创新、管理创新,这样才可以增强自己企业的综合能力,增强自己企业在市场的核心竞争力。在同样的环境、同样的条件下,谁的企业能赢得市场,关键看谁的思想新,谁的思想活。青岛是国内名牌聚集的地区,但青岛在近几年的广州进出口贸易会上,交易量最大的企业,第一是实力雄厚、大众皆知的海尔,第二却是人们并不熟悉的一家做蜡烛的企业。他们的经营思想非常新颖灵活,以高新技术创造了一个蜡烛市场,并扬名海外。所以,企业家没有思想活,是无法搞活企业赢得今天这个市场的。

(三) 思想要美

思想是行为的先导,是活动的灵魂。企业家的思想美,一方面是指企业家在领导企业经营中要讲道德、讲诚信、讲法律,一方面是指企业家除了要重视"美"的做人之道,还要重视"美"的经营之道,讲求完美的领导艺术。

第一,企业有美的思想,才有美的产品,美的服务。

企业有了"美"的思想,质量才好,产品才美,才能给消费者提供美的服务。思想美,最主要的是要追求健康向上的企业精神,追求"美"的做人之道,归根结底是要讲道德,讲诚信,依法经营,为增加社会效益作贡献。无论做人、做企业、做市场,思想不美,违法乱纪,损大众利益而肥企业,这样的企业绝不会向消费者负责,也绝不会有美的产品和服务。企业的经营之道,绝对缺少不了思想美。

第二,美的思想是企业经营行为的先导,不美就会失去市场。

在今天日益成熟的市场中,缺德、失信、思想不美、不会做人的企业即使得逞于一时,终究是无法生存的。企业的"企"字就是"人"字当头,做人做不好,何以做好企业;没有美的思想,就等于把"人"字拿掉了,只剩下"止"了,企业当然会失去顾客,失去市场,停滞不前了。拥有美的思想,企业家的作用至关重要,企业的一切行为都是企业家思想引导的结果,领导者的思想不美,就根本无法要求企业会有美的行为。这一点相当重要。

第三,现代企业要求企业家讲求美的领导艺术,讲求为社会多作贡献。

企业家是一个创新思维的思想者和讲究艺术的现代领导者,没有一个美的思想,是无法实现其美的领导艺术的,包括决策艺术、用人艺术、经营艺术、管理艺术等。同时,企业家的社会角色及其功能,都要求他们要以美的思想、美的行动为整个社会有所回报,有所贡献。联想的柳传志有一句名言:"小公司做事,大公司做人。"的确如此,企业无论是商品经营还是资本运营,都需要人去操作,企业的思想,都孕育于人的创造性当中。不具备美的思想、不会做人的企业,从根本上说,绝不是现代意义上的真正企业。

三、懒蚂蚁企业家应该具备的企业经营思想

(一)企业战略经营思想

没有远虑,必有近忧。只有具有战略思想的企业家,才能着眼于企业的未来发展,具有永不遏止的动力与活力,才能以强烈的创新精神去满足市场的需求。**企业家的战略经营思想,是企业发展的灵魂。**

企业的战略经营思想,包括战略理论、战略分析、战略判断、战略推理,直至形成战略方针、战略目标,是贯穿战略管理始终的领导思维过程,对企

业确定战略发展规划、寻找战略重点和采取战略措施都具有十分重要的意义。如果一个企业的领导者缺乏战略经营思想,那么,企业的繁荣只能是暂时的现象,只能是昙花一现。就像经营大师韦尔奇所说:"即使预测将来也许无法完全正确,但战略远见仍是一个企业成败的关键。"

企业家的战略经营思想可概括为如下几点:

① 满足市场需求的思想。市场需求是企业存在和发展的前提条件,是企业的生命所在。企业必须以满足顾客需要和为顾客提供最大限度服务为宗旨,才能求得自身的发展。特别是随着跨国公司的崛起和各国对外直接投资的增加,世界经济越来越相互渗透,相互依存,呈现出全球市场一体化的大趋势。企业家必须在更大的市场广度上来考虑顾客的需要。

② 系统化思想。这是由企业战略谋划的全局性特征决定的。用系统论的观点来研究企业,就要着眼于全局性的发展规律和方向,树立整体观点、动态平衡观点和协调观点,把企业的各个方面有机地联系起来。

③ 未来思想。企业发展必须着眼于未来,这也是由战略的长远性特征决定的。战略为企业的未来发展指明方向。因而,企业采取任何可能行动,都要考虑对长期发展是否有利,不能只看到眼前蝇头小利,而导致短命。

④ 竞争对抗思想。在激烈竞争的市场经济中,优胜劣汰。企业要想立于不败之地,就要不断寻求、解决事关企业存亡和长远发展的关键性问题,创造出超过竞争对手的相对优势。

⑤ 全员思想。就是明确有关企业发展的总目标,确定行动的总方针,必须调动自上而下的所有人力、物力、财力,才能保证战略方针的贯彻和战略行动的落实。

(二) 企业的创新经营思想

我们知道,创新能力是现代人的能力中最重要、最宝贵、层次最高的一种能力。作为企业发展也是企业领导者不可或缺的最根本的创新能力,包含着多方面的因素,其核心因素就是创新思考能力。因为人是靠大脑解决一切问题的,领导者头脑中的创新思考活动是整个企业的创新实践的基石,**没有企业家的创新经营思想,就不能有企业的创新实践。**

企业家的创新经营思想,首先表现在具有知识吸纳、知识整合能力。企业家对任何先进的理论、知识、思想,都能学习、吸取、消化、为我所用。一个不断创新的高素质企业家,最大的特长应在于不断地进行知识杂交、智慧贯通与思想渗透,以形成自己特有的知识结构和智慧脑,同时还要把零散的、感性的知识整合成为系统的理性的知识。这样在进行创新思维时，才能超越和革新，才不致封闭与排斥。

企业家的创新经营思想，其次表现在不断地改造老问题，不断地提出新问题。即对企业的发展、市场的进步不断提出具有创造性的规划或建议，随时把经营管理中接触的实际问题进行改造，变出新貌。具有这种思维的领导者所领导的企业就会以全新的面貌在竞争中立于不败之地。

企业家的创新经营思想，要求企业家思维的起点要高，思维的角度要广，思维的层次要深。企业家的创新思想绝不应仅仅针对企业的日常工作或经营琐事，而应是站在全局整体的角度上，站在全球发展的角度上进行超前、超高、超深的思维。只有这样，才能站得高、看得远，洞察未来，深谋远虑。

（三）以人为本的经营思想

在知识经济时代，以人为本的经营思想被提升到前所未有的重要位置，是当代企业管理经营的客观要求，因而也是懒蚂蚁企业家必须具备的经营思想。

"人本管理"是与"以物为中心"的管理相对应的概念，它要求理解人、尊重人，充分发挥人的主动性和积极性。"人本管理"可分为五个层次：情感管理、民主管理、自主管理、人才管理和文化管理。具体包括这样一些主要内容：运用行为科学，重新塑造人际关系；增加人力资本，提高劳动力质量；改善劳动管理，充分利用劳动力资源；推行民主管理，提高劳动者的参与意识；建设企业文化，培育企业精神等。在21世纪，社会的发展和进步，理解人、尊重人的价值观将会得到广泛认可，通过具体管理理论和实践的创新，上述"人本管理"的内容将得到进一步丰富和发展。

企业家的人本思想，即以人的管理为核心，以激励人的行为、调动人的积极性为根本，影响和组织企业成员主动、积极、创造性地完成自己的任务，实现企业中团队组织的高效益。人本思想最基本的原则包括：人是企业最大的资产；员工是组织的主体；企业成员之间是平等的，也是存在差异的；尊重人、激励人是领导者的管理重心。

具有人本思想的企业领导者，善于进行人力资源的管理，重视人才的使用与培养，鼓励员工自主精神的发挥，积极实施参与式管理，帮助员工实现自己的梦想，鼓励全方位的公开交流，重视企业文化和企业精神的培育，进行现代管理模式下的人性化领导。

(四) 不断学习的思想

当这个世界更加息息相关、瞬息万变时,学习能力就成为优秀企业家必备的素质之一。只有广泛地学习新知识,才能适应这个时代,才能适应复杂的变化。

目前全球企业正在形成一个共同学习的趋势,都在努力把自己企业建设成为一个学习型的组织。在这样一个大背景、大环境下,作为企业领导者的企业家,是否具备学习思想与学习能力,将对企业生存的现状与未来的发展产生极其深刻的影响。

企业家树立学习的思想,具有学习的能力,是企业发展的重要前提。有人曾对组织做了这样的描写:昨天的组织是机器,今天的组织是网络,明天的组织是思想。这种比喻从一定程度上概括了未来企业管理发展的基本走向。任何思想的来源,可以说都是从学习中获得的。领导者通过对新知识的理解、思考、复制、丰富、创造性补充等思维活动,进而了解了人之所以为人、企业之所以为企业的真正意义,透过学习,重新创新自我,重新认知这个世界以及我们与它的关系,做出从前未能做到的事情,扩展创造未来的能量,带动整个团队组织为适应和生存而学习,为企业未来发展而学习。这正是企业家所谓的学习思想及其意义。

韦尔奇在全球企业家中享有"永不停息的革新者"、"全球最受尊敬的经理人"等盛誉,他多年来领导企业创建的"通用模式"是:凭着不断学习、不断创新的精神打破现有的一切旧框框。韦尔奇有一句尽人皆知的名言:"一旦我停止学习新的事物,开始谈论过去多于未来时,我就会退休。"

企业家不仅需要自己学习,而且还要带领整个企业学习,因为企业不能只靠企业家一人独立支撑,而应靠整个团队组织的共同努力,共同进步。未来真正出色和成功的企业,将是那些全心投入、有能力不断学习与创新的企业。

西方企业界都把学习型组织的知识管理,作为提升自己竞争力的手段,在他们看来,没有什么比学习知识更重要了。世界上有成就、有作为的企业家,都以终身学习和追求智慧作为事业发展的内在动力。由此可以看出,卓越的领导者必须具有学习的思想,成功的企业家必须终生不断地学习。

总之,知识经济时代,思路决定出路,思想决定发展。企业家的思想新,决策就新;思想活,市场就活;思想美,企业发展的最终结果就会美不胜收。

做一个懒蚂蚁式的企业家,就应当与时代同行,与学习为伴,与思想共舞。

四、古为今用,继承和弘扬中国传统管理思想

历史给思想以食粮,给思想以驿站。任何创造性的思想都不是无源之水,无本之木。源远流长、博大精深的中国传统文化中蕴涵着光彩夺目、颇具特色的管理思想。当代优秀的中国企业家应当从中国的传统文化中汲取精神营养。

中华民族的发展历史,是一部源远流长、辉煌灿烂的文明史。作为世界文化发源地之一的中华文明,更为全人类的繁荣与进步作出了不可磨灭的伟大贡献。在管理思想方面也是如此。

任何一个国家、一个民族的企业家,其经营管理思想总会深深地打上民族文化的烙印,并且具有不同于其他民族的个性和特色。这是因为:经营管理是由人来进行的活动,其对象首先也是人,当然还包括物。一旦离开了人,经营管理就不存在了。而人总是社会的人,生活在一定的社会、文化环境中,是有思想、感情、信念的,是根据民族传承的风俗、习惯、伦理、道德、宗教、信仰等来界定自己的行为取向的。任何超民族、超文化的经营管理在世界上是根本不存在的。因此,这种民族文化和历史传统必然影响着、同时必然制约着企业家的经营管理思想。

总结成功的领导实践,企业家若要在未来发展有所思、有所想、有所作为,就必须在继承和弘扬本民族管理思想精华的基础上进行创新。

我国近代实业家刘国钧、陈嘉庚等就曾有意识地从《论语》、《孙子兵法》等古代著作中寻求启迪和借鉴,并取得了成功。改革开放以来,一批优秀的企业家比较自觉地探索、发挥中华民族优秀文化在经营管理中的作用。如海尔集团总裁张瑞敏就曾说过:他们在确立企业发展、经营大局,培育职工队伍威武不屈、勇于进取、刚健有为的浩然正气,以及在制定企业竞争谋略方面,都曾借鉴了《论语》、《老子》、《孙子兵法》等的优秀思想。

中国传统文化中的管理思想博大精深,概括起来,对今天的企业家仍有指导价值,主要有以下几个方面:

(一)内圣与外王

"内圣外王"之意即为:个人的素质和修养要如圣人一样完美无缺;同

时,又要担负起帝王一样对国家和人民领导的责任。"内圣外王"是中国传统文化思想中孔子儒学所倡导的人生中最理想的人格。数千年来,这一思想在东方各国各地区中被广泛接受,东方文化中所强调的一切人生修养形式,都是以实现这一人生理想人格为中心展开的。

到了现代,尤其是经过大量的西方文化渗透交流之后,"内圣外王"的思想被企业家重新定义,他们把"内圣"视为人的精神领域的最高道德修养。在企业中推行"爱的管理"、"情感管理"以及把诚信原则作为处理人际关系、对外合作、塑造企业形象的"永恒"法则。这是企业家对"内圣"思想的具体衍化、运用和创新。而"外王"思想,则被企业家视为在市场竞争中勇于争胜、牟取利益的方法,争强好胜是企业家实践"外王"的反映,而外在利益是"外王"的不懈追求。

企业家普遍接受的理想人格,就是做到"内圣"与"外王"的结合,这是两个既相互联系又相互对立的人格标准。只求"内圣",对社会来讲,便失去了创造的意义;只强调"外王",又必然会成为纯功利主义的"霸王"。而"内圣"与"外王"的有机结合,就会达到"圣王双修"的理想境界。

(二)取义与谋利

义利观是中国古代传统的道德观念和行为标准。"义"指的是具有高尚道德的价值观,"义者,宜也","行而宜之谓义"。"利"指的是利益与实惠。

取义反映了人的价值的大小,是人之所以为人的根本。谋利是人的生命历程中一种内在的本能。对于经营者而言,这种本能很容易会转化为一种贪求的原始冲动。

当代企业家,对义利观也有了新的认识:义与利是当代社会平衡的两个支点,义支撑着社会的公平与正义,利为社会进步提供动力,失去任何一个点,社会都将会崩溃。**成功的企业家,都是将谋利与取义在经营中实现了统一。**

"以仁义求富贵、富贵后施仁义",是现代企业家追求的理想境界。毕竟义利合一的传统思想已深浸到企业家的经营之道中了。

任何一个企业,总要去谋求更多、更大的利润,但现代经营思想中的义利观,完全超出了"金钱至上"的价值观,在时代的进步中已成为企业家独特的管理价值论。著名菲律宾华人企业家郭令灿说过这样一句话:"中国商界有个传统叫在商言商,意思是商人只管做生意赚钱。然而在现代社会,商人不可能置身于社会的大环境之外。我主张商人在赚钱之外,还必须担负起社会责任,与社会同呼吸。"

以义为上,是一个内涵极为丰富的命题,既包括行为准则上的"见利思义"(或"取之有义"),也包括价值判断上的"先义后利"和"以义克利"。这一"以义为上"的命题,为现代企业家提供了正确的价值取向,具有重要的现实意义。

"义",从道德层次上,除了大力提倡职业道德,力求做到赚钱不"缺德"外,还必须注入"以法治企"的新观念,要求企业在经营中只能赚取合法合理的利润,不能以假冒伪劣产品去搞不正当竞争和以违法行为来获取利润。如此才能体现企业家的道德价值。

(三)诚信与机变

诚信,其基本含义是诚实不欺,恪守信用,遵守诺言,言行相符。它是中华民族视为人类恒久不变的传统美德,早已为现代企业家的经营实践所认同。今天,诚信已被视为企业家必备的品德。机变就是随机应变、以变求变,通常是机遇与变化联用。机遇只有在变化中才能找到,而变化又必须运用智谋才能把握住。诚信并不排斥机变,诚信给予的是一种本源,而机变提供的是一种智慧与灵活。**在企业家的经营思想中,诚信与机变两者是"体"与"用"的结合和统一。**

一个古老的命题,在现代企业经营中已展示出勃勃的生命力。

人无信则不立,商无信亦不立。企业家决不可见利忘义,言而无信,甚至背信弃义。从商须守信用,讲信誉,信立,则业立;信毁,则业毁。这方面的教训是很多的。

但诚信毕竟只是作为一种胜利之源起着潜在的作用。商场之上风云变幻,没有谋略为武器,做不到因势而变,企业就不会有发展,企业家也不会有成功的业绩。

企业管理是动态管理,市场情况千变万化。企业家要善于适应环境,善于捕捉环境变化的情态,"能因敌变化而取胜者,谓之神"。孙子在《计篇》、《势篇》中反复阐释的"因敌制胜"的原则,都突出一个"变"字,在动静利害、奇正、虚实、短长、死生、得失、攻守、乱治、弱强、勇怯等不胜穷尽的"变"中把握制胜之机,正是现代企业家应该把握的管理学的精髓。

(四)"面子"与"里子"

中国人历来讲究要面子,图实惠。在中国文化传统中,"面子"代表着形象。其内涵是仁义,是情感投资,是良好的社交与自我表现。企业对"面子"上的投资所产生的良好印象和形象,都是帮助企业获得成功的资本。"里子"即是物质利益上的实惠,是企业家在经营中无时不在追求的投入与付出的回报。其实,经过中西文化思想融会,企业家已理清了这样一种思路,即**任何"面子"上的投入都是为得到其"里子"服务的**。以仁义树立形象都是为求"利"而做的准备和铺垫。

在当代的市场竞争中,企业若要求得发展,要获得更多的利润,很重要的一个经营思想或经营经验就是:要扩大对外交往与沟通,要建立广泛的对外联系的网络,要树立良好的企业形象。企业家要做好这些立足社会的"面子"工作,就必须待人以仁义,以良好的信誉经商。

企业信誉,是一种无形资本。它是企业经营的一个十分重要的要素,在一定条件下,它比人、财、物这样一些我们所熟悉的有形资本,显得更为珍贵、重要,因为它本身就是一笔巨大的财富。

因此一切有作为的企业家都应视信誉为企业的第一生命,以信得过的产品和优质服务来维护自己的信誉。

待人以诚,只要是真心实意,而不是虚情假意,即使经营的企业存有过错,也会得到顾客这位"上帝"的宽恕。

(五)自强与借势

自强不息,借势谋生,是中国传统文化思想中对人生的两种不同的认识。自强就是自重自尊、自立自贵、自信不骄、自力更生、自强不息。借势就是理之所至,势所必然;势就是力量,就是事物的发展走向,机遇的变化趋势。借势就是借到发展的力量,自强与借势的结合亦属于典型的中外经营思想的融会与创新。

企业生存发展最大的动力来自自身。企业家要志存高远,有明确而远大的奋斗目标;要自立自重,靠自己的努力振作起来;要自强不息,不断战胜自己,超越自我。

自强与借势是企业生存与发展的两种力量。自强反映的是企业生存与发展的自身内部动力,尤其是指企业经营者自身的动力。借势则反映的是企业发展的一种外部可以借依的力量。

企业要获得跨越式的发展,还要善于借助外部的势力。

自强与借势是一对矛盾的统一体,两者之间的矛盾运动,是推动企业发展的巨大动力。

在中国传统文化中,更强调自强的力量,更注重自身内在的力量。而在西方传统文化中,在发挥自身内在力量的同时,则更注重借助外势之力量。因此,在某种意义上说,自强与借势分别反映了中西两种文化在经营中强调的理念的不同,而事实上,经营的成功往往是源自于两者的结合与统一,而非单纯地依存于某一方面。

在自强与借势经营理念的统一中,现代企业家理应是做得最好的群体。

(六) 贵人与御人

"贵人"即是"天地之中人为贵",以民为本,以人为本。"御人"则是对人的管理,对人的使用。贵人与御人的思想,中国传统文化思想中古已有之。"贵人"思想说明了人才的重要性,人是企业中的第一资源,企业家的智慧在于把人才作为一种利润最高的资本。"贵人"和善于利用人才,给企业创造的利润将是巨大的。"御人"就是对人的管理与领导,对人力资源的开发与使用,这是实施"贵人"理念的实质性的过程。人才作为一个固定存在,只有在良好的、有效的统御领导下,才能实现其自身的价值。从现代领导学方面分析,尊重人才与统御人才是一个不可分割的统一体。**成功的企业家一般常常采用培育人才、用人不疑、信而不纵等贵人与御人相结合的有效手段**,以获得、培育企业精神,依靠团队组织的合力共创事业、共享成功的最佳效果。

"以人为本"的思想,最早出现在春秋战国时期。后又经过历代的发展,逐渐形成了中华民族传统的民本主义思想体系,并为历史上诸多开明统治者所采纳和运用,由此取得了骄人的政绩。到目前为止,这一思想已为当代企业家们大大发扬光大。可以这样说,"以人为本"既是现代企业管理的核心,又是企业取得成功和发展的最根本的基础和动力。

(七) 柔和与严厉

柔和在中国古代文化思想中代表着"上下同欲"、"人和"、"以德化民"、"和为贵",通过亲情达到和谐。严厉则是以法治民,以法责众,"以严猛纠民慢"。柔和与严厉历来是统治阶级采用的两种基本的管理思想与政策。

柔和是将人类的美好情感内化到人的行为中去的一种理念,把这种理念运用到领导活动过程之中,其实质就是行为的人性化。严厉对人本身是一种高标准的内在要求,是对人自身能力与品格的测定,严厉在企业管理中的外在表现则是一种严密无情的制度。柔和体现的是一种人性,严厉体现的则是一种理性。人性与理性并不是天然的敌人,而是人的发展的两个维度,二者是不可分割的。因而,**人性与理性在企业管理中所体现的柔和与严厉也是密不可分的。**

我国传统的"感情激励"模式强调人是有感情的,人的一切行动都受着感情的影响。"人非草木",对人的管理必须"晓之以理,动之以情",才能达到发挥被管理人的积极力量。吴耀庭认为,这一点是我国悠久历史文化的结晶,是优于别的民族文化的象征,是企业管理行之有效的办法。但是,如果在企业管理中只强调"感情",把感情视为"人情"、"情面",而忽视了约束,放弃了制度,则是与现代的科学管理相悖的。

日本企业家所讲究的"严谨细微"管理模式有其明显的优点,它以无微不至地为顾客服务而赢得市场。如不断改进产品性能满足各阶层消费者的需要,从推销员到总裁都对顾客鞠躬微笑的礼仪之举等,都十分有利于经营者赢得市场,也有利于融合企业内上下级及员工之间的关系,形成员工对企业的归属感。但吴耀庭认为,日本式的管理模式减少了"感情"色彩,同样也有疏于制度的弱点。

美国的现代"严密制度"管理模式,是符合当今生产、经营和生活的高度科学化状况的。先进的科学技术,必须要有严密的管理制度约束来保证其运作,约束被管理人员的工作,样样规范化,没有感情可讲。这种模式有将人与机器同等对待之感,对激励人发挥积极性不利。

我国的企业家应对上述经营管理模式进行比较和分析,吸收每种模式的精华,摒弃其不利之处,融合成一种适合中国国情和自身厂情的管理模式,做到情法合一,中西合璧。

总而言之,企业家是一个出思想、出贡献的特殊群体,不是什么人都可做企业家,不是任何企业的经营管理者都做得来企业家。企业家必须首先是思想者,并具备企业家需要的特质。懒蚂蚁企业家就是一个有思想、会思考的企业领导者。

懒蚂蚁企业家的经营哲学*
——勤与懒的辩证法

经营哲学是对企业家经营思想和经营智慧的高度概括,是企业制定经营方针的思想基础和实施经营策略的指导原则。

经营哲学是企业家的经营观和方法论,企业家有什么样的思想,便有什么样的经营哲学。懒蚂蚁企业家的经营哲学是:业兴于勤,亦兴于"懒";"懒"者智,智者兴。这种经营哲学就要求企业经营者在经营中要做到"懒、软、散"。

从哲学的高度来深刻地理解和剖析企业经营行为,是懒蚂蚁企业家区别于一般企业领导者的最根本的特征。特别是辩证地处理"勤"与"懒"的两种不同的领导理念与领导方法,使懒蚂蚁企业家表现了自己的超乎寻常与胜人一筹。

一、业兴于勤,亦兴于"懒"

"天道酬勤",自古以来就是人们的励志格言,传统的企业领导者更是将此奉为企业经营的圭臬。的确,在一般意义上讲,不勤奋的人是不可能有作为的,而不勤奋的企业家,往往会使人怀疑其成功的可能。

业兴于勤,似乎历来如此。勤,曾是企业家成长、成熟必需的修炼,是企业家不可缺少的精神。然而,在我们身处 21 世纪的今天,勤奋管理,苦力经营的观念,已与知识经济时代的客观要求相抵触,甚至是不相容的。**企业经营不仅需要"勤",而且更需要"懒"。**

懒蚂蚁企业家的经营哲学告诉我们:懒有懒的道理,**"懒"也是一种智慧**。企业家如果懒于亲自动手,懒于实际操作,懒于事必躬亲,则更有利于对企业经营中的问题进行思考、谋划与决断。这就是"懒"者智,智者兴的经

---

* 本文摘自《勤脑的懒蚂蚁——中国企业家学理论解析》,中国财政经济出版社 2004 年版。

营哲学,也是业兴于勤,亦兴于"懒"的理论基础。

(一) 对立的统一:懒与勤的辩证法

1. 勤与懒的相互依存,对立的统一

在企业经营中,懒与勤是对立的统一。这种辩证关系,需要从以下几方面去认识:

首先,在企业经营中,企业家的勤与懒都是不可缺少的。企业家的勤,就是做事辛劳,就是勤于实践,"懒"就是思考,就是思维。没有"懒",企业经营就会盲目,没有头绪,就会失去大方向。同样,没有"勤",再好的经营计划与策略都无法实现,勤与懒在企业经营中缺一不可。

其次,勤与懒在企业经营中又是相互对立、相互矛盾的。做的多就会想的少,想的多必然会做的少。领导者的精力、时间都是十分宝贵又十分有限的,侧重某一方面当然会削弱另一方面。

最后,勤与懒在企业经营中也是可以和谐统一的。领导的智慧与创新思维可以为经营实践提供战略、方针、方向和目标,越"懒"越有利。同时,包括领导者在内的全体企业员工的勤奋努力、辛勤劳作也可以丰富领导者思维。为成功实现企业经营的战略目标提供保障。如此之"勤",企业焉有不兴之理?!

作为一个企业领导者,最需要的是要弄清楚,哪些方面应该"懒",哪些方面一定要勤;什么人不应该懒,什么人不需要勤。

2. 苦力经营与智慧经营

企业家经营企业的方式,从勤与懒的关系的角度,大致上可分为两种类型:一种是苦力经营;另一种是智慧经营。所谓苦力经营,即是经营者勤奋不已,夜以继日,埋头苦干;所谓智慧经营,即是经营者心勤手懒,举重若轻,不断创新。现代企业经营需要什么样的企业家呢? 显然应当是后者。

应当说,苦心经营是无数创业者的真实写照,正是这种持之以恒的毅力,志在必得的实干,才使企业从无到有,从小到大,才使企业克服重重困难,由弱变强。很多企业创业者创业成功的历史和足迹亦是如此,他们以勤奋为舟,磨炼为楫,自信坚强,踏实苦干,终于使企业在市场上获得了生存的权利和发展的空间。这种勤奋精神对于初创期的企业来说,无疑是十分宝贵的财富。

但是,当一个企业走过了初创期之后,企业家最需要的就已经不是

"勤"，或者说，不仅仅是"勤"。他们真正需要的是智慧，是手懒心勤的智慧经营。

智慧经营是领导智慧的组成内容，是企业家领导艺术的重要表现。我们知道，在复杂的社会环境中，从事企业领导工作是极其困难的，面对困难，不同的企业经营者的表现是大不相同的。当有的企业经营者面对错综复杂的局面一筹莫展、顾此失彼的时候，智慧型企业家会抓住主要矛盾，用较少的精力解决大量的问题；当有的企业经营者在繁重的工作中身心疲惫时，智慧型企业家善于一张一弛地投入工作；当有的企业经营者在人际关系上弄得很僵时，智慧型企业家却会刚柔相济地处理关系，既团结了同事又不失原则；当有的企业经营者事必躬亲，陷入事务堆中难以超脱时，智慧型企业家则善于总揽全局，积极授权，既调动了部属的积极性，又从琐碎事务中摆脱出来。显然，前者更容易心理疲劳，弄得不好会陷入消沉情绪；后者游刃有余，会始终保持积极乐观的情绪。所以，面对复杂的社会环境，企业家需要拥有经营智慧。

（二）业可兴于勤，也可败于勤

企业家的懒与勤只是哲学意义上的分析和界定。每个企业家毫无疑义都是企业中最勤奋、最辛苦、责任最重大的人。然而，今天当我们在考察了很多企业的经营实践之后，却发现了这样一种现象，一些工作十分勤奋、整天忙忙碌碌的企业家，其企业的经营状况却不理想。而表面无所事事的企业家，所领导的企业却得到出乎意料的发展。为此，甚至有人这样认为，当企业家工作非常繁忙时，这个企业离失败已经不远了。而那些看起来偷懒的、平常十分悠闲的企业家，其事业的发展与成就往往超过那些非常勤奋、非常忙碌、非常疲惫的领导者。这种现象只能说明：业可兴于勤，也可败于勤。

1. 诸葛亮早逝悲剧对今人的警示

诸葛亮是我国家喻户晓的历史人物，自古以来，人们一直把他比喻为智慧的化身。然而当我们根据历史事实对他作出具体的分析之后，便会感到他并不是一位真正具有大智慧的领导者。特别是在刘备死后，他辅佐昏庸的刘禅独撑刘家大业时，他开始不相信任何人。特别是他的过度谨慎，使他更加事必躬亲，事事亲自处理。

从三国演义所描述的情况来看，诸葛亮是一位真正勤于事务的领导者，除了做丞相分内的制定国家政策、法律,主管行政等大事外,他还兼最高军事统帅。在领兵作战于前线之时,他一边指挥军队与敌人周旋厮杀,一边连处罚20军棍这样的小案件都要亲自审理,惟恐别人处理得不公平和不适合。在最后一次北伐魏国的战役中,诸葛亮领军与魏国军队统帅司马懿相持于五丈原地区。当司马懿了解了诸葛亮的这种工作作风之后,他感叹地说:"这样操劳的人,能活得久吗?我看诸葛亮是肯定活不长了。"果然不出司马懿所料,不久诸葛亮便积劳成疾,开始吐血,时间不长便病死于前线军中。诸葛亮之死对蜀国无疑是一沉重打击,其一统江山的宏伟大业也随之灰飞烟灭。

诸葛亮临终时才56岁,按照我们现在的说法,他正处于中年时期,如果按正常寿命70岁计算的话,他还应再活14年,而凭他的才智,这14年为蜀国作出的贡献将是无法估量的。然而他却把自己宝贵的生命耗在了处理像20军棍这样具体繁杂且无足轻重的事务上,结果给蜀国,同时给他本人都带来了无可挽回的损失。从对领导职责的理解角度来看,诸葛亮显然不如司马懿更为称职。今天的企业家无疑应该从诸葛亮的早逝中吸取教训。

2. 企业家不必忙于具体事务

中国企业家也许都会记得,20世纪80年代初期,中国企业在经济改革的大潮中,出现了第一批带有现代色彩的企业家。其中颇有名气的是立志要承包国内100家造纸厂的马胜利。

从1984年到1998年的14年间,马胜利由人人皆知的改革先锋一下子销声匿迹。这其中有很多人为的和客观的原因,但其中一个重要原因是,马胜利勤于杂务而没有精力去考虑和落实企业的发展战略问题。经过反思总结后,马胜利说过这样一句话:"我当厂长时,确实是全心全意,从未休过节假日,一天工作往往12个小时以上,那时每天都要应酬杂事,几乎隔三差五还要四处去做报告,这使我身心疲惫,企业为此而失去了许多发展的机遇。比如卫生巾产品,我是中国第一家,但最终却丧失了机会,没有时间去做更进一步的发展规划和战略思考,结果让其他企业抢占了这一巨大的市场。"

马胜利深有感触的这些话耐人寻味,对今天的企业家也许更有实际参考意义。马胜利的经营悲剧也从反面为我们留下了业兴于勤,也败于勤的哲学思考。

(三）业忌于懒，也兴于"懒"

"业精于勤毁于惰"是我们传承许久的似乎是颠扑不破的一条古训。的确，企业经营的实践告诉我们，懒是经营之大忌，懒人是最无志向、最没出息、最不可能成就大业的人。当代市场上"从没有免费的午餐"，只有勤奋才能生存，只有努力奋斗才能超越别人，走向成功。

员工若懒，就会没有斗志，没有活力，没有积极性，当一天和尚撞一天钟。

管理者若懒，就会生产不知畅滞，市场不知涨落，用人不知贤庸，效益不知盈亏。试想，这样一个尽是懒人的企业，多大多强的家业也会颓于即倒，在任何竞争对手面前都是不堪一击的。

但是，且慢下结论。在今天这样一个时代，这样一个充满激烈竞争的市场中，企业家是否就一定要勤、一定要忌"懒"呢？

时代变了，市场变了，每个企业所面对的环境更复杂，所思考的重大问题更繁多，所担负的使命和任务更艰巨。这时，勤与懒的实质意义与作用，在企业经营中就发生了根本变化，**一个有智慧、有思想、有领导能力的现代企业家就应当是一个懒蚂蚁企业家。**

懒蚂蚁企业家，是一个有智慧的、高效率的企业领导者。

我们从经营哲学上的理解就是，企业家最重要的工作、最根本的职责是思考企业的大事，解决企业经营中的核心与战略问题，所以，企业不仅是兴于勤，亦兴于懒。

在美国通用电气公司的历史上，杰克·韦尔奇曾是历任董事长中被人们称为是最出色的经营天才和最成功的企业领导者。他所创造的那套了不起的经营管理办法，对当代企业家仍具有非同寻常的启示意义。

韦尔奇的领导智慧中有两个非常有意义的"懒"思想：

一个是**"让事情变得简单"**。在一个年营业额达五百亿美元的巨型企业中，每天需要处理的工作如果不分主次的话，几乎可以把一个企业家压死。韦尔奇却从不认为企业领导工作很复杂，他对很多领导者每个星期工作九十小时以上感到十分不解，他认为这些人显然没有充分授权属下，没有抓住领导工作的重点。他所强调的是"经营越大的企业越容易，做决策时我所选择的方案不过几个而已，不要把企业经营的难度太夸大了。那些把领导工作复杂化的人都是没有抓到重点的人"。

另一个是**"管得少就是管得好"**。这是韦尔奇奉行的最重要的经营哲学。他认为,一个好的领导者,最需要的是头脑和眼光,而不要事事干预、件件操心。凡事经理人都要少去监督和管理,要能充分授权,让属下尽情发挥才能,并勇于承担风险,任何一个解决方案,领导者虽然仍然要承担最大的责任,但只不过是一个"最后的签名者",对企业管得越少越容易管好。韦尔奇早期推销"诺尔"、"里桑"大获成功,就是这样做的。

由上可见,业忌于懒,亦兴于"懒"。企业家越"懒",越容易集中精力想企业的大事,思考和解决企业的重大问题。

哪些问题是企业的重大问题呢?就一般而言,企业经营中的重大问题主要有以下几个方面:

(1)决定企业发展方向的问题,如企业的投资决策问题、新产品开发决策问题、企业技术创新决策问题等;

(2)企业人才战略:人才政策的制定,高层管理人员的变动,人才培养计划等;

(3)企业经营管理大计:企业管理制度的制定,企业分配方案的决定等;

(4)企业文化的创建与发展方向。

除上述几个方面的重大问题外,其他一切问题,企业家皆可通过企业的各职能部门和下属去解决,因而不在企业家自己亲自思考的范围之内。

作为企业领导者,应该懂得运用"巴雷特"原理。这样才能做到抓大放小,把自己头脑的智慧用在最关键的问题上。

"巴雷特"原理,就是在任何一个地方、一个团体、一个社会中,都存在着"无关紧要的多数"和"关键性的少数"这样一个规律。这一规律表明,多数问题(占全部问题的80%左右)是不怎么重要的;少数问题(占全部问题20%左右)是重要的,领导者就是要在工作中去抓住这20%的问题,并把它作为重点,集中力量去解决。

这也就是懒蚂蚁企业家管理企业所要达到的效果。

为什么懒蚂蚁企业家只思考有关企业发展的重大问题?这是因为:

(1)重大问题不能失误。重大问题都是关系到企业的生存与发展的问题,因而绝不能失误。比如某公司领导因忙于其他方面的事务而忽略了人才政策的及时调整,致使几个关键的技术人才被竞争对手挖走了。企业在瞬间便失去了对竞争对手的技术优势,从而很可能在短时间内就被竞争对手击垮。

(2) 小问题应该由职能部门去解决。企业领导者作为个人,他的脑力资源、思维能力都是有限的。俗话说:"好钢要用在刀刃上。"如果领导大小事情都去考虑,那么,小事情必然要大量侵占企业家的思维资源,从而影响大事思考的质量和数量。可以说,这是一种不划算的事情。所以,企业的小事应尽可能地具体到每一个职能部门和下属的职能范围之内。领导只需要适当的授权就行了。

企业家不仅自身要有智慧,而且还要善于利用他人的智慧,集众人的智慧于一身。因为一个人的智慧也好,能力也好,毕竟都是有限的。什么事都考虑肯定什么事都考虑不周全,什么事都抓都管,肯定是什么事都管不好。

懒蚂蚁企业家就是这样的一类企业家,他们最善于集众人之智慧,为我所用,同时通过任人和授权腾出大脑来思考企业发展的重大问题。

二、懒者有智,智者有谋

懒蚂蚁的"懒"是一种富有智慧的懒,正可谓懒者有智,智者有谋,谋者兴旺。

懒而有谋,才能统揽全局;懒而有道,才能抓大放小;懒而有术,才能举重若轻,游刃有余,化险为夷。可见"懒"本身就是一门经营的学问,一种领导的艺术与智慧。

(一) 运筹帷幄,懒蚂蚁企业家善于统揽全局

统揽全局是懒蚂蚁企业家决策与谋划的最主要的特征,也是懒蚂蚁企业家经营思维的主要内容。毛泽东曾在《中国革命战争的战略问题》中指出:"指挥全局的人,最要紧的,是把自己的注意力摆在照顾战争的全局上面。"[①]同统帅战争的思维一样,企业家在领导企业中也要着眼全局,统揽全局。这不仅是"全局利益高于局部利益"的一般要求,更是知识经济时代对企业家的特殊要求,而惟有不陷入具体事务之中,懒于抓局部,懒于想部分,才可能有对全局和整体的统揽与把握。

1. 从全局出发,从大处着眼

统揽全局就要着眼全局,着眼总体。着眼总体是指从事物的总体出发

---

① 《毛泽东选集》第 1 卷(第二版),人民出版社 1991 年版,第 176 页。

思考问题,谋略运筹。实现着眼总体的谋略运筹,既需要科学的"视角",又需要灵活的"眼光"。

统揽全局并不意味着抓住企业经营全局中的各个方面、各个阶段、各个环节都不放,而是要在考虑总体、顾及全局时,抓中心,抓重点,抓大事,抓要紧的"关节"。事实证明,在企业经营中,企业家若不分轻重缓急,眉毛胡子一把抓、大事小事一起来,那么只会谋之必误,抓之必乱。

2. 从运动出发,从变化着手

发展,是事物运动的普遍规律。着眼发展,是统揽全局的重要方面。这有两个基本要求,一是善于预测,一是极目放远。

(1) 善于预测。"凡事预则立,不预则废。"只有预测在先,才能有神谋妙策,才能稳操胜券,无预测,便无谋略,便无成功的可能。

现代社会,市场经济,各行各业,发展变化很快,更要求有谋略、有思想的企业家预测在先。否则,一个项目刚上马,还没开张就被淘汰;一个产品刚研制,就成了"秋后黄花",哪里还有竞争制胜的份儿?

预测,要有一个基本思路。一般说来,预测应从两个方向着手:一是借鉴他人预测自己,或根据自己预测他人;二是根据过去、现在推断未来。这两个方向的结合,有助于预测的准确性。

(2) 极目放远。凡谋略,都是谋未兴之事、未终之业和未定之局,故而凡谋略,都离不开预测。但预测有长短,谋略有高低。预测眼光的短浅与长远,直接决定着谋略水平的高低。懒蚂蚁企业家,不会满足于一年、两年的短期预测和短期谋划,而是高瞻远瞩,极目放远,作三年以上的中期和长期的预测和谋划。

高尔曼曾是大名鼎鼎的吉列公司的总裁,在很多竞争对手的眼里,他是一个不事张扬、不引人注目的人。当显赫一时的蓝吉列剃刀在市场竞争中遭遇挫折,销售额一路下滑时,他却从未来变化着想,一是生产专为女性使用的剃毛器,二是投入主要精力开发使男性剃须更舒适、更换更容易的刀具。这种违背常规的全新的市场战略,使企业迅速收复失地。

这个和蔼可亲、像个老夫子似的企业家,凭着对全球市场的非凡的洞察力和把握全局的领导艺术,让吉列公司重新回到了强者的行列。1991年,当他突然故去时,人们至今仍记着他所说的一句话:

"作为企业家,首先应该能够在更加开放的市场中,面对各种纷繁复杂的信息,知道自己适合做什么,明确自己的目标,并且知道什么才是完成目标最重要的事情。"

随着中国加入WTO,市场更加开放,对手更加强大,中国企业家因此也更应把握总体,眼观六路,多了解对手,多了解自己,以高屋建瓴的气魄统揽全局,占领市场。

(二)举纲张目,懒蚂蚁企业家善于抓住中心环节

纲不举则目不张,企业经营的"纲"就是企业发展中的中心环节。在企业日常经营中,事务千头万绪,无"纲"就会散乱如麻。如果抓不住中心环节,一切工作都无法展开。企业家要抓住中心环节的工作,首先要在繁杂的事务中找出哪些环节是牵一发而动全身的"纲"。这种中心环节的工作,在一定时间和一定的范围中只能有一个,抓对了、抓住了就会对企业全局的、整体的工作产生决定性的作用。

在通常情况下,懒蚂蚁企业家,是懒于操心具体事务,而勤于抓纲、抓中心环节。善于抓住中心环节,正是懒蚂蚁企业家聪明才智、思想与能力的表现。

在一般情况下,抓住中心环节,需要注意把握好以下几点:

(1)微观的中心环节一般依据于宏观的中心环节。微观的中心环节必须受制于宏观的中心环节,以宏观的中心环节作为依据。

(2)一定的时间内只能确定一项工作作为中心环节。由于中心环节的客观惟一性,就不能同时确定多项工作为中心环节。

(3)要全力以赴,集中力量去完成中心环节的工作。中心工作确定之后,应该集中一定的人力、物力和财力去突击完成,要制定切实可行的计划和措施,排除干扰,抓紧、抓好中心工作。"抓而不紧,等于不抓。"

(三)抓大放小,懒蚂蚁企业家善于占领制高点

"懒"而有谋的企业家,总是善于抓大放小,把握关键,以一持万。在企业经营中,领导者注意的重心首先要放在那些决定成败、影响全局的最重要、最有决定意义的制高点和关节点上。

1. 牵住牛鼻子,占领制高点

打仗要夺取"制高点",控制"制高点"。企业经营也是如此。

"制高点"就是决定和影响事物全局的最高层面和最主要的部分,即是

"牛鼻子"。

美国总统罗斯福常常津津乐道于对他决策最有影响的一件事：

1918年夏，第一次世界大战炮声正隆，36岁的海军部长助理罗斯福奉命前往欧洲视察美军。首先访问的是协约国军总司令部，一个16世纪的古城堡，掩映隐没于园林之中，古色古香，幽静安谧，门岗只有一个哨兵，一位少校引他进入古堡大厅。落地玻璃窗前的安乐椅上坐着一个正在聚精会神地看小说的白发苍苍的老头儿，少校介绍说："这就是协约国军总司令斐迪南·福煦元帅。"一位赫赫有名的元帅，统领着400万大军，指挥大大小小上百个战场作战，可总司令竟如此安闲清静！罗斯福大为惊奇，急不可待地询问："元帅，你这总司令部共有多少人？"福煦顺口回答："2个上校，3个少校，10个士兵。"正当罗斯福大惑不解时，福煦元帅说："我的统帅部只考虑重大战略决策，不需要冗杂人员。作为统帅，最重要的是摆脱琐碎小事的干扰。"

福煦元帅的统御和谋略，真可谓"以一持万，万事亨通"；而实现"以一持万"的关键在于"排除干扰"。

现代社会，纷繁复杂，瞬息万变。高层的谋略运筹，必须善于排除干扰，"以一持万"；如果不能摆脱文山会海，不能跳出繁琐的事务性工作的圈子，不能改变被别人瓜分自己时间和精力的被动局面，便不可能控制"制高点"，不可能有全局上的清醒和主动。

2. 占据要津，把握关节点

"关节点"也叫"转折点"，是指事物在运动变化过程中由一种质态转化为另一种质态的"临界点"。

在"临界点"的两边，事物在数量上的变化不会立即引起质变，而在"临界点"上，事物在数量上的微弱变化就可以引起质变。例如0℃和100℃，是冰、水、汽三种质态的"临界点"。在0℃和100℃这两个点上下波动几度的温度，就使冰与水互变或水与汽互变。因而，要特别注意"关节点"上的变化。

由于"关节点"上变化迅速、矛盾复杂、决定命运，因而要求企业家必须高度重视，全力把握。要把握好"关节点"，就要舍得投入人力、物力，调动各种手段，随时把握"关节点"的细微变化，力争信息快，情况明，还要善于在关键时刻在体力、智力、毅力等方面"超常发挥"。

企业家能否把握住并把握好"关节点"的变化,往往决定着成败兴衰的两种命运、两种前途。

董建华在出任中国香港"特首"之前,是中国香港东方海外国际有限公司的老板,子承父业的董建华,从父亲董浩云手里接过来的只是一个负有巨额债务、已经名存实亡的烂摊子,即将清资破产。此时的董建华在极其困难的情况下,以一个超级企业家的气魄和智慧,开始了力挽狂澜的拯救企业的行为。他高瞻远瞩地分析了企业困境的"关节点"就在于举债经营国际船运业务,摊子铺得过大。于是他彻底摒弃了父亲一手制定的经营思路,卖掉大量船只,分离不良资产,砍掉遍布全球的绝大多数海运公司,减磅去压,丢掉包袱,缩减规模。这一着击中"七寸",立刻使东方公司起死回生。

经历了这一番冰与火、生与死的考验,董建华由衷地感到:"我舍不得祖传的基业,但我更看重的是人的精神。一个企业家,应该只做最应该做的事,千万不可什么都去做。"

(四)以变应变,懒蚂蚁企业家善于变革图新

在经营工作中,依据不同的经营环境和经营对象而适当地选择和采取不同的经营手段和方式,这是保证经营工作高效率的重要指导性原则。

在企业经营过程中,企业家要保证经营工作的高效率,在环境条件、经营对象和经营目标三者发生变化时,施加影响和作用的种类和程度也应有所变化,即经营手段和方式也应该发生变化,这就是人们常说的经营中的变革。

环境条件、经营对象、经营目标、经营方式和手段的相互关系可由下列等式近似地加以描述:

$$\boxed{环境条件} + \boxed{经营对象} + \boxed{经营方式和手段} = \boxed{经营目标}$$

从以上等式可以形象地看出:环境条件、经营对象、经营目标三者中任何一项发生变化,经营手段和方式都应该随之发生变化,这就是经营工作的变革原则。

在通常的各种经营中,经营目标一般不会发生太大的变化,但环境条件和经营对象却因自身条件和外部条件的不同而具有很大的差异性。变革原则就是相应于经营对象和环境条件的不同,而在经营手段和方式上所作的变化。

在大多数情况下,企业组织经营中的变革方式是企业家适合于经营环

境和经营环境适合于经营者两种方式的结合,但经营者适合于经营环境易于实行,因而是应该大力提倡的一种方式;在企业员工素质较高时,经营环境适合于经营者也能顺利地执行。变革的原则是要求经营者和经营对象相互作出调整,以使经营效率达到最大化。对于一个经营者而言,努力使自己适应经营环境的要求,有利于遵循经营中的变革原则,也有利于经营工作的高效率进行。

(五) 就势因势,懒蚂蚁企业家善于借势取胜

当市场竞争态势明了、时机条件具备时,懒蚂蚁企业家在经营决策时,通常会顺势发展,因势利导,利用一切可以利用的力量就势取胜。

1. 就势:利用客观条件"就势取利"

在企业经营和商务活动中,经常会出现"天赐"的赚钱机会,这种机会可以称为市场运行中的"势"。能够认识并利用这种"势"的懒蚂蚁企业家,如同战场上会利用地利之便的将帅一样,可以轻松地赚到钱,这即是"就势取利"。

善于"就势取利"是一种高超的经营才能,企业经营者只有具有一定的素质才会拥有这种才能,其中最主要的素质是:丰富的知识;敏锐的眼光;准确的判断;果敢的行动。

2. 因势:根据具体情况"因敌制变"

以势进取的奇妙之处在于"变",但这种变不是随心所欲的变,而是根据时间、地点、条件和竞争对手的情况采取相应的进取方式,即是"因敌制变"。

在变幻莫测的市场竞争中,运用以往的经验和战法未必能打败对手,**关键问题在于"具体情况具体分析",根据"对手"的特点巧妙设计竞争方案。**

"百事可乐"挑战"可口可乐"就是一个经典的"因敌制变"案例。

"可口可乐"自1886年问世以来,在长达半个多世纪的岁月里一直独霸饮料市场,成为世界饮料行业无可争议的"巨人"。

继可口可乐问世后,一个名叫凯莱布·布拉伯汉的人把一种叫做"布拉德"的饮料改名为"百事可乐",以期向"可口可乐"发起挑战。但是"可口可乐"的势力太强大了,以至于"百事可乐"只能远远地跟在其后充当一个小而又小的配角。

随着时光的推移,百事可乐逐渐成长壮大了起来,在激烈的市场竞争中它发现了可口可乐的一个致命弱点:几十年来,可口可乐的配方,可口可乐

的经营原则,甚至可口可乐的包装都没有任何的变化。在亚特兰大可口可乐的经理们还配合那种古老、奇特的瓶子推出了一种自动冷饮机,只要投入一枚五分钱硬币即可买到一瓶可口可乐。

百事可乐大胆地改变了自己的"包装",向市场推出了一种12盎司的新型瓶装百事可乐(可口可乐为6.5盎司的瓶装),售价同样只有5分钱一瓶。一时间,亚特兰大城内到处是"五分钱买双份"的喊声,面对百事可乐的挑战,可口可乐束手无策,只好大幅度降价。

针对"对手"的特点而设计巧妙的竞争方案使百事可乐在市场竞争中赢得了初步的胜利,但百事可乐并没有因此而罢手。它针对可口可乐的"老传统"形象,发动了一系列的广告大战,把自己描绘成"年轻、富有朝气、富有进取精神"的形象,仿佛人们一旦喝了百事可乐就会变得朝气蓬勃。经过这样一番有针对性的宣传,喝百事可乐成了"新潮流的代表",而喝可口可乐则成为"因循守旧、不合时尚"的象征,自此百事可乐的销售额突飞猛进,等到可口可乐对此作出反应时,百事可乐已经牢牢地巩固住了自己的阵地,从而具备了与可口可乐同台竞技的实力。

从百事可乐挑战可口可乐的案例中,我们可以深切地体会在市场竞争之中,"因敌制变"策略的重要意义。企业家只有善于就势因势,才能在市场上占据主动,克敌制胜。

(六)危机管理,懒蚂蚁企业家善于化险为夷

在当今充满激烈竞争的企业经营环境中,任何一个企业家都不可避免地会遇到各种危机的挑战,各种重大问题的考验,如何能够做到举重若轻、化险为夷,是真正考验企业家智慧与能力的试金石。懒蚂蚁企业家的具体做法是:

1. 抓住焦点问题的关键

在许许多多复杂的、大大小小的难题中,有的难题处于各种难题的焦点,是解决一大堆难题的中心一环。因此,**抓住关键的焦点问题,其他问题则迎刃而解。**

同样,找出矛盾的焦点,在解决过程中也需要多方面的、综合的配套措施,也就是说要着眼于全局,并为其他问题的解决打下一个基础。

加拿大航空公司由于经营不善,长期亏损,累计债款达24亿加元。企业背上了沉重包袱。

后来公司请来享有"解决难题高手"的美国人哈里斯做公司总裁。哈里斯不负众望,短短3年内,就使财政收支平衡,并有1亿加元的净利。他的一个关键的举措就是,大幅削减管理层,此举不仅节省了巨额开支,而且大大提高了企业管理的效率。

2. 选准主攻方向

在摆脱困境的过程中,懒蚂蚁企业家会选择一个主攻方向突围。很明显,四面出击会使力量分散,徒劳无功。所以进取力必须集中于一点,但进取方向的选择又是一个问题。根据常规思维会从薄弱环节进取,但在某些特定情况下,懒蚂蚁企业家反而拣"硬骨头"啃,擒贼擒王,这样既可做到进取力集中,而且一旦进取成功,"大王"被擒,"小贼"则顺风而倒。

3. 学会金蝉脱壳

懒蚂蚁企业家在遭遇困难时,有时会适应时势,或坚持进取方向,调整进取方式,或改变进取方向,进行大规模战略调整。当根据形势发展变化,判定针对某一方向的进取必败无疑,而且已经惨遭损失时,懒蚂蚁企业家便拿出极大的魄力,进行战略重点调整,但并不放弃原来的进取目标,而是以一部分进取力牵制,以待时机,并且主动调整针对原先目标的进取策略。